2017成都信息工程大学质量工程项目

LIGONG GAOXIAO

JINGGUAN ZHUANYE JIAOYU JIAOXUE
YITIHUA GAIGE YANJIU

理工高校**经管专业教育教学一体化**改革研究

主　编○许世英　李来儿
副主编○刘名旭　马慧知　钱永贵

西南财经大学出版社
Southwestern University of Finance & Economics Press
中国·成都

图书在版编目(CIP)数据

理工高校经管专业教育教学一体化改革研究/许世英,李来儿主编.—成都:西南财经大学出版社,2017.12

ISBN 978 - 7 - 5504 - 3301 - 4

Ⅰ.①理… Ⅱ.①许…②李… Ⅲ.①经济管理—教育改革—研究—高等学校—成都②经济管理—教学改革—研究—高等学校—成都 Ⅳ.①F2

中国版本图书馆 CIP 数据核字(2017)第 298440 号

理工高校经管专业教育教学一体化改革研究

主　编:许世英　李来儿
副主编:刘名旭　马慧知　钱永贵

责任编辑:廖韧
助理编辑:金欣蕾　王琳
封面设计:何东琳设计工作室
责任印制:朱曼丽

出版发行	西南财经大学出版社(四川省成都市光华村街 55 号)
网　　址	http://www.bookcj.com
电子邮件	bookcj@foxmail.com
邮政编码	610074
电　　话	028 - 87353785　87352368
照　　排	四川胜翔数码印务设计有限公司
印　　刷	四川五洲彩印有限责任公司
成品尺寸	185mm×260mm
印　　张	16.5
字　　数	392 千字
版　　次	2018 年 4 月第 1 版
印　　次	2018 年 4 月第 1 次印刷
书　　号	ISBN 978 - 7 - 5504 - 3301 - 4
定　　价	88.00 元

前　言

　　高等学校的教育教学质量，是其立足之本、发展之源。根据教育部《关于启动实施"本科教学工程""专业综合改革试点"项目工作的通知》（教高司函〔2011〕226号）和《四川省教育厅、四川省财政厅关于实施"高等教育质量工程"的意见》（川教〔2011〕149号）的相关精神开展"高等教育质量工程建设"，是我省贯彻落实国家和四川省《中长期教育改革和发展规划纲要（2010—2020年）》，深入实施"八九十"教育改革发展重大项目的重要举措。其旨在通过改革，进一步推动高校解放思想、明确思路、深化改革、加快发展，鼓励和促进四川省高校在不同层次、不同领域办出特色、争创一流，为建设高教强省和西部人才高地奠定坚实基础。

　　在教育部和四川省教育厅相关文件精神的指导下，成都信息工程大学积极开展"高等教育质量工程建设"，2011年首先在电子信息工程、网络信息安全等专业开展"卓越工程师"项目和专业综合改革等项目，取得良好的效果。2017年，成都信息工程大学教学质量工程建设扩大到经管专业，并辐射全校的所有专业。由商学院许世英副教授主持的"会计和财务管理专业综合改革项目"是成都信息工程大学"2017年高等教育质量工程建设"支持的项目之一。

　　成都信息工程大学商学院会计、财务管理和市场营销专业的教师们在教育教学一体化改革理念下，对教学设计、教学过程、课堂教学方法、课程教学等进行了广泛而深入的探索。现在我们将相关成果汇编成论文集。从内容来看，这些论文涉及面很广，有对人才培养模式改革的研究，有对办学理念和特色的思考，有对专业教学体系、理论课程、实践教学等工作的总结，还有对"移动教学""双语教学""信息化教学"等教学模式的内容、方法、手段的探索。

　　本论文集紧密联系成都信息工程大学商学院的实际情况，各篇论文的内容均符合当代经管学科的发展趋势。希望这本论文集能对成都信息工程大学"高等教育质量工程建设"起到推动作用，能切实提升本科教学质量。

编　者

2017 年 11 月

目　录

第一篇　人才培养篇

第二篇　课程改革篇

第三篇　教学方法篇

第一篇

人才培养篇

CDIO 理念下理工类高校经管类学科构建专业特色的探索与反思

——以××大学为例

李来儿[①]

摘要：CDIO 作为当前高等工程教育的一种人才培养理念，在世界 20 多个国家和地区得到推广使用。本文以××大学为例，探讨了 CDIO 理念下理工类高校经管类学科构建专业特色的若干问题。笔者认为，从理论上来说，CDIO 是一种很好的教育模式，跟我们今天所倡导的应用型、高素质、具有创新能力的人才培养目标是一脉相承的。CDIO 并不是理工科尤其是工程教育的专利，经管类学科专业建设树立 CDIO 理念同样意义重大。但构建一个能顺利贯彻实施 CDIO 教育理念的物理环境、社会环境和规范环境的大学生态，才是成功的根本保证。

关键词：CDIO；理工高校；经管类学科专业；专业特色

一、CDIO 内涵及其特征

CDIO 工程教育模式是从 2000 年起，由美国麻省理工学院和瑞典皇家工学院等四所大学组成的跨国研究团队，经过四年的探索创立的。该教育理念产生以后，迅速在澳大利亚、比利时、加拿大、智利、中国、哥伦比亚、丹麦、芬兰、法国、德国、洪都拉斯、冰岛、以色列、意大利、日本、马来西亚、荷兰、新西兰、波兰、葡萄牙、俄国、新加坡、南非、西班牙、瑞典、英国、美国、越南等 20 多个国家传播推广，并在工科人才培养方面取得了显著的效果。

CDIO 的基本含义为构思（Conceive）、设计（Design）、实施（Implement）与运行（Operate）。它作为当前高等工程教育的一种人才培养理念，其名称的灵感来源于产品/系统的生命周期过程[②]，体现了现代工业产品从构思研发到运行改良乃至终结废弃的生

---

① 李来儿（1964—），男，成都信息工程大学教授，博士，硕士生导师，中国会计学会高级会员，四川省教育厅会计专业教学指导委员会委员，四川省财政厅管理会计咨询委员会委员。研究方向：财务成本管理、管理会计。

② 陶勇芳，商存慧. CDIO 大纲对高等工科教育创新的启示 [J]. 中国高教研究，2006（11）：81-83.

命全过程。基于当前工程教育中存在的重理论轻实践的现状，CDIO 高等工程教育模式以构思、设计、实施及运作全过程为载体来培养学生的工程能力。该能力不仅包含个人的学术知识，还包含学生的终身学习能力、团队交流能力和大系统掌控能力。

CDIO 之所以能成为国际高等工程教育界的共识，是因为这种人才培养模式的理念具有以下四个方面特征：

第一，CDIO 具有国际先进性。为了应对全球化带来的机遇和挑战，CDIO 国际组织动用大量的教育专家制定了一整套全面的、以能力培养为目标的实施计划和教学大纲，以国际化的教育理念和框架培养具有国际竞争力的人才。因而，它具有国际先进性。

第二，具有全面系统性。从 CDIO 教学大纲看，它是以能力培养为目标，囊括了现代工程师所必备的四大类素质要求，并且又将这四类能力具体化为 17 组能力和 73 条技能，力求以科学的培养模式全面系统地提高学生的综合素质。

第三，CDIO 具有实践可操作性。按照 CDIO 的框架体系，在 CDIO 的教育理念中，各层次素质的培养融于总体培养框架之内，以团队项目为纽带综合地进行培养和发展，这不同于以往按单门课程的要求简单地进行整合。CDIO 的教学大纲要求学生掌握基础知识技能、系统项目工程能力、适应团队合作以及系统开发环境的能力，这与培养世界工程师的目标是相一致的，所以 CDIO 工程教育模式具有较强的可操作性。

第四，CDIO 具有普遍适应性。CDIO 的具体目标就是为工程教育创造出一个合理、完整的、通用的、可概括性的教学目标，重点将个人的、社会的和系统的制造技术和基本原理相结合，使之适合工程学的所有领域。

二、CDIO 实践对经管类学科专业建设的启示——以××大学为例

××大学是以信息学科和大气学科为重点，以学科交叉为特色，以工学、理学、管理学为主要学科门类，工、理、管、经、文、法、艺多学科协调融合发展的省属普通多科性大学，该大学是我国较早将 CDIO 理念引入并践行的高校之一。2008 年 8 月，该校承办了全国地方工科院校校院长研讨会。研讨会上，教育部领导介绍了国内高校开展工程教育改革探索和 CDIO 教学模式研究与实践的情况，北京交通大学、汕头大学的教授在会上分别做了题为《工程教育发展战略"做中学"的 CDIO 模式》和《汕头大学的工程教育改革与实践》的报告。2008 年 9 月，该校领导率队考察了国家级人才培养模式创新实验区——汕头大学 EIP-CDIO 工程教育模式创新实验区，围绕 CDIO 的理念、意义、内涵、框架内容进行了深入交流，就 CDIO 在国内及各自校内的顺利、成功实施进行了深入的探讨。

随后，该校通信工程学院率先提出了"基于 CDIO 的大电类模块化个性化教学改革方案"，提出了 CDIO 框架下的培养计划改革思路，建立以学生个性化发展为核心，以"应用系统、功能模块、基本单元"为主线的模块化培养方案，以期将传统的学科型的工科教学体系转变为能力型的工科教学体系，提高学生的学习兴趣和工程能力。

2008 年 10 月 19 日，学校专门举行研讨会，确定要全面引入 CDIO 理念，结合学校实际进行改革，分类、分层次、分阶段推进，在全校推行 CDIO 教育模式，拉开了全面推行 CDIO 工程教育理念和模式的序幕。

在学校工程类专业大力推行 CDIO 的同时，该校也试图将其推广到学校的各经管类

学科专业。2008 年 12 月 26 日，该校管理学院召开 CDIO 研讨会，探讨经管类学科专业如何实施 CDIO 问题，确立了按照"全面开展，分类分层，重点突破"的原则推行 CDIO 的思路，即针对现有 10 个本科专业的不同情况，在推行 CDIO 工程教育理念时，分类分别采用全面推行、部分推行和借鉴推行的方针。

2008 年 12 月 31 日，该校统计学院也针对 CDIO 理念提出了"全面开展，分类分层，重点突破"的思想，力争在统计学科及专业建设中取得更大的成绩。

2009 年 1 月 16 日，该校又举行了大电子类专业 CDIO 人才培养方案研讨会，主要讨论大电子类学院各专业公共课程 CDIO 改革方案。

2009 年 2 月，该校商学院召开会议，紧密围绕学校六件大事，主要从三个方面着力，努力践行 CDIO 教育新理念。一是以培养学生核心竞争力为目标；二是用 CDIO 新理念促进学科建设、专业建设和科研工作，并决定以课堂教学改革为重点，大力提倡教师积极研究和探索 CDIO 进课堂教学的相关问题，力争通过两三年的努力，找出一条适合学院办学条件、具有学院特点的 CDIO 教育教学模式；三是完善和优化第二课堂，商学院将通过建立大学生实验超市、学生办报、学生假期素质拓展等 80 余项活动提升第二课堂的科学性、实践性、趣味性、吸引力、感染力，努力帮助学生通过各种校园科技文化实践活动，在快乐中成长、在健康中成人、在励志中成才、在奋斗中成功。

随后该校各学院纷纷召开努力践行 CDIO 教育理念的各种形式的讨论会、讲座和报告会。中国民航大学、西华大学、中国石油大学、黑龙江科技学院、四川理工学院以及汕头大学等国内高校也来该校进行 CDIO 方面的交流。

在深刻理解 CDIO 办学理念的同时，该校以电子工程学院为领头羊，其他学院纷纷跟进努力践行 CDIO 教育理念。

经过多年的实践探索，该校各学科专业取得了一些成绩，但许多地方还不尽如人意。

我们认为，从理论上来说，CDIO 是一种很好的教育模式，有其完整的一套培养体系，充分体现了教育观念的重要改变。CDIO 并不是理工科尤其是工程教育的专利，随着该校的快速发展，学校经管类学科专业成长迅速，已经成为学校发展不可或缺的力量。该校作为一所西部的地方工科院校，必须认真思考如何培养优质的工程人才，坚定不移地将工程教育改革进行下去。在 CDIO 的工程教育模式的基础上，要有耐心、有恒心，脚踏实地地推进以专业建设为主线的教育教学一体化改革。

三、CDIO 理念下经管类学科构建专业特色的系统反思

（一）经管类学科发展的定位问题

理工科大学的经管类学科的建设与综合性大学有别。在以理工科为主的大学里，经管类学科的地位总体上没有在综合性大学中高是事实。因此，在理工科大学中发展经管类学科专业应该是量力而行，按需而为，促进经管类学科专业阶段性发展。

具体应该遵循学科不求过多、范围不求过宽、严格保证学生入学和学习质量、宁缺毋滥、精益求精的方针。××大学应根据自身特点和追求的目标选择适合自己发展的方式，根据自身的实际情况，找准定位，不能盲目攀大求全。不贪多求全并不是限制经管类学科专业的建立，找准定位更要兼顾合理布局。要打破理工院校中理工科一统天下的局面，保持学科间的平衡态势。根据实际情况，抓住几个优势学科作为突破口，目标适当，措施得力，促进学校整体水平的提高。

（二）校园文化建设问题

经管类学科的发展需要一个良好的人文环境。浓厚的人文氛围能给予经管类学科的发展以强大的推动力。文学艺术氛围的缺乏是理工科大学发展文科中经管类学科的环境死角，因此理工科大学应重视校园文化建设，努力营造文科生长的良好空间。对××大学来说，在校园文化建设方面，应该做到：①加强校园绿化、美化工作，体现出高校校园环境所具有的学术气息和文化氛围；②注重校园建设"景点工程"，利用校园建筑的空间，适当悬挂名人、大师的图像并配上文字介绍，科学规划常识板报的制作宣传，等等，可以在潜移默化中起到意想不到的作用；③科学合理地设计与安排各种课外活动，注重潜移默化，寓教于乐；④建立与学校发展相一致的校园制度文化。

（三）经管类人才培养方式问题

总体而言，目前，该校经管类专业在培养目标上重知识传授，轻能力培养，使学生缺乏独立思考能力、创造性和进取精神；在教学方法上往往是注入式、满堂灌，重"教"轻"学"，忽视调动学生的学习积极性，忽视学生能力的培养；在课程的安排上也常常忽视学生的自主性和选择性。这样的培养方式造就出的学生已很难满足现代社会对综合人才的要求，必须从根本上改革学校经管类人才培养方式。具体来说应该从以下几方面进行：

第一，确定科学的人才培养目标。加强经管类学科的社会服务性，增强经管类课程的应用性，加强经管类学生人文精神的培养。

第二，科学合理设置文科课程。合理安排各类课程比例，课程体系中使人文社会科学类课程、基础科学类课程、专业课各占总学分的三分之一。可以适当减少政治品德课的设置，增加以"学生为本"的灵活设置课程计划，让学生有充分选择的自由。

第三，开设综合课程。其目的在于培养学生适应社会飞速发展的要求和具有解决复杂问题的综合能力。尤其要打破原有的课程界限，开设跨学科的综合课程，创立新型的综合课程。

第四，发挥理工科的优势，促进经管类学科科研的发展。要改革文科科研管理体制，建立与市场经济体制相适应的管理体制，扩大学校基层的自主权，进一步加强横向联系，采取多种形式，建立和发展与自然科学、技术科学部门和实际工作部门之间的联合，制定规范的科研管理政策和有效的管理措施，充分调动广大科研人员的积极性，加强科研队伍建设，壮大科研力量。

此外，还要大力鼓励开展文理交叉、学科融合的研究，建立与经管类科研特点相适应的评价机制，从而对经管类科研起到约束促进作用。

（四）经管类师资质量提高问题

××大学在经管类师资质量提高方面，首先要积极地引进和培养能够促进经管类学科发展的高水平人才，要摒弃门户之见，引进和培养一批经管类学术带头人，努力营造一个适合其生存、发展的良好的学术环境和工作、人际环境，使之有归宿感、成就感和不断进取的动力。要重视开发本校已有的人才资源。通过制定一些切实可行的能够极大地激励和促进本校现有人才充分发挥作用的制度或政策，使现有人才充分地发挥作用。要建立教师激励机制，促进经管类学术与教学水平的提高。

（五）其他问题

1. 校区规划问题

××大学目前有两个校区，虽然运行多年，也有了许多的管理经验，但存在的问题也越来越明显，矛盾也越来越突出。主要体现在：①办学资源分散，带来的生均资源利用率低。由于校区的分散，两校区办学在客观上存在着办学资源分散的现象，包括师资资源、实验资源、图书资源、教室资源等。②教学运行成本日益提高。两校区排课、排考难度大幅度增加；教师跨校区上课，会受到空间和时间的限制；学生会因考虑到跨校区选课，而放弃一些有必要选择的课程和机会；师生不在同一校区生活给课外交流带来不便；等等。③校区功能定位不合理，增加办学成本。资源整合的问题，给学校办学带来困惑和压力，给形成和谐的大学文化带来很大影响，成为制约学校内涵发展的重要因素。为此，本文提出以下建议：

第一，合并校区，为长远的人才培养运行模式提供硬件保证。这是解决问题和矛盾的最彻底和根本的办法，如果能通过学校高层精心设计、大胆设想、科学论证，通过与相关利益方协调沟通和交流，问题还是有望得到解决的。

第二，在第一步不能得到实现的前提下，退而求其次，要进一步明确校区定位。校区功能科学定位问题是多校区办学最为核心的问题。为此，学校需要针对自身办学定位，通过不同的方式，对各个校区的功能进行研究，尽早明确学校各个校区的功能定位。校区功能定位涉及的问题很多，不仅仅是关系到学生在哪个校区上课、实验室建设在哪个校区的问题，校区功能定位还涉及学科专业的发展方向问题，与此相关的还有经费投入方向问题、师资队伍建设问题、教学与科研的定位问题以及校内基地建设问题等。××大学可以将东校区定为大学基础通识教育校区，将西校区定为专业教育和实习就业校区，打破目前文理分明的校区建设思路和做法，为建设真正的理、工、文多学科综合性大学创造条件。

第三，利用当地条件，整合城市资源，尤其是交通资源。实践证明，充分利用地方资源，是多校区办学的保障。高校建设离不开城市建设，也离不开当地政府的支持。

学校可与学校所在地政府进行沟通和协调，解决交通、土地、校区周边环境等办学条件上的问题。尽可能解决校区间的交通问题，尤其是西校区的交通问题。另外，学校周边环境的综合治理也与当地政府息息相关。比如，学校周边土地的置换使用，学校供水供电、学校周边的安全等都需要当地政府的支持和帮助。学校通过土地置换，可建设学生宿舍，解决学生的住宿问题；通过向地方政府采购土地，可扩大教师科研用地和学生实习实训场所。

2. 院系分类设置问题

××大学是一所以气象科技、信息科技为特色，工、理、管、经、文、法、艺多学科协调发展的地方普通高等院校。目前，设置有以大气科学学院与电子工程学院为龙头的十几个学院。其中，人文学科类学院5个，分别是管理学院、统计学院、商学院、文化艺术学院以及政治学院。从学科专业角度看，管理学院属于纯管理学门类，包括管理科学与工程和工商管理等专业；统计学院又是纯经济学门类；而商学院既有应用经济学专业，又有工商管理专业；文化艺术学院则主要以语言类和艺术类专业为主。总体看比较合理，但也存在人为打乱学科门类突出所谓特色以及强强联手和弱弱拉郎配的问题。我们认为，××大学在院系分类设置问题上应该考虑以下方面：

第一，院系设置要以专业学科目录为主要基础。目前的院系设置考虑专业的因素较多，考虑学科因素较少。院、系设置既要以专业学科目录为基础，又不能拘泥于专业学科目录。对于那些关系紧密、规模不大的专业可以跨学科重组融合，变弱势为优势，变冷门为特色。

第二，既要保留与发扬传统学科的特色和优势，又要考虑新的未来的学科专业发展战略。

第三，遵循以设置"学院"为主、"院""系"结合的原则。一般情况下，大学应实行"校院系三级建制，校院二级管理"。具有两个或两个以上的学科专业并有一定学生规模可称"学院"，学院下再设"系"，系可根据专业学科需要由学院自行设置，系以下不设教研室。

第四，院系的专业学科可以有较大的跨度，但忌讳将同一学科划入不同的学院，否则不利于学科专业建设。院、系规模的大小和院、系数量的多少，必须符合学科发展规律与管理科学的要求，该大则大，该小则小，衡量的标准就是是否有利于学科建设和专业发展。

第五，学术权力与行政权力分离。改革现行教学、科研、干部人事体制，正确处理学术权力与行政权力两者之间的关系，将学术权力和行政权力分离，强化学术权力在学科建设与校、院、系发展中的作用。

3. 主要机构及管理人员配置问题

改革开放以来，我国不少理工科高校开始关注人文社会科学（包括经管类），并且把这一弱势学科的发展作为提升学校整体实力、创办综合性大学的重要内容，提上了议事日程，并相应设立了专门的文科管理机构，不遗余力地加快人文社会科学的发展进程。有些理工高校不仅专门设立了自己的文科管理机构，而且还对校内有关职能部门的机构设置进行了一次较大的重组与整合。例如，清华大学设立了文科建设处，上海交大设立了文科建设办公室，华中科技大学设立了人文社科办公室，中国海洋大学设立了文科工作委员会。此外，还有一批非重点的理工类院校也都在科技处设立了社科部、文科管理科或文科建设科等专职部门，并由此带动了有关职能部门的调整与组合。

人文经管类学科专业虽然在××大学已占半壁江山，师资和在校学生数量日益扩张，但在学校几个重要的职能部门中，竟然没有相关的人文社科组织。甚至管理人员基本是清一色的理工配置，无论是从管理理念、管理思路还是从管理作风以及管理能力方面均不能适应形势的变化。因此，从顶层的设计到具体的管理，无不制约经管类学科的科学发展。

从 CDIO 能力大纲一览表可以看出，CDIO 对人才的培养主要注重的是技术知识和推理能力（主要是指基础科学知识的学习）、个人职业技能和职业道德（主要是指认识和系统表述问题的能力、推理和解决问题的能力、实验中探寻知识的能力、系统思维、个人技能和态度、职业技能和道德）、人际交往技能（包括团队协作和交流能力、团队精神、组建高效团队的能力等）等能力的培养，跟我们今天所倡导的应用型、高素质、具有创新能力的人才培养目标是一脉相承的。因此，构建一个包括物理环境（主要是由教学活动所需的硬件设施和软件资源要素组成，是指依教学目标建设的班级物理环境构成的物质文化，包括教学场所、教学设施、班级规模、课桌椅的摆放、教学信息等内容）、社会环境（一般是指由教师、学生和教学管理人员组成的教学共同体及其相互关系）和规范环境（由教学管理与服务制度、教学组织形式、教学模式以及教学理念、态度与习惯等要素组成，它们是教学主体和环境相互作用过程中形成的，对学习氛围和教学秩序起着维护的作用）的大学生态，对 CDIO 理念在经管类学科专业建设特色贯彻方面是至关重要的。

参考文献

［1］杜作润. 世界著名大学概览［M］. 成都：四川人民出版社，1994.

［2］国务院学位委员会办公室，中国研究生院长联合会. 透视与借鉴：国外著名高等学校调研报告［R］. 北京：高等教育出版社，2004.

［3］庞青山. 世界一流大学学科结构特征及其启示［J］. 学位与研究生教育，2004（12）：11.

［4］李宇鹏，崔亮. 理工类高校亟待加强人文素质教育［J］. 河北理工大学学报（社科版），2006（4）：145.

［5］袁德宁. 关注宏观层面的教育质量——推进"研究型"教学方式［J］. 中国高等教育，2002（6）：18.

［6］彭咏虹. 关于大学教学模式的思考［J］. 高教探索，2006（4）：59.

［7］蒋冬梅. 工科院校系统设置人文社科课程之必要与可能［J］. 有色金属高教研究，1998（5）：61.

［8］王建军. 试论理工科大学的文科发展战略［J］. 西安石油学院学报（社会科学版），2000（3）：72.

［9］林艺真. CDIO 高等工程教育模式探析［J］. 哈尔滨学院学报，2008（4）：137.

管理型财会人才能力要求
及其培养思路
——基于一般理工院校的视角

刘名旭[①]

摘要：本文从经济环境、技术环境和学生就业环境等方面分析管理型财务人才培养的紧迫性，同时从实务和理论两个视角对管理型会计人才能力要求进行综合分析，结合理工院校在管理型人才培养方面所具有的优势和劣势，提出了理工院校培养管理型财会人才的培养思路。

关键词：理工院校；管理型财会人才；能力要求；培养思路

一、管理型财会人才培养的紧迫性

（一）经济环境要求管理型财会人才的培养

2014 年 5 月，习总书记提出"新常态"理念；2014 年 12 月，中央经济会议明确提出，我国经济进入了"经济发展新常态"。在经济新常态下，我国的消费需求将由模仿型排浪式转变为注重产品质量、个性化与多样化并存的消费需求。我国的投资需求由原来的高强度大规模开发建设传统产业转向基础设施互联互通投资及新技术、新产品、新业态、新商业模式的投资。虽然国际金融危机后我国出口还是经济快速发展的重要动力，但我国低成本比较优势已经发生了转化，高水平引进来、大规模走出去正在同步发生，必须加紧培育新的比较优势。传统产业供给能力大幅超出需求，产业结构在新常态下必须优化升级，企业兼并重组将更加频繁，新兴产业、服务业、小微企业作用更加凸显。生产小型化、智能化、专业化将成为产业组织新特征。过去依靠的人口红利和资源红利将随着人口老龄化日趋发展、农业富余劳动力减少及环境承受能力已到上限等因素逐渐减少或消失，未来经济增长将更多依靠人力资本质量和技术进步，创新将成为驱动发展新引擎。在新常态下，企业竞争模式也会发生改变，企业过去依靠数量扩张和价格竞争，而新常态下企业必须逐步转向质量型、差异化为主的竞争。总之，新常态下，中

---

① 刘名旭（1974—），男，博士，成都信息工程大学副教授。研究方向：企业财务柔性管理及资本市场财务与会计。

国经济将向更高级、分工更复杂、结构更合理的阶段演化，发展速度正从高速增长转向中高速增长，经济发展方式正从规模速度型粗放增长转向质量效率型集约增长，经济结构正从增量扩能为主转向调整存量、做优增量并存，经济发展动力正从传统增长点转向新的增长点。

在这种经济新常态下，对财会人才以提出了更高的要求。刘沓、章刘成和周航（2015）认为，为了适应经济新常态，财会人才要具有国际化视野、国际化意识方能满足新常态下的全球性企业竞争，具有战略发展观的财会人才才能为企业提供持续、健康、有指导性的财务战略。同时，新常态下企业充满了不确定性，竞争更加激烈，需要财会人员为企业提供的商业信息链，必须为控制、决策及战略的制定与实施提供可靠、有价值的数据。可见，新常态下需要财会人才从单纯的技术操作型向经营管理型人才转变，从单一专业型向复合的创新型人才转变。总之，新常态下，财会人才应该是能分析、会管理、懂战略、关注环境的高端管理型人才。经济环境的变化迫切要求现代财会人才由传统的记账型财务人员转变成为现代的管理型和分析型的财务人员。

（二）技术环境要求管理型财会人才

进入 21 世纪后，科技技术的突飞猛进给世界经济注入了新的活力，也给企业发展模式带来了本质的影响。如在互联网环境下，企业边界变得十分模糊，企业要发展，必须与客户、供应商等进行合作实现资源共享，方能迅速获得先动优势。这种合作关系不仅是在客户与供应商之间，而且是在竞争对手之间建立既竞争又合作的多种形式的联盟。企业的商业模式不仅仅是在变化，而且变化会越来越快。商业模式的变化往往是战略性的变化，需要有战略性的财务作为指导。同时在互联网环境下，企业竞争信息是复杂而综合，又迅速变化的。企业无论是低成本战略还是差异化战略，均需要企业业务与财务做到完全融合，才能使企业适应瞬息万变的互联网环境。业务和财务完全融合，这正是管理会计的功能所在。因此，在互联网环境下，企业财会人员需要转换思维，将企业的财务系统由过去核算、控制的定位转换为管理、决策的定位。互联网技术对财会处理流程、获取财务信息的方式和方法都是革命性的改变。这也要求企业财务人员必须从传统的核算工作过渡到参与企业管理的工作中来。在共享服务模式下，金字塔式的组织架构会被扁平化的服务组织所代替，原有组织和流程中某些角色和职能也将发生变化。曾有人估计，企业采用财务共享服务以后，其财务人员可削减 1/3~2/3。会计信息化不会使财务人员闲置，对于需要重新分配岗位的财务人员来说，再次分配也算不上分流，而是又一次转型。财政部部长楼继伟在 2014 年曾提到，要在三到五年的时间里培养一大批合格的管理会计人员。通过采用财务共享的新模式，可以促使企业会计人员转型，强化管理会计能力。

（三）就业环境要求管理型财会人才

根据教育部阳光高考信息平台 2016 年的统计数据，2016 年会计学和财务管理本科专业均跻身毕业生规模前十大专业行列，总人数将达到约 60 余万人，即每 10 个高校本科毕业生中就有 1 个财会专业学生。在严峻的就业形势下，我们看到各大招聘网站上，财务人员的需求依然名列前茅。这种矛盾的产生主要就是各大高校的人才培养更多在于核算型人才的培养，而企业已经进入对管理型财务人才大量需求的阶段。在未来，随着"互联网+"、大数据等新技术的发展，会计人员可在一个开放的会计网络平台处理各项财务会计事项，实现全流程会计服务，打破地域的限制。传统的核算型财务人员的需求量将会进一步萎缩。因此，严峻的财会人员就业环境也迫切要求当今高校必须加强管理型会计人才的培养。

二、管理型财会人才的能力架构

管理型财会人才应该具备哪些能力架构呢？可以从两个视角去看，一个是根据实地调研来考察，一个从理论分析的视角去分析。

（一）企业对管理型财会人才的能力要求

目前，尚未有专门的研究机构针对"管理型财会人才的能力架构"问题进行专题调研，但是现在大量的企业都对财务人员在管理型的能力上有所要求。因此，通过实地调研，总结出当前用人单位对财会人才的能力要求，在一定程度上可以反映出管理型财会人才应有的能力架构。

陈文涓和刘毅豪（2010）通过调查问卷的形式对某地方工科院校财会类2009届本科毕业生进行调查研究，发现企业对财会人员的能力要求按重要性排序，依次是：动手实操能力（100%）、语言表达能力（91%）、专业实践能力（89%）、计算机应用能力（89%）、团队协作能力（87%）、商务交际能力（72%）。他们的研究结论说明，企业对动手能力与人文素质的要求并重，大多数财会类学生在初次就业时，操作能力和基本业务判断能力是必备的，而创新思维能力、组织协调能力、文字写作能力都非常重要，但需要在以后的工作中不断体现和历练。白雪和徐丽军（2017）对创业公司的财会人员的能力进行问卷调查，发现创业公司对会计管理人员的专业能力要求比较高。他们同时认为会计人员的职业道德素养和人品也是企业十分重视的。尽管上述调研结果没有直接反映出企业对管理型会计人才的能力要求，但是从各种能力特征上还是显示出企业对财会人才综合管理能力的期望，比如商务交际能力、组织协调能力等。这些能力是企业管理型会计人才必备的条件，而对核算型财会人员来说，这些能力则不是特别需要。段佳颜（2016）通过问卷调查发现，90%的调查对象认为管理会计人才可以提高公司的经营绩效，而且均对当前管理会计人才培养状况不太满意。在管理会计人才能力要求方面，要求财会人员熟识企业的商业模式、数据分析的技巧和成本管理技术三项基础技能，同时要求财会人员具备把握宏观经济对企业的影响等高技术含量的能力。2016年7—9月，笔者对成都市40余家企业（企业类型有大型企业和小企业，有会计工作单位和会计师事务所，有工业企业、商业企业和建筑施工企业等）进行了调研。笔者的调研发现：制造企业，尤其是高科技制造业大部分引入了管理会计工具，如预算管理、责任中心、标准成本、作业成本法及业绩管理与评价等，甚至引入了当前比较先进的管理会计工具——阿米巴经营。管理会计工具的大量运用，使得企业财务部门中管理会计相关岗位占企业财务人员的比例达到60%左右。基于管理会计工具运用的能力要求也是当前企业对财会人才的能力要求，即从基本素质来说，要具有良好职业道德、较强的学习能力和沟通能力；从专业能力上来说，要具备良好的数据分析处理能力和能够将财务与业务进行融合的能力及战略分析能力。

（二）理论界对管理型财会人才的要求

学界主要从管理会计的职能反推管理型财会人才的能力要求。北京国家会计学院课题组（2014）认为，现代财会人才的能力培育需要从以产品或单项业务为分析单元向渠道、全价值链以及客户盈利分析拓展；企业战略绩效管理从财务数据为主走向更多融合，同时重视非财务数据；从产品与业务分析为主转向更复杂的系统性商业分析；把内部 IT 服务视作一项商业行为。蒋占华（2014）认为管理会计的基本职能是预测、参与经营决策、规划经营、控制经营过程、考核评价经营业绩。因此，管理会计人才也应该具有这些能力。这种按管理会计职能反推管理会计人才能力要求的思路并没有得到一致的认可。现在学界比较认可的是 IMA（美国管理会计师协会）和 AICPA（美国注册会计师协会）等国际会计组织对管理会计考核的能力框架。IMA 专门针对管理会计人员的胜任能力颁布具体规定。2013 年，IMA 根据管理会计师的成熟度建立了四阶段的模型，模型规定了不同阶段的管理会计师需要具备的硬技能和软技能。AICPA（1999）的《进入会计职业的核心胜任能力框架》提出了三种胜任能力：功能性胜任能力（决策模型、风险分析、计量、报告、发展和加强功能性胜任能力的有效技术）、个人胜任能力（职业风度、问题解决与决策制定、协作、领导、沟通、发展和加强个人胜任能力的有效技术）和广阔的商业视野（战略/批判性思维、行业/部门的视野、全球/国际视野、资源管理、法律/规章视野、市场和客户关注度及发展和加强广阔的商业视野的有效技术）。表 1 为 IMA 对管理会计人才的能力要求。

表 1 管理型财会人才能力框架表

项目	规划与报告能力	决策能力	科技技术能力	营运能力	领导能力
具体表现	财务报表编制	财务报表分析	企业资源管理系统（ERP）和总账系统	行业知识	激发与激励他人
	财务记账	公司金融	信息系统和软件应用	营运知识	沟通技能
	战略性和战术性规划	资本投资决策	—	质量管理和持续改进	变革管理
	预测	职业道德	—	项目管理	人才管理
	预算	企业风险管理	—	—	协作和团队合作
	绩效管理	经营决策分析	—	—	谈判
	成本会计和成本管理	—	—	—	冲突管理
	内部控制	—	—	—	—
	税务会计、税务管理与筹划	—	—	—	—

三、管理型财会人才培养的体系

（一）理工院校培养管理型财会人才的思路

财会专业（包括会计、财务管理或审计等相关专业）已经成为我国的通用专业。理工院校设置财会专业主要是因为 20 世纪 90 年代以前，我国国民经济各行业各单位的会计行为规范，主要采用的是分行业会计制度。不同行业的理工类高等院校在会计教学中，侧重于服务和满足某行业内各单位会计人才的需求。自 2001 年国家取消行业会计制度，实行统一会计制度后，各高校（包括理工类高校）开始致力于为社会、为企业培养更多通用型、复合型的会计专业人才（叶陈云 等，2013）。在这种历史背景下，理工院校培养管理型财会人才有着天生的劣势。第一，因为历史定位是为行业提供核算型财会人才，理工院校财会人才培养的师资以前受限于行业背景，整体的师资力量不强。尤其是管理、证券、金融等综合性能力的师资缺乏。第二，理工院校在学科建设上，主要布局的是理工科专业。而一些非理工专业，如企业管理专业、经济学专业或金融学等专业与财会专业极为相关，甚至有一些对会计学影响极大的专业，因为种种原因没有配置齐全或者根本就没有设置。相关专业设置不健全，对管理型财会人才的成长是极为不利的。第三，理工类高校普遍存在对财会专业的财力投入不足的现象。我国的不少理工类高等院校中，由于多数管理者均来自于理工类专业，客观上对财会等相关专业存在轻视的思想与态度，致使财会专业在人力、物力、财力等方面的投入均严重不足，最终阻碍了财会专业建设的顺利发展与进步。当然，事物总是存在两面性。理工院校培养管理型财会人才也有其优势。首先，理工院校有很强的理工技术，不管这些理工技术处于何种地位，对于财会类学生来说应该是足够的。尤其是在当今大数据和互联网背景下，如果理工院校能利用其技术优势，加强财会类学生在计算机和大数据方面的素质培养，理工科背景的学生在大数据分析处理、财务共享及财务信息系统方面将更有优势。其次，理工知识的学习更加有利于财会类学生在未来的工作中进行业务融合，这一点是纯财经类院校所不具备的。最后，理工院校的学科齐全，其毕业学生分布各行业，如果学校能整合毕业生的资源，将财会类学生的实践环节与全校各专业毕业生资源结合起来，将会极大增加财会类学生的实践机会，从而提升他们的综合素质。另外，在当前提倡大众创业万众创新的大环境下，理工院校的创业机会远比纯财经类院校要多得多。

基于理工院校在财会专业人才的培养上的优势与劣势分析，理工类院校培养财会人才应该沿着三大思路进行。第一，理工院校应结合自身的优势学科，对财会专业进行准确定位，对经济管理专业进行合理布局，完善专业体系。第二，增加经济管理专业的投入，尤其是师资和经济管理实践平台建设的投入。第三，学校要整合资源。一方面理工类师资可以讲授财会人才所需要的互联网、计算机语言、大数据处理等理工课程，达到联合培养复合型财会人才的目的；另一方面，综合学生资源，将理工与经济管理深度融合，在学生创业、学生实践等方面实现资源共享。

（二）课程体系

在确定了理工院校培养管理型会计人才的思路后，具体的人才培养还是要落实到课程体系上来。根据调研与理论分析，课程体系构建可以总结为以下内容：

首先，课程体系的整体框架与传统的框架保持稳定。即课程体系包括公共基础课、学科基础课、专业核心课程、专业选修课程、实践环节课程及创新创业课程。

公共基础主要包含计算机基础、大学英语、高等数学、体育等基础课程；学科基础课包括经济学原理、市场营销学、金融学、管理学、统计学等经济管理课程；专业课程还是保留传统的、公认的财会类的核心课程：财务会计、财务管理、成本会计、经济法、税法、审计、管理会计。这些基础课程各院系大同小异，通过这些课程的教学能保证财会人才能够掌握财会工作所要求的基本技能、人文素养及身体素养，形成科学的世界观和方法论。

其次，需要改进的主要是：

（1）在学科基础课程方面增加商业管理、企业管理、业务流程方面的选修或必修课，具体课程如项目管理、质量管理、战略管理、企业流程再造、生产运作、价值链管理。这些课程的学习有利于培养学生的商业思维和管理思维，增强学生的业务与财务融合能力，有助于管理型会计人才的综合素质的提高。

（2）需要增加信息系统类（如数据库基础技术及互联网技术）的课程，帮助管理型财会人才在技术上有突破。这些课程包括企业会计信息系统的分析与设计、会计软件开发与系统实施等。

（3）整个培养体系整体减少理论课程的授课时间，增加案例教学和实验教学时间。同时在现有的专业课程中，减少会计学等与核算类直接相关的课程及课时量。

（4）突出管理会计的地位，增加与管理会计关系比较密切的课程。要培养适应当前市场经济环境的管理型财会人才，要从管理会计入手寻找突破口。而管理会计的突破口在三方面：第一方面是要从当今实务界中运用的大量管理会计工具、管理会计方法纳入人才培养方案中来；第二方面要从财务共享入手，从财务信息化入手；第三方面是从业务入手，让学生了解业务，为未来的业务与财务融合做准备。因此，在目前管理会计学的课程基础上，增加高级管理会计学或管理会计学前沿。

参考文献

[1] 白雪，徐丽军. 对创业型公司会计管理人员能力的需求分析 [J]. 商业会计，2017（5）：82-83.

[2] 陈文涓，刘毅豪. 地方工科院校财会类人才培养与区域经济人才需求对接研究 [J]. 会计之友，2010（8）：126-128.

[3] 戴悦，于婕. 财会人才需求及其培养方式调查分析：基于南京市企业人才需求的调查 [J]. 财会通讯（综合），2012（10）：158-160.

[4] 段佳颜. 中国企业管理会计人才培养模式研究：基于中国企业财务人员的调查问卷分析 [J]. 经营者管理，2016（6）：69-71.

[5] 刘沓，章刘成，周航. 新常态经济的会计人才需求与会计高等教育变革 [J]. 高等财经教育研究，2015（12）：33-38.

[6] 徐丽. 经济转型期"管理型"会计人才培养的路径与策略 [J]. 中国乡镇企业会计，2015（4）：207-208.

[7] 叶陈云，王迪，张琪. 我国理工类高等院校会计学科建设与发展分析 [J]. 国际商务财会，2013（6）：69-73.

资本市场环境下财会人才培养
路径分析

刘名旭[①]

摘要： 本文从资本市场的发展现状出发，详细分析了资本市场的发展对财会人才培养环境、培养目标、培养内容的影响，进而分析资本市场环境下，财会人才的能力要求。在此基础上，通过"培养目标→课程体系→教学内容"这一培养路径，提出了资本市场环境下财会人才培养的思路。

关键词： 资本市场；培养目标；培养环境；培养内容；培养路径

一、资本市场的发展对财会人才提出了新的能力要求

（一）资本市场的发展现状

1983 年，深圳特区的三家企业首次尝试向社会招股集资，揭开了我国资本市场的序幕。1990 年 12 月上海证券交易所和 1991 年 7 月深圳证券交易所的成立，标志着我国资本市场改革进入一个崭新阶段，即资本市场将为我国企业的市场化、国际化、证券化奠定了基础。截至 2017 年 4 月，沪深两市共有 3 189 家公司，总市值达到 55 万亿元。2016 年我国资本市场 IPO（首次公开募股）、再融资（现金部分）合计达 1.33 万亿元。除股票市场外，党的十八届三中全会提出健全多层次资本市场体系，多层次资本市场体系包括面向大中型企业的主板市场、中小板、创业板、中小企业股份转让系统（"新三板"）、债券市场、期货及衍生品市场等。多层次资本市场建设不仅有力支持了经济社会发展，而且为建立现代企业制度、构建现代金融体系、推动多种所有制经济共同发展做出了重要贡献。在未来，资本市场将在调动民间资本的积极性、创新宏观调控机制、促进科技创新、促进新兴产业发展和经济转型和产业整合方面起到重要的作用。

（二）资本市场对财会人才培养的影响

1. 资本市场的发展改变了财会人才培养环境

资本市场的发展对企业的财务行为和会计行为的影响是直接的、巨大的。在资本市

---

① 刘名旭（1974—），男，博士，成都信息工程大学副教授。研究方向：企业财务柔性管理及资本市场财务与会计。

场中，企业的行为将会更加规范化、市场化和国际化，同时参与资本市场的企业行为也会受到更加严格的监管。企业各种可能影响投资者决策的重大活动均需要遵照各项规范流程向投资者报告，尤其是企业财务管理行为和会计行为。参与资本市场的企业，其财务管理行为如重大融资、投资及分配等活动均需要通过规范的决策流程进行，并在相关监管要求下对投资者进行报告。企业的会计信息必须遵守相关的准则制定，按照规范的流程，对各级相关利益者进行报告。

在资本市场快速发展的现实环境下，越来越多企业将与资本市场接轨，将会不同程度与资本市场发生联系。直接上市的企业或被上市公司收购的企业或收购上市公司的企业，它们所有的财务管理行为和会计行为将被纳入资本市场监管环境下考虑。即使企业不是直接参与资本市场的运作（现代企业很有可能与已经在资本市场中运作的企业发生交易），其交易行为也要受到资本市场规则的约束。

因此，我国资本市场高速发展的现实环境，对高校财会人才培养的影响越来越大。高校在培养财会人才的时候，必须考虑资本市场对财会人才的要求。

2. 资本市场的发展提升了财会人才培养目标

当前大部分高校对财会人才的培养目标，对专业知识的定位通常是：熟练掌握现代财务与会计基本理论，在各类单位从事会计、审计实务及财务管理或金融管理等工作的高级应用型专门人才。这种人才培养定位本身并没有太多的问题，但这种定位没有突出资本市场环境对财会人才的影响。因此，在这种培养目标指引下，大量的高校在培养财会人才时均培养的是核算型、无差别、低层次的会计人才。现有财会人才存在缺乏资本市场所要求的能力这一不足。以上市公司为主要对象的会计准则的运用为例，在现有高校中，准则被视为财务核算类知识，在运用中仅仅考虑如何进行账务处理，而很少考虑准则的运用对资本市场的影响及投资者的反应。如果在确定培养目标的定位时考虑到资本市场环境，那么在财会人才培养过程中将更加重视企业的所有者、债权人及与企业利益相关的利益需求，因为他们都需要依靠企业的各类信息来对企业进行分析和判断，掌握企业的经营情况，并根据这些信息来决定投资的决策，以减小投资过程中的风险，获得更多的利润。企业的财务与会计行为是提供更多可靠、有效的信息来让决策者了解企业，以吸引更多的资金投入。鉴于此，在教与学的环节中，均要思考企业的财务或会计行为是否会影响报表、是否会影响投资者决策、是否会损害相关利益者的利益、是否会在资本市场上引起异动、是否会影响股价等诸多问题。

在资本市场快速发展的今天，唯有将培养目标提升，方能培养出适应资本市场的实用性财会专门人才。

3. 资本市场发展拓展了财会人才培养的内容

随着资本市场的发展，企业的财务与会计内容不断拓宽，企业会计将不再局限于会计凭证的粘贴与会计分录的记录等基础会计核算工作，企业的会计工作将更多包括以下内容：以上市公司为核心的会计准则运用，上市公司信息披露相关制度，包含预算管理、责任会计等内容的企业内部控制建设，以信息公开为目标满足投资者需求的审计，保证企业正常运行的公司治理结构安排，与上市公司监管极为密切的盈余管理，等等。同时，企业的财务管理也不仅仅局限于日常资金收支管理，而是包括：以股东利益最大化的上市公司市值管理，需要随时考虑对资本市场及投资者决策影响的上市公司投融资管理和股利分配管理，对企业经营管理有着重大影响的股权激励，在资本市场中大量进行的、对公司价值影响极大的企业重组并购问题。

资本市场发展不仅拓宽了财会人才培养的内容宽度，也加深了财会人才培养的内容深度。如在资本市场的会计问题中，企业会计准则的运用要求会计人员具有极为深度的专业知识。以《企业会计准则第20号——企业合并》为例，该准则的运用需要对会计理论有比较深刻的理解。当前合并财务报表理论有所有权论、实体论、母公司论、当代论四种比较流行的合并财务报表理论。在不同理论指导下，会计人员对合并行为实质的理解会有所不同，企业选择合并报表的方法也有所不同，合并报表的结果、对公司报表的影响及股价的影响也会有很大差异。如果合并报表的会计处理不正确，可能会让企业陷入巨大的政策风险。除此之外，企业会计准则的理解与运用，不仅仅只是企业财务的核算，还与公司的盈余管理、审计、财务信息披露等相互紧密联系，一旦处理不当，企业可能遭受风险。不仅会计行为要求财会人员具备深度的专业知识，企业的财务行为亦是如此。如企业经常遇到的再融资问题。作为财务管理人员，不仅要考虑融资的数量、融资成本和渠道，还要做大量细致而全面的考量与决策，比如融资是选择增发、配股还是可转债？公司符合哪一种再融资方式的条件？如果选择增发，增发价格如何确定？增发后公司的财富是如何分配的？增发对企业报表、资本结构、资产结构及股权结构会产生怎样的影响？市场将如何评价？应该选择什么时机进行增发？这一系列问题都要求财务管理人员具备特别专业的知识。

4. 资本市场对财会人才提出了更高的能力要求

资本市场的发展对财会人才提出了更高的能力要求。首先，资本市场的企业囊括了全社会的各个行业。这些企业的经营管理及资本运作行为也代表了当前社会中最为复杂、涉及面最广泛的经营管理行为。资本市场涉及投资者、监管者、融资者、中介机构等多方面的利益主体，作为资本市场中重要的财务与会计信息的制造者，财会人才必须具备全面知识。中国证监会前主席尚福林（2006）认为，要掌握资本市场知识，应当学好以下四个方面的知识：一是经济、金融知识，二是财务、会计知识，三是法律知识，四是境外证券市场的知识。只有掌握了这些知识，在资本市场中才能理解股票、债券、基金、期货、发行、上市、交易、机构、风险、监管、法制、国际等方面的基础知识，以及经济、金融、财务、会计、法律等诸多领域的内容；才能使自己的工作符合资本市场规范，从而减少企业风险。其次，资本市场的发展要求财会人才具备综合能力。因为资本市场中利益主体众多，企业的财务与会计信息在资本市场中又极为重要，所以财会人员在资本市场中与不同利益主体进行专业层面的交流与沟通就十分必要，也十分重要。因此，资本市场环境下要求企业财会人才尤其是高级财会人才，必须具备极强的专业能力、沟通能力及协调能力等。最后，当今的世界经济已经是全球化经济，各个国家的经济相互影响，资本市场更是如此。这要求财会人才必须是国际化的人才。一方面，现代企业的经济行为已经融入了国际市场，如企业在国外投资、在国外进行交易，甚至直接在国外资本市场上市；另一方面，国际资本市场的波动对国内企业也会产生重要影响，如2008年美国爆发的金融危机，沿着资本市场传导到国内，对国内企业造成极大的影响。因此，资本市场的发展需要财会人才具备国际化视野和国际化水准。

二、资本市场环境下的财会人才培养路径

资本市场的快速发展给高校的财会人才培养提供了机遇，也提出了挑战。如何培养适应资本市场环境的财会人才已经成为各高校的财会专业的重要课题。可以从"人才培养→课程体系设置→课程内容"这一培养路径来思考。

第一，重塑财会人才的培养目标定位。现有财会人才培养目标更多是定位于会计核算和基础财务管理。在改革开放的前 20 年，我国资本市场发展缓慢，企业对财务人员的需求与定位更多是核算和基础管理。在当时环境下，高校根据企业需求进行如此定位有利于学生就业。资本市场发展到今天，企业对财会人才的需求也发生了变化，因此，高校对人才培养目标的定位也要改变，即需要在人才培养中突出资本市场环境下学生的综合能力及掌握资本市场相关知识的专业能力。

第二，要重新梳理课程体系，增加资本市场相关课程的比重。能力的培养需要通过课程来实现。要让学生具备资本市场环境下的综合能力和资本市场相关知识及专业能力，就要尽可能减少当前课程体系中简单知识的课程及课时量。如会计学原理、成本会计、财务管理等课程中，都有大量的简单核算部分内容，这些内容可以保留，但可以要求学生通过慕课、自学、简单讨论等形式进行自学，节约出的课程和课时量可以考虑留给具有综合性、专业深度的课程，如增加金融市场和金融工具、投资学、资本运营、数量分析方法、业绩评价与激励机制、资本市场财务与会计前沿问题等与资本市场密切相关课程及其课时量。

第三，必须重新审视课程内容，改进教学方法，提高综合能力培养。资本市场相关知识内容众多，而教学资源与教学时间有限，不可能把所有涉及资本市场的相关课程均一一列出，进行授课。因此，教学内容的安排就显得十分重要。首先，在教学内容上要结合资本市场的实际情况进行授课，如在讲授财务管理课程中关于股票的股利估值模型时，可以结合上市公司具体的股利数据，和学生一起进行数据搜集、指标计算。这样不仅能让学生掌握股票的基础知识，同时也可以时刻联系资本市场的实际情况。只有时时刻刻将基础教学内容与资本市场实际情况联系起来，才能事半功倍地培养学生的资本市场意识。其次，在教学方法方面要多采用案例教学和讨论教学。面对众多的资本市场相关知识内容，除了受教学时间和教学资源限制外，学生的综合能力还受到教学手段的影响。如果大学四年的教学过程中，学生一直被动地接受老师填鸭式的讲解，学生便始终无法掌握海量的资本市场知识，更无法提升一些隐性的能力，如沟通能力、协调能力和写作能力等。这些能力要在有限的教学资源和教学时间内得以提升，案例教学、分组讨论式教学就是不可缺少的教学方式。而且，资本市场不是一成不变的，大量的资本市场行为没有固定的模式，需要动态的、辩证的思维对待，这就更要求通过案例式、讨论式的教学方法来提升学生的综合能力。再次，课程应以问题导向型考核作为主要的考核方式。考试是一种导向。如果纯粹以核算作为会计学的考题，那么学生就会热衷于背诵会计分录，经常纠结于某一个计算数据。这样的学生始终没有深度也没有高度，更没有国际化视野。如果考试形式多样化，以问题导向型考核作为考核的主要形式，尤其是结合资本市场中的现象进行问题导向型的考核，将引导学生对资本市场进行深入思考，提升其对资本市场的认识。最后，要重点突出若干门与资本市场课程密切相关的课程。资本

市场要求财会人才知识全面。在全面的基础上，结合财会专业特征，有个别课程可以重点考虑。这些课程包括会计准则体系的相关课程、企业内控的课程、企业资本运营课程及资本市场会计与财务前沿问题。这些课程不仅与资本市场的运作有关，也与财会专业的专业内容高度相关，是其他专业很难替代的课程，也是财会人才在资本市场上的核心竞争力。因此，这些课程需要在教学内容上结合学生特征，有目的、有重点地进行安排和设计。

参考文献

[1] 尚福林. 学习和掌握资本市场知识，提高驾驭资本市场的能力 [N]. 上海证券报，2006-04-24（A7）.

[2] 曲晓辉，邱月华. 资本市场会计研究进展："第八届会计与财务问题国际研讨会——资本市场会计研究"观点综述 [J]. 当代会计评论，2008（12）：101-109.

[3] 李定清，钟廷勇. 第一届会计与财务管理及资本市场学术研讨会综述 [J]. 会计之友，2015（18）：129-131.

[4] 吴少芬. 新常态下财务人员面临的挑战与提升能力素质之途径 [J]. 中国农业会计，2015（8）：32-34.

创新创业教育与
财会专业教育融合研究

摘要： 创新创业教育是以培养具有创业基本素质和开创性的人才为目标，以培育学生的创新意识、创业精神、创新创业能力为主的教育，训练学生基本的创业技能，培养具有创新思维和创业能力的高素质人才。应用型财会专业教学目标之一是为企业培养适应经济社会不断变化的高级应用型人才，两者的有机融合能更好地提高人才培养质量。本文从创新创业教育现状、两者融合路径等方面展开论述，提出了多条切实可行的解决措施。

关键词： 创新创业；财会专业；融合

在"大众创业，万众创新"的时代浪潮中，创新创业教育在高等院校里得到了高度重视，各种创新创业比赛接踵而至，但真正与学生专业教育深度融合的并不多，这与国家相关部门提出的"以赛促教、以赛促学、以赛促改"的初衷相悖。

一、当前创新创业教育存在的问题

教育部在 2010 年提出"提高自主创新能力，建设创新型国家"和"促进以创业带动就业"的发展策略。开展创新创业教育，培养具有创新创业素质和实践操作能力的人才，实现"以创业带动就业"的目标，是新时期高校必须承担的社会责任。但现实是我们培养的人才及培养过程尚存在如下问题亟待解决：

（一）学生普遍创新创业意识不足，创业意愿不强

学生普遍对书本以外的知识扩展兴趣不浓，对教师布置的创新任务完成得不主动，再加之大部分学生家庭经济条件尚可，没有创业的冲动和意愿。笔者对学生做过多次不完全调查统计（见图 1）。结果显示"在校或毕业即创业"的学生寥寥无几，即使是"毕业 3~5 年后创业"的选择也很有限，这在很大程度上代表了学生的心声。

---

① 许世英（1974—），女，成都信息工程大学副教授。研究方向：企业投融资及可持续发展。

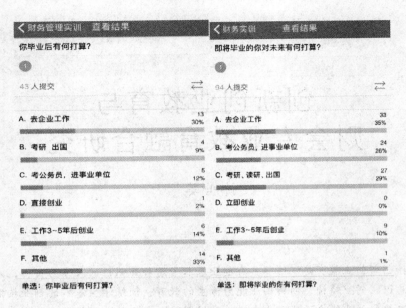

图1 学生创业意愿调查截图

（二）学生创新创业能力不足

这是当前创新创业教育中存在的最大问题。随着各项政策的推进，也有学生愿意去创新、创业，但其本身知识和能力不足，导致创新层次不高，创业方案不具操作性，实际创业中遇到发展瓶颈，等等。下面以笔者曾经辅导过的创业计划书为例（见图2）。

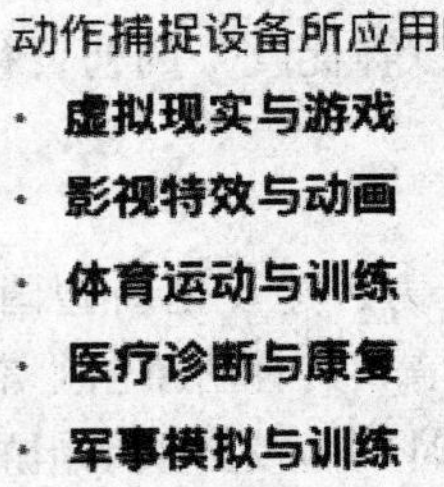

动作捕捉设备所应用的领域实在太广阔了：
· **虚拟现实与游戏**
· **影视特效与动画**
· **体育运动与训练**
· **医疗诊断与康复**
· **军事模拟与训练**

图2 学生原始计划书截图

图2为教师指导学生修改前的原始计划书的节选。很明显，学生未能掌握创业计划书的核心，不能很好地将其创意呈现给评委及其他相关人员。经过多次指导与沟通，效果明显改善，如图3所示。

2.3.1. 虚拟现实游戏

传统的 3D 游戏中，游戏的交互方式是通过键鼠来进行交互。这种交互方式在传统的 PC 和游戏主机中应用十分合适，但在虚拟现实的交互中却显得十分原始。

使用 Light Touch 虚拟现实交互系统，用户可以在虚拟世界中做到真正地像现实世界一样与虚拟现实的世界进行交互。在虚拟现实游戏中，玩家可以完成捡起地上的游戏道具、使用武器射击、伸出双手施放法术等在传统的交互中难以做到的动作。

图 2-3 Judgement Day 游戏画面

图为成都光点智造有限公司开发的 Judgement Day VR 射击游戏画面

图 3   修改后的计划书截图

（三）专业教育与创新创业教育存在脱节现象

目前大部分高校开展的创新创业教育内容比较单一，主要是通识教育，培养方案、教学大纲和课堂教学未能很好地融入创新创业知识。以财会专业为例，在大纲、课堂教学中都会讲如何编制预算，如何做投融资规划，但由于时间等多方面因素导致这些内容未能很好地结合创业项目进行模拟，所以当学生真正需要去做创业计划书时，往往不会操作，或者胡编乱造，以至于完全不具操作性。

二、创新创业教育与财会专业教育融合的路径

创新创业教育与专业教育融合的路径概括起来主要有三种实现形式。一是"引进来"。把创新创业教育引进"人才培养方案"，引进"专业课程教学实践"。二是"增体验"。通过搭建创业体验类实践平台，采取创办专业模拟公司（大学生实验超市等），增强学生的创业体验，将不同学科的学生打造成一个创业团队，充分利用各自专业特长。三是"打比赛"。学校通过搭建创新创业竞赛类实践平台，依托各种形式的创新创业竞赛来提高学生创新创业的意识和能力，包括大学生创新创业训练计划大赛，"互联网+""创青春"创业创新大赛，行业性质的创新创业竞赛，校内自行组织的小型竞赛，等等。

（一）在财会专业课程教学中应着重培养学生创新创业的意识、品质

笔者通过调查走访和研究发现，创新创业者应具备如下意识：强烈的欲望、开阔的

视野、执着敬业、合作共赢、诚信实干……

在这种教育思想的指引下，教师应该改变传统的教育理念，变"使学生如何更好地就业"为"引导学生更好地创新创业"，积极探索创新创业教育的新型教学方法和途径，激发学生的创业热情，培养学生的创业意识，将创新创业教育的思想渗透到日常工作中，即贯穿于教书育人、管理育人、服务育人的全过程之中。

（二）将创新创业教育纳入财会专业人才培养方案中

人才培养方案是保障和提高人才培养质量的重要依据，将创业创新教育与财会专业教育融合所需的知识、能力与素质有机纳入人才培养方案中，是提高学生创新创业意识与能力的重要途径之一。

结合我校实际情况（本书中的"我校"，如无特别说明，均指成都信息工程大学——编者注），我们采取了第一课堂与第二课堂相结合的教育模式。在第一课堂，在税法、市场营销、ERP沙盘实验、财务管理等课程中实时融入创新创业知识，之后专门开设创业财务学课程，以学生团队为中心，从项目选择、市场调查到创业计划书撰写甚至实施全过程高仿真模拟，一方面使学生综合应用创业所需的知识和技能，另一方面又培养了他们团结协作和执着敬业的创新创业精神。此外，我们要求每一位学生还需额外获取5个创新创业学分。

（三）在财会专业课程教学中培养学生创新创业能力

在专业教学中渗透创新创业教育，是培养大学生创业意识和创业能力的有效途径。一是在各门专业课课堂教学中渗透创新创业教育，二是在专业实训课中渗透创新创业教育。每一门专业课都要渗透创新创业教育的内容，但侧重点有所不同。比如，在ERP沙盘实验课程中，由受训者组成若干相互竞争的模拟企业，模拟企业5~6年的经营，通过学生参与→沙盘载体→模拟经营→对抗演练→教师评析→学生感悟等一系列的实验环节，使受训者在分析市场、制定战略、营销策划、组织生产、财务管理等一系列活动中，参悟科学的管理规律，培养团队精神，全面提升管理能力。在税法、财务管理、管理会计等课程的课堂教学中重点渗透创新创业知识的传授和创新创业意识的培养；在财务分析、创业财务学、个人理财实务、纳税申报实务等课程中重点渗透创新创业能力的培养。

例如：创业财务学以创业项目为基础，要求学生分组完成项目选择、问卷设计、调查及报告、商业计划书的撰写与修改等工作，从而培养学生的创新创业意识和相应的能力。相关材料如图4所示。

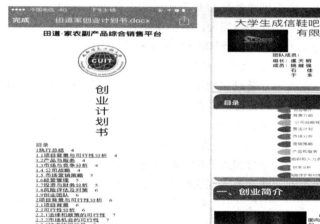

图 4　学生创业训练材料

（四）积极组织开展创业实践活动，培养学生实际创业能力

第一，积极开展和组织学生参加各级各类创新创业大赛

主要比赛项目有："创青春"全国大学生创业大赛、"互联网+"全国创新创业大赛、中国创新创业大赛、全国大学生电子商务"三创"赛、四川省大学生 ERP 沙盘模拟经营大赛、"网中网杯"大学生财务决策大赛等。近年来，我校财会专业学生作为负责人和主要参与人在参加的各级各类比赛中均取得了优异的成绩。其中，2014 年，会计专业学生参与的"易寻科技服务有限公司"荣获 2014 年"创青春"全国大学生创业大赛移动互联网创业专项赛全国银奖。2016 年财管专业学生参加 2016 年四川青年创新创业大赛获银奖。2013 级财管专业学生参加 2016 年"创青春"中国大学生创业大赛获全国铜奖；参加 2016 年"网中网杯"大学生财务决策大赛，获得西部赛区三等奖。

第二，成立学生创新创业实验基地

我校商学院开设了会计、财务管理、市场营销、国际贸易和金融工程五个专业。为了使学生能够"做中学，学中做"，2009 年 9 月我校组建了大学生实验超市，这是在校园内全过程模拟市场化运作，按照市场主体在市场机制下运作的基本原则和方式，完全由学生自主募股组建、管理和经营的实体。超市运营 7 年以来，相关指导教师全程参与，结合专业特点编写了《大学生实验超市实训指导书》，进一步将创新创业教育与专业教育融合在一起。财会专业学生懂经营、精核算，通过参与超市经营，学生还体验了创业过程，积累了创业经验。同时学校成立了成创空间，给学生提供了创业场地，让学生选择一项经营项目自主经营。未来希望有更多的学生创业团队入驻。

第三，建立创新创业基金

为了鼓励广大学生积极参与创新创业实践活动，我校成立了"长虹双创基金"，每年拿出一定资金来支持具有较强科研能力、成绩显著的创新团队与具有较强市场开拓能力和经营水平的创业团队。

三、创新创业教育与财会专业教育融合中的注意事项

经过几年的教学实践，创新创业教育与专业教育的融合确实取得了不少成绩，也增强了学生的综合能力，但仍然存在一些需要注意的事项：

1. 注意将创新创业意识培养与创新创业能力培养相结合

对于全体学生，无论未来的职业规划是什么，笔者认为其都需要具备创新创业意识，以适应不断发展的社会需求，所以面向全体学生开设了创新创业的通识课程，培养学生的创新创业意识。同时，针对部分具有强烈创新创业愿望的学生，开展深入的创新创业能力培养，配备专门的教师团队辅导他们解决创新创业过程中存在的问题。

2. 注意尽可能减少学生"搭便车"行为

因为整个创业教学活动通常是分组进行的，所以部分学生会为了学分而参与，但却不愿意真正付出。经过多年的实践，笔者在实践中采取了两种组合举措，最大限度地减少了"搭便车"行为。一是不定时、随机地请学生讲解模拟创业项目的完成情况及过程，二是在课程（项目）结束时组内成员匿名互相评价。

四、结语

创新创业教育是我国高等院校教育改革的必然选择。专业教育与创新创业教育有机融合能够使学生的专业知识、专业能力与创新创业能力同步提升。适当的创新创业教育能够帮助学生增强创新意识，提高其创新创业能力。

参考文献

[1] 刘胜辉. 本科院校会计专业创新创业教育问题探讨 [J]. 中国管理信息化, 2014（5）：132.

[2] 赵红梅，廖果平. 以构建核心竞争力为导向的会计本科创新创业教育 [J]. 会计之友，2014（4）：115.

"互联网+"背景下财会专业教育的变革

许世英①

摘要： 以云技术、大数据、物联网、移动互联和社交平台为代表的新一代信息技术和创新思潮既带来了财会实际工作领域的变革，也不可避免地冲击到高等学校财会专业教学。当前无论是教学内容、教学手段还是考核形式都相对落后，不能适应企业实际需求。我们需要适应变革，增加财务共享等教学内容，采用信息化、智能化移动教学平台等多种教学手段，构建过程考核为主的新评价体系。

关键词： 互联网+；财会专业；教学内容；教学手段

"互联网+"是把互联网的创新成果与经济社会各领域深度融合，推动技术进步、效率提升和组织变革，提升实体经济创新力和生产力，形成更广泛的以互联网为基础设施和创新要素的经济社会发展新形态。

在"互联网+"背景下，财会工作环境发生了颠覆性变化，财务共享、财务机器人出现并不断被应用到企业实践中。而现行高校的财会专业教育尚未真正实现转型，基本还在讲授传统的教学内容，采用传统的教学方式，与企业实际需求的距离越来越远。

一、"互联网+"背景下财会工作面临的挑战

进入"互联网+"时代，财务信息化以无纸化、自动化、云端化为基本特征，实现多语言、多业务的财务服务能力。技术更新的速度越来越快，以云技术、大数据、物联网、移动互联和社交平台为代表的新一代信息技术和创新思潮，影响着企业的经营，也带来了财务管理和管理会计的变革。

第一，财务信息化将积累大数据，创造出大价值。在大数据时代，每天都会产生海量数据。信息化、无纸化使财务数据更利于调用、分析，从以"存"为主向以"用"为主转变，充分发挥财务信息价值。

第二，科技进步将使财务服务更加"云化"。云计算技术下，以最快、最好地满足客户需求这一目标为导向，财务的业务、流程、信息系统、服务都会发生改变。云服务使得财务无处不在，财务将更加非财务化，云计算技术让公司业务流程更加流畅。

---

① 许世英（1974—），女，成都信息工程大学副教授。研究方向：企业投融资及可持续发展。

"互联网+"时代必将影响我国管理会计的发展，将新一代信息技术运用于管理会计信息化过程中也必将成为一种趋势。

二、当前财会教育现状

（一）教学内容相对陈旧

据笔者调查，当前大部分高校的会计、财务管理专业的教学方案中都包含会计学基础、财务会计、会计信息系统（或会计电算化）、成本会计、管理会计、财务管理等课程。其中耗时最多的就是基础会计、财务会计、成本会计、会计信息系统课程，教师往往会花大量的时间给学生讲授如何进行经济业务的确认、计量、记录与报告以及如何用各成本核算方法计算成本等，会计信息系统也几乎是对财务会计课程内容的再次巩固学习。相对来讲，当前企业急需的管理会计、财务管理和财务分析、财务控制等内容显得比较单薄，无论是时间安排还是内容安排都不理想，与企业发展脱节比较严重。

（二）教学手段单一落后

当前，学生学习时间碎片化，注意力能够集中的时间相对更短，传统教学空间基本限定在校内的教室或实训室，教学的时间则基本限定在课堂的 45 分钟时间内；教学以教师课堂讲解、学生听讲记忆为主，学生很少去理解书本上的内容，老师上课时很难激发学生的自主思考能力。信息化手段运用极少，未能充分调动学生的积极性。

（三）考核形式简单

课程考核形式仍是以"平时成绩"加"期末卷面成绩"为主，平时成绩包括作业和课堂考勤。期末学生参加课程纸质闭卷考试，最终以两项成绩按一定比例折算来考评学生掌握和运用课程知识的能力和水平。不同课程的考勤因为学生人数和课时不同而有很大差异。有些老师点名频繁，而大部分老师一学期可能就只点那么两三次名。另外，对作业，往往都是课后完成，存在学生抄袭等情况，致使老师不能客观判断学生的学习情况。还有，对课堂表现不能及时记录反馈。期末考试时，不少学生临时抱佛脚，死记硬背，甚至不惜代价作弊。最终导致综合成绩与学生实际学习情况有较大差异。

三、财会专业变革的内容

（一）教学内容的变革

由于在实际工作中，会计工作内容发生了重大改变，会计核算人员需求量大大减少，所以我们的教学内容要适应变化，做出相应的改革。

1. 减少会计核算的内容

大家都知道，会计核算是会计工作的基础，很重要，当前不少高校的会计教学都以会计核算为主，尤其传统的手工核算、单机核算比较普遍，占用了大部分教学时间。

2. 增加管理型财务的内容

管理型财务职能的工作对象是企业的整体财务状况，通过对财务状况的分析，以财务分析报告的形式做出评价，并提出相关的财务管理建议。应在人才培养方案中加大财务管理、管理会计和战略管理等方面的教学内容，操作方式可以是增加课时、开设专门课程等。

3. 加入"财务共享""云财务"等新内容

在当代企业运作过程中广泛使用的"财务共享""云财务"目前在高校中鲜有相关课程，导致毕业生出去工作往往需要很长时间适应。所以，在财会专业人才培养方案中，应及时加入财务共享课程，包括财务共享的战略结构、战略职能、流程与运营等内容。不管将其作为选修课，还是融入现行的会计电算化或会计信息系统等相关课程均可。

4. 构建财会课程群平台

以课程集群的方式建设互联网课程中心，既可整合、优化课程资源，又可强化课程体系的严谨性，让师生在教与学的过程中更好地理会各门课程的地位和核心内容。比如将核算类的课程——基础会计、财务会计、会计信息系统作为一个课程群，将成本会计、管理会计、财务管理这几门关系密切的课程作为一个课程群。课程群各门课程之间的教学内容要体现知识的逻辑性和延伸性，培养学生的知识获取能力、发现问题的能力和解决问题的能力。

（二）教学手段的变革

学校应以网络教学平台为基础、以课程为中心、以教师为主导、以学生为主体、以资源为支撑、以服务为导向，集成网络教学、师生交流互动、答疑和管理等功能，高度整合校内外教学资源，开展作业、考试、答疑、讨论、评价等互动教学活动。市场上做网络教学平台的很多厂商，比如雨课堂、蓝墨云班课、课堂派等，都很好地适应了当前智能手机和平台普及的形势。笔者使用得最多的蓝墨云班课（以下简称"班课"），可以用来完成以下几方面工作：

（1）把课程涉及的PPT（演示文稿）课件、微课视频、参考资料、案例上传到班课，学生可以通过网页端、手机端实时查看，老师也可以了解学生是否学习，对不及时学习的学生可以进行提醒。尤其是视频可以设置为不准拖动进度条，以保证学生真正地学习。

（2）课堂上可以调查问卷、头脑风暴等（见图1）。一方面学生和教师的互动增加了；另一方面，活动结束后班课实时提供数据分析，比如正确率、智能标签等，有利于教师和学生了解学习的状态，及时采取相应的教学举措。

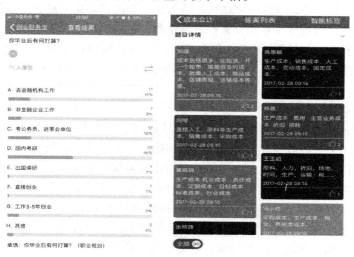

图1 课堂调查、头脑风暴截图

（3）班课提供了丰富多样的课堂表现形式，比如"举手""抢答""选人""小组评价"等，活跃了课堂气氛，也有效解决了课堂上无法及时客观记录教学效果的问题（见图2）。

图2　课堂表现截图

（4）平台提供了班课数据和教学报告，以及考勤、作业、答疑、学习资源等的详细数据，各学生间的对比数据也非常详尽，对于教师和管理部门了解学生的学习状态非常有帮助。

另外，还可应用QQ、微信、微课、翻转课堂等现代信息化教学手段，以促进课程教学效果的提高。第一，创建课程QQ（微信）交流群，促进师生间的沟通交流。一方面，教师通过收集并及时在交流群发布行业相关信息，树立同学们对行业发展和以后就业的信心，激发并维持同学们的课程学习兴趣；另一方面，师生之间也可以就课程学习过程中遇到的困难及时进行交流。第二，课堂和翻转课堂相结合，可提高课堂的教学效果。在实训类课程教学过程中，可以采用微课资源和翻转课堂相结合，教师通过课程群或蓝墨云班课等平台提前发布课堂实训教学任务，要求学生在课前多次反复观看微课视频，初步熟悉实训操作过程。在实训课堂教学过程中，教师首先对群中同学们反映的比较集中的问题进行讨论和分析，然后引导学生就常见问题库中的相关问题进行分组讨论，加深学生对实训操作过程的理解和掌握。

（三）考核方式的变革

重视教学过程性考核，目的就是要分阶段获取学生掌握各部分教学内容的反馈信息，逐步击破学生在各教学环节上对知识理解的不足和困惑，随时随地评价学生的学习情况。具体可以利用蓝墨等云平台提供的实时测验功能，单选题、多选题、判断题及问答题、计算题均可设计出来。为防止作弊，可以乱序。结束后，系统还可以及时提供学生的答题情况，各题的正确率排序，有助于教师及时了解学生掌握知识的程度（见图3）。结合笔者近年使用情况，建议课堂测验不宜太频繁，只在重点难点章节采用；同时每次测验的内容也不宜过多，10分钟左右完成较为合适。

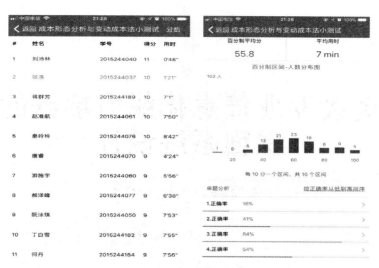

图 3 课堂测验截图

重视平时过程考核的同时，期末考试也不能放松，毕竟需要一套综合的试题检验学生一学期的学习成效。为防止死记硬背，可以在试题中加大案例分析题、实务操作题等主观题型的题量。

互联网时代加快了时代变革的步伐。作为教育工作者，我们只有不断变革教学内容、教学手段和考核方式，才能紧跟与引导时代潮流！

参考文献

[1] 汤健."互联网＋会计教育"核心课程群建设研究 [J]．教育教学论坛，2017（8）：259．

[2] 丁慧琼，陈芳．微课等现代教学手段在高职"跨境电商会计"教学中的应用 [J]．职教论坛，2016（14）：71．

[3] 何玉岭，吕珺．构建高校会计专业课程考核评价体系的研究 [J]．湖北函授大学学报，2015（15）：122．

财会专业信息化能力培养的课程系统设计

张育强①　　王江霞②

摘要：信息技术的快速发展，对财会专业学生会计信息化能力的培养提出了更高的要求；而通过对高校会计信息系统类课程进行调研发现，会计信息化课程存在诸多问题。结合 CDIO 和系统工程的理念，本文就财会专业信息化能力培养课程体系的变革进行了探究，在构建基于信息化能力培养目标的课程群、构建基于项目驱动的实训模式及构建基于企业实际业务模式的实训模式、信息技术在课程教学中的应用等方面做了相应的分析。

关键词：财会专业；信息化能力；课程系统设计；CDIO

一、引言

随着以互联网、数据库、通信控制等为代表的信息技术的发展，信息化能力已经成为财务会计专业学生所应具备的一种基本素质。如何来培养财会专业学生的信息化能力，许多专家学者已经做了一些研究，就传统教学模式存在的问题提出了相应的改革措施。梁玉珠（2012）、欧阳歆（2013）、肖志良（2014）等就结合会计电算化或会计信息系统课程，从教师队伍、学生素质、实验室建设、教学内容、课程结构、教学软件等多个方面提出自己的思考和建议。还有一些专家学者从教学模式的视角，提出会计信息化类课程的改革方向。姜惠（2014）提出了"任务驱动教学法"的教学模式，提倡将以往以传授知识为主的传统教学，转变为以解决问题、完成任务为主的多维互动式的教学；王风华（2012）将差异化教学模式引入会计信息化课程的教学实践中，根据学生的专业背景差异及对知识的需求差异，灵活调整教学目标与教学内容，实行分专业差异化教学。

专家学者的研究推动了财会专业学生信息化业务能力的培养。笔者认为，财会专业信息化能力的培养，迫切要解决的问题是相关课程的系统化设计，需要建立以会计信息

---

① 张育强（1976—），男，成都信息工程大学讲师。研究方向：会计信息化。
② 王江霞（1982—），女，四川航天职业技术学院中级经济师。研究方向：财务信息管理。

系统为核心的课程群，设立前后关联、相互支持的多门课程，循序渐进地开展教学；要处理好实验教学和理论教学之间的关系；选择适宜的教学模式。

二、会计信息系统相关课程存在的问题

笔者就目前普通高校的财务管理专业和会计专业的培养方案进行了调研，并着重关注了信息化能力培养的相关课程，发现普通高校会计信息系统相关课程存在以下的问题。

（一）会计信息系统类课程单一

很多高校在自己的培养方案中，提出了要培养学生信息化能力，但相关课程设置单一，很多高校中，与信息化能力相关的课程就只有会计信息系统这一门课程。信息化能力的培养不是一门课程就可以解决的问题，信息化能力涵盖了财务软件操作与维护、基于信息技术的会计数据处理与分析、会计信息系统模型构建、会计信息系统的开发设计、会计信息系统的审计等多个方面。财会专业的信息化能力的培养需要建立基于信息技术应用的课程群。

（二）信息化软件实训内容匮乏

在会计信息系统课程教学过程中，存在教学内容单一的问题。很多高校仅仅让学生学习了财务软件的系统初始化、总账、报表等基本模块，而对于采购管理、销售管理、库存管理等供应链模块则基本没有涉及。会计信息化的基本理念就是财务与业务的协同，但供应链内容的缺失，导致学生关注的仅仅是财务，而没有进行必要的业务处理训练。

（三）教学软件的单一

很多高校在财务软件的教学过程中，采用的都是用友或者金蝶两款软件中的一款。虽然用友和金蝶是主流的财务软件，但学生进入工作岗位，还可能会使用其他类型的财务软件。让学生了解其他类型财务软件的设计思路及理念，是财务软件类课程需要解决的问题。

（四）实训模式和企业实际业务模式不一致

在会计信息系统实训过程中，大多数高校采用的都是单机模式，即同一操作人员完成所有的业务数据处理。该模式有一定的好处，即操作人员能够熟悉不同的业务；但它也存在一定的弊端：操作人员不能理清不同业务人员的工作权限；也不能了解到不同业务部门之间数据单据是如何传递的；单机模式也不符合企业实际，现实企业的业务数据处理都是基于网络环境分角色业务处理模式。

（五）理论与实验的结合问题

在会计信息系统类课程的教学过程中，存在两种典型的模式：一种是理论介绍式，即只是就会计信息系统相关的基本理论进行介绍，没有开展配套的基于会计信息系统软件的实训操作；另一类是操作手册式，只是向学生介绍会计信息系统软件的操作步骤，没有相配套的基础理论。以上两种模式都是不可取的。学生学习财务软件操作的目的是运用基本的财务会计理论，了解企业业务处理流程；业务流程的学习，反过来又可以指导学生熟悉财务软件的操作，理解业务操作的意义。理论和实训操作其实是相辅相成的。

三、会计信息化能力培养的改革思路

（一）CDIO 在财会专业会计信息化能力培养中的应用

CDIO 是"做中学"和"基于项目的教育和学习"的集中概括和抽象表达，是一种合作学习，团队成员之间相互探讨、交流、协作，共同完成项目设计、规划，最后独立完成项目。CDIO 工程教学理念是由麻省理工学院和瑞典皇家工学院等四所大学组成的跨国研究组织所创立的，CDIO 代表构思（Conceive）、设计（Design）、实现（Implement）和运作（Operate），其最初应用于工科实践，但逐渐被推广应用到理科和经管专业，财会专业同样也可以借鉴其思路和做法。CDIO 要求教师更新教育观念，改变重理论知识轻实践能力的传统观念，建立"以教师为主导，学生为主体"的教学方式。具体到财会专业信息化能力培养的相关课程，就需要我们来设计能够真实反映企业实际业务情况的案例和实训项目。在项目的实训过程中培养学生的信息化能力。CDIO 的模式，要求对培养信息化能力的实训项目进行设计，引导学生去发现问题和解决问题，要引发学生的思考，不能让学生变成业务的机械操作手。老师在实训过程中的作用更多是引导，学生自己主动结合项目开展实训，学生要真正地成为实训的主体。

（二）会计信息系统课程的系统设计

在财会专业信息化能力的培养中，应该看成一项系统工程，要建立相辅相成、前后关联的基于信息化的课程群。课程是人才培养的核心。课程比专业重要，课程的组合就是专业（相应的研究表明，组成专业的课程数应该为 10～20 门）；课程也比教材重要，课程是有生命的，而教材只是课程生命中的一段记录。信息化能力培养的课程群的系统设计，需要解决两个方面的关键问题，一是课程内容的选择，二是课程内容如何排序。课程内容的选择就需要对培养目标进行深刻解读，进行目标分解，基于培养目标的要求选择课程，甚至创立课程。课程内容的选择完全是由于需要这些知识，而不是这些知识有用。课程内容的排序也就是课程内容的结构化、系统化。传统的学科体系是先学习理论知识，然后是将理论运用于实践。信息化能力培养课程群的课程内容排序则应该基于应用，从实践去驱动理论的学习，学生在项目实训中发现问题、解决问题，从而主动去学习解决问题的理论知识体系，学习过程是学生主动自主完成的。

四、信息化能力培养课程体系的变革

高校的信息化能力培养的课程存在诸多问题，CDIO 的理念和系统工程的思想为这些问题的解决提供了思路。课程体系的变革，可以从以下几个方面来进行推进：

（一）构建信息化能力培养的课程群

财会专业的信息化能力，可以定义为培养学生运用信息技术手段，完成财务管理、会计的相关业务处理、数据分析；并能够完成相关会计信息系统的设计、开发、维护工作。基于这样的界定，信息化能力要求财会专业学生能够熟练地运用主流的信息系统软件完成会计业务处理（会计信息系统软件操作课程）；掌握信息系统的设计、开发和维护，能对相应的岗位进行合理的分工，制定软件系统的操作制度和流程（会计信息系统开发、会计信息系统的日常管理等课程）；能了解市场主流的多款会计信息软件的基本功能，各自的软件特色（财务软件的比较与维护课程）；能够运用信息技术来对财务会

计系统的数据进行数据挖掘分析、为管理层决策提供支持（电子表格处理、数据库技术等课程）；能针对会计信息系统的业务处理模式，运用信息技术手段来进行审计工作（计算机审计课程）。信息化能力的培养需要建立5门以上的课程群，课程群中的每一门课程都应该是和相应的知识体系对应的，但不同的课程之间应该要注意做好内容上的衔接，要关注到课程之间的层层递进关系，实训课程之间、专业理论课程与实训课程之间，内容和相应的知识点应该进行有针对性的衔接。这样，财会专业学生在专业理论知识的学习路径基础上，还建立了会计信息系统财务业务处理基础、数据库基础、财务软件的数据分析、会计信息系统开发、财务软件的比较、计算机审计这样一条清晰的财务信息化能力的学习路径。

（二）采纳基于项目驱动的实训模式

在财会专业信息化能力的培养中，大多数课程都会涉及实训。通过实训，可以让学生们能对理论有更形象的认识，将理论和实践结合起来，培养学生们的学习兴趣。但实训课程会陷入另外一个极端，即学生们机械地按照老师的操作手册去练习，往往是知其然，而不知其所以然。如何在实训过程中引导或者说引发学生的思考，是实训课程要解决的问题。CDIO"做中学"和"基于项目的教育和学习"的思路在工科教学中的成功应用，给财会专业信息化能力培训系列课程的教学改革提供了思路。信息化能力培养的实训，强化的不应该是学生的操作能力，而要关注学生解决问题的能力，即实训的开展应该基于项目驱动。项目来源于真实的企业业务处理，反映企业真实的业务处理模式。项目的设计要包括企业真实存在的问题，项目的实施过程就是学生发现问题和解决问题的过程。学生学习了会计信息系统的业务操作的课程，掌握了会计信息系统基本模块，就可以给出一个真实的企业案例。案例包括大量的企业不规范的原始数据，学生需要对企业的资料进行改造，建立基础资料的编码规则，完善科目体系，规范辅助核算。通过这样的设计，学生就能够自己去深刻理解财务软件设计的架构、数据传递的流程，也能从解决项目问题的过程中体会到参与感和成就感。

（三）建立基于真实业务模式的实训内容

财务管理和会计学专业的专业特点要求学生开展会计业务的实习或实训。但学生去企业进行实习时，企业基于财务数据的保密性和工作时间紧等多种原因，学生在企业实习时并不能获得有效的训练。在学校教学过程中，建立基于企业真实案例数据和真实业务模式的实训，是解决学生实习困境的出路之一。但就目前高校的会计信息化实训课程来看，单机模式是目前高校所普遍采用的授课模式。单机模式有其存在的意义，单机模式可以让学生熟悉财务软件的所有模块，了解财务软件的所有功能。但单机模式和企业分角色、分岗位的实际业务模式是不相符合的。单机模式下，学生不能很好地了解岗位职责、权限控制、业务数据传递流程等。基于企业真实业务模式的实训，在保证数据真实的基础上，还应该建立分角色、分岗位的实训模式。该实训模式的改进，可以通过案例设计，给出一个企业的真实数据，让学生按照系统管理员、账套主管、出纳、总账会计、资产管理主管、采购主管、销售主管等不同角色岗位去分组，由学生自己去分析不同岗位业务的划分，自己为不同角色分配业务数据处理权限，自己去建立财务会计办公局域网络环境，按照岗位角色设置客户端，分岗位和角色来完成企业的业务处理。

（四）推广信息技术在课程教学中的应用

信息技术在财务会计领域的广泛应用，推动了会计、财务管理、审计等的工作模式发生变革，也推动了财会专业信息化能力培养课程体系的变革。除了授课内容、授课模式的变革，信息技术在教学中的应用，也成为课程改革的一部分。如何让学生能及时了解自己业务处理正确与否？如何让学生能实时进行业务处理？可以引入基于信息技术的财务软件的题库建设，让学生能够在完成业务后了解自己的业务处理情况，推动学生自主学习；可以建立基于会计信息系统软件的慕课，建立在线的开放课程，将财务软件的一些基本操作技巧制作成视频，在教学平台进行发布。另外，基于移动端的教学APP也应该在教学过程中加以推广，以此来建立和学生的实时互动，了解学生学习情况和存在的主要问题，从而及时对教学过程进行调整。

财会专业信息化能力的培养，不是一门课程就可以解决的。它应该是一项系统工程，需要高校建立基于多门课程的课程群。课程之间要注意内容上的衔接和递进；要进行课程内容、实训模式、授课方式的变革。在实训案例的设计上，要反映企业实际的财务会计处理情景，让学生通过实训就可以了解企业真实的业务模式。另外，实训是基于项目驱动的，要培养学生发现问题和解决问题的能力，要引发学生的思考，从而推动学生去自觉、主动地学习。

参考文献

［1］肖志良. 关于会计电算化课程教学改革的思考［J］. 商，2014（4）：112.

［2］欧阳歆. 关于应用型本科"会计电算化"课程教学改革的建议［J］. 企业导报，2013（23）：234-235.

［3］姜惠. 浅谈"任务驱动教学法"在财务软件教学中的运用［J］. 中国电子商务，2013（21）：141-142.

［4］梁玉珠. 会计电算化课程改革教与学的新探索［J］. 行政事业资产与财务，2012（24）：213-214.

［5］王风华，梁星. 财务软件课程差异化教学模式实践与探索［J］. 商业会计，2012（16）：122-123.

［6］姜大源. 论高等职业教育课程的系统化设计：关于工作过程系统化课程开发的解读［J］. 中国高教研究，2009（4）：66-70.

论本科高等教育供给侧改革

——基于财会专业的思考

张育强①　王江霞②

摘要：为了调整经济结构，使要素实现最优配置，国家制定了供给侧改革的战略。本文结合供给侧改革，对本科高校教育改革提出了自己的思考，并特别结合财会专业进行了具体分析。高校教育的大环境已经发生了改变，高校教育从精英教育向大众教育转变。高校应该将培养应用型人才作为自己的主要任务，从培养目标的制定、师资队伍建设、课程体系建设、教学模式等多个方面来进行改革。

关键词：本科高等教育；教育供给侧改革；财会专业

2015 年 11 月 10 日，在中央财经领导小组会议上，习近平总书记提出了"供给侧结构性改革"概念："在适度扩大总需求的同时，着力加强供给侧结构性改革，着力提高供给体系质量和效率。"中央提出的"供给侧"改革是要调整经济结构，使要素实现最优配置。而中央所提出的供给侧改革，其实不仅仅适用于经济领域，也适用于本科高校的教育改革。高校需要优化高等教育体系，提升高校教育供给的质量；本科高校财会专业作为应用性非常强的学科，进行教学改革，提升供给质量，已是迫在眉睫。

一、当前本科高等教育的现状

当前的本科高等教育相对于 20 世纪末，已经悄然发生了许多变化。高等教育界应该顺势而为，认识这些变化，并做出调整和变革。

（一）从精英教育向大众教育转变

高等教育不再是少数人的特权，国家将普及高等教育作为一项国家层面的战略加以执行，从而推动了高等教育的扩招扩容。教育部在 2016 年年底发布了《中国高等教育质量报告》。在该报告中，可以获取这样一些信息：截止到 2015 年年底，中国国内高校达 2 852 所，位居世界第二；中国在校大学生有 3 700 万人，位居世界第一位；毛入学率已达 40%，预计到 2019 年，高等教育毛入学率将达到 50%，步入普及化阶段。从教育部的权威数据可以看到，高等教育的普及是大势所趋，高校数目多、大学生数量庞

---

① 张育强（1976-），男，成都信息工程大学讲师。研究方向：会计信息化。

② 王江霞（1982—），女，四川航天职业技术学院中级经济师。研究方向：财务信息管理。

大，高等教育必然将变得个性化、多元化，中国的高等教育从精英教育开始向大众教育转变；高等教育的目标不再是培养精英人才，而是着重培养应用型、技术技能型专门人才。

（二）理论教育与应用能力培养之间的困惑

根据联合国教科文组织在《国际教育标准分类》中的划分，我国的高等教育可以划分为专科、本科、研究生教育；高等教育又可以分解为两种类型，一是主要培养学术型人才，二是主要培养应用技术型人才。专科教育偏重于应用技术型人才的培养，研究生教育则主要偏重的是培养学术型人才；而对于本科阶段的教育，许多本科高校对自己的定位则是较为模糊的，较为常见的描述是：培养掌握了相关专业的基本理论、基本方法和基本技能，能够从事相关工作的应用型高级专门人才。本科高校在教育定位上一方面强调了学生专业理论知识的系统学习，同时也在强调学生应用能力的培养；本科高校极力将自己和职业高等教育区分开来，但在学术型、研究型教育方面又感到力不从心。如何处理理论教学与应用能力培养之间的关系，是本科高校在具体教学过程中不可回避的问题。

（三）高等教育毕业生能力与企业需求脱节

企业到高校进行招聘的时候，希望毕业生能够很快融入企业，具备较强的业务能力；要求学生能认可企业的文化，"企业需要适合企业的人，而不一定是最优秀的人"。但现实的情况是，高校所培养出来的学生与企业需求是脱节的，许多学生眼高手低，基础知识不扎实，业务能力差，长时间磨合后也不能达到岗位的素质能力要求；与企业的文化产生冲突，与同事不能进行有效沟通，不能完成团队协作。

二、财会专业的历史和现状

（一）财会专业的发展历史

财会专业是财务管理和会计学专业的统称。会计学专业的开设要早于财务管理专业，1998 年，教育部颁布的《普通高等学校本科专业目录和专业介绍》，首次将财务管理专业列为工商管理学科下的一个本科专业，从原来的会计学专业中分离出来单独设置。两个专业的课程体系比较接近，但从培养的理念来说，又有一定的区别。会计学是研究在财务活动和成本资料的收集、分类、综合、分析和解释的基础上形成的协助决策的信息系统；财务具有理财、金融、筹资等含义，财务管理是对企业筹资、投资和收益分配等理财活动进行控制的综合性管理工作。会计更侧重账务处理，财务管理则侧重成本、资金等方面的管理，包括财务分析等工作。

（二）财会专业目前遇到的问题

财会是应用性比较强的一门学科，学生需要系统地学习财务管理、会计学相关专业知识；掌握了理论知识体系，学生还应该学以致用，掌握会计业务的基本处理模式，能够对企业的财务数据进行分析。但目前财会专业的实践教学过程却存在一些问题。

1. 实践教学和理论教学脱节

虽然掌握了基本的财会理论，但学生的运用知识的能力非常欠缺；学校也不能为学生提供很好的实训平台。去企业实习存在诸多限制，企业对于接受学生来企业进行短暂实习，也存在一定的难处。财务部门是一个企业的核心部门，财务数据是企业的商业机密，企业不愿意让外人去接触这些数据；财务部门的工作量大，学生的实习工作必然打乱企业的工作部署，让企业接纳过多的学生来进行实习是不现实的。

2. 互联网技术、人工智能对财会专业发展所带来的冲击

现有财务专业的培养体系不能满足未来社会发展对财会人员的需求。一项调查统计了"互联网技术将会导致消亡的岗位"，财会专业便包含在其中。这个调研的结论的逻辑依据是，互联网的广泛使用，将导致账务处理、财务管理的集中和简化，将导致大量财务人员失业。对于这个调研结论，本科高校的财会专业要引起重视，但需要从另外一个视角来认识和理解：互联网技术的发展，不是导致财务人员的失业，而是导致财务人员的转型，因为基础的财务业务处理得到简化，但对懂财务数据分析、能辅助管理人员进行财务决策的高层次财务人员的需求则是增加了。目前高校的财会专业的教学应从这个角度做出改变，即提供真正的有效的高质量的教育供给。

三、从供给侧改革看本科高等教育改革

习总书记基于中国发展的全局，提出了供给侧改革的战略。该战略改变了以前需求驱动的老路。供给侧改革，就是将供需矛盾的症结从需要转移到供给，思考如何提供有效供给，提升供给的质量。高校的本科教学存在供需矛盾，国家在解决本科生就业的时候，以前的老思路是去创造就业岗位。但问题的症结在于，并不是企业不需要人，而是培养出来的学生不符合企业的需要。高校教育的供给侧改革迫在眉睫，高校需要从自身进行变革，从师资队伍建设、课程体系、教学平台建设等方面来进行改革，突出自己的教育特色，提高学科建设水平，真正提高教育供给质量。

具体到本科高校财会专业的建设来说，需要引入供给侧改革的思路。要从高校自身的专业建设、培养体系出发，进行自身的变革，提升财会专业的教育质量，进行供给侧的改革，在目前人才的供需矛盾的解决上，着眼于供给。本科财会专业目前的就业问题，不是企业对财务人才的需求不足，而是企业需要具备较强财务数据分析、财务决策能力的高层次财务管理人员，企业对于基础财务工作的人员的需求则是不断减少的。大学的财会专业应该提高所培养的财会人员的质量，培养管理型的财务人员，培养他们的数据分析能力和财务决策能力。提高供给质量，要注重学生应用能力的提升，侧重的是培养学生分析问题和解决问题的能力，而不是培养只懂书本上的财会理论的"书呆子"。

四、本科高等教育及财会专业供给侧改革的路径

财会专业本科教育的供给侧改革，需要提升所培养的财会人员的质量。这是一项系统工程，需要从多个方面来开展教学改革。这些教学改革涉及教育观念的改变、教育目标的变革、师资队伍建设、课程体系设置、教学模式升级、教学平台建设等多个方面。

（一）本科高等教育观念的改变

随着大学的扩招扩容，大学的教育不再是精英教育。绝大多数的本科高校，需要转变观念，将自己定位为培养应用型人才的高校。但是由于历史发展的原因，许多学生和家长还是受到传统观念的束缚，认为技能型人才是企业的基层人员，没有社会地位；家长也不支持自己的孩子进行创业，担心失败，错失好的就业机会。许多老本科院校，存在着学术性高等教育高人一等的传统观念，认为培养学生的应用能力属于职业教育的范

畴，本科高校不屑于和职业高校为伍。因此，有些高校在确定自己办学理念及定位的时候，忌讳提到应用型人才、技能型人才培养。

但企业的现实需求却促使高校进行改变。企业需要高级技术人员，只会纸上谈兵的理论型大学生不受待见。在残酷的市场需求面前，学生和家长们必须要改变观念。支持创新创业是国家的长远战略，高校培养学生的创新创业能力，并不是要求学生毕业就一定要创业，而是为学生做好创新创业的知识储备，更多是培养学生的创新创业意识。高校要认识到强化大学生应用能力是将来人才培养的大趋势。应用型人才和学术型研究型人才，不应该作为地位高低的标签。有的学生擅长形象思维，适合作为应用型人才进行培养；而有的学生抽象思维能力强，这类学生则适合作为研究型人才进行培养。适合学生的才是最好的。

（二）本科高等教育培养目标的制定

培养应用型人才，是一个国家经济发展的必然要求。英国和德国的高等教育，也经历过从精英教育到大众教育，从培养理论研究型人才到培养应用型人才的转变。这种转变，是发展的必然趋势，不应该和社会地位的高低挂钩。从教育的大背景来看，国家非常重视学生的创新能力的培养，强调学生的个性的培养，国家为学生的禀赋和潜能的充分开发创造了一种宽松的环境。对不同学生的教育不应该千篇一律，而应该因材施教。"大众创业，万众创新"，这是一个时代的召唤，高校在教育改革中也要顺应历史的潮流，要培养学生的创新和创业能力。学校除了授业解惑，培养学生提出问题和解决问题的能力也显得尤为重要。将学生的创业创新能力的培养作为培养目标之一，还需要在学生的专业培养方案中加以体现，要开设相应的创业课程；在已有的课程中则通过相应的内容设置，来培养学生解决问题的能力。引导学生思考，培养学生的学习能力。

（三）本科高等教育及财会专业的师资队伍建设

本科高校供给侧改革的质量提升，需要建立合理的师资梯队。高校的授课教师，绝大多数都是研究生毕业后直接进入高校，缺少企业工作经历。他们从事理论教学没有问题，但如何在教学中引入企业实际案例，将理论和企业实践结合起来，这方面的能力比较欠缺。高校可以组织授课教师走出去，到企业进行顶岗实习，了解相关专业知识在企业应用的现状。同时还可以引进来，让企业的专业管理人员来给学生开设专题课程，介绍企业真实的案例；也可以引入其他高校的专家。

就财会专业来说，在师资的培养上，还要注意教师计算机技术、互联网信息技术等的运用能力的培养。基于财会业务的特殊性，信息技术已经广泛应用于财务会计的基础业务处理中，信息技术还深刻改变了财务管理的方式。随着信息技术的进一步发展，财务管理还会因为信息技术发展而产生新的变革。基于财会专业的现状和发展，财会专业的老师在掌握财会专业理论的基础上，应该主动学习和掌握信息技术，并将信息技术运用到财务专业的授课过程之中。

（四）本科高等教育及财会专业课程体系的改革

课程是专业建设的核心，只有以课程建设为依托，才能有效地开展专业建设。现在不同的高校就某一专业所开设的课程，几乎是一样的，专业培养方案的课程目录、课程大纲都大同小异。建设高校自己的特色专业，可以结合行业、地域特点，也可以结合全校的优势专业来展开。在确定了特色以后，最终还是要落实到专业课程体系的建设上。

专业课程体系需要进行设计，以实现专业特色；课程设计，就意味着在已经成熟的课程体系上进行内容创新，并结合需求去创立新的课程；旧的课程则要引入新的内容和新的教学模式。

就财会专业来说，高校要培养自己的有特色的应用型人才，需要结合行业特点，如培养针对金融行业的财会人员、针对事业单位的财会人员。在课程设置上，就需要去创立和金融行业、事业单位密切相关的课程，并要去研究这些行业的业务处理的特殊性，并引入相应的课程之中。有些高校的计算机技术、信息技术相关专业是其优势专业，则这些高校可在所开设的财会专业课程中尝试财会与信息技术的融合，开设信息技术应用于财务会计的系列课程。总之，供给侧改革，需要高校进行课程的顶层设计，要建立专业之间、课程之间的关联，甚至要创设自己的特色课程，真正去提升教育供给的质量。

（五）本科高等教育及财会专业教学模式的改变

推动教育供给侧改革，提高应用型人才的培养质量，还需要从教学模式上进行创新。应用型人才培养，需要所培养的人才能够熟悉企业业务流程，了解企业真实的业务模式，能运用专业知识来解决企业的实际问题。企业顶岗实习是学生熟悉企业业务的较好的模式之一，但这种实习在实际操作过程中存在很多问题。以财会专业为例，财会专业的实习就存在前文所提到的问题，但高校不能去埋怨企业对实习的不支持，而要对自身的教学模式进行变革，自己去解决学生实习的问题，财会专业的"一体化综合模拟实训中心"就是目前比较好的改革方案。财会一体化综合实训模仿企业财务管理工作真实岗位来进行业务处理，将财会工作真实岗位（如资金管理岗，成本核算岗，出纳、财务分析岗等）的各项工作所需要掌握的知识、技能、素养等能力要素按照学生的能力水平进行分级，建立财会岗位能力分析模型，并结合分级来建立岗位能力说明书，使岗位职责和岗位能力建立对应关系。综合模拟实训所需要的业务处理资料是从真实的大型企业的资料中归纳梳理提炼而成的，基于岗位的实训才能贴近实战。财会专业学生不出校门就可以完成相应的岗位实习，熟悉财务会计工作中的基础岗位的业务模式。

五、结论

从本科高校办学的现状来看，许多高校办学定位不准确，存在盲目追求地方一流和国内一流，重科研、轻人才培养的现象。国家所提出的供给侧改革的战略，为本科高校的教育改革指明了方向。作为应用性非常强的财会专业，必须从教育供给的角度去进行变革，提升财会专业的教育质量。财会专业需要转变观念，将培养有质量的应用型人才作为当下改革的主方向，从培养目标的制定、师资队伍建设、课程体系建设、教学模式升级等多个方面来进行改革。不同高校财会专业要建立自己的特色，对学生要因材施教，要鼓励学生创新创业，这样，才能实实在在地提升供给侧的教育质量。

参考文献

[1] 孙杰. 供给侧改革视角下高职本科层次应用技术型人才培养探析 [J]. 教育与职业，2017（12）：24-28.

[2] 谢芳. 基于供给侧改革的大学生就业能力提升路径探讨 [J]. 江苏高教，2017

（5）：82-85.

[3] 刘燕，吴玉剑. 教育供给侧改革视域下高职院校专业动态机制建设研究 [J]. 中国职业技术教育，2017（8）：31-34.

[4] 荣振华. 供给侧结构性改革视阈下地方本科高校转型现状与未来方向 [J]. 现代教育管理，2017（2）：37-42.

[5] 张轶. 供给侧改革下设计学专业人才培养模式研究 [J]. 艺术百家，2016，32（6）：202-204.

[6] 陈庆合，宋绍富，陶文辉. 论应用型本科教育的供给侧结构性改革 [J]. 职教论坛，2016（30）：16-20.

[7] 苏小燕. 供给侧改革与地方本科高校转型发展 [J]. 中国高等教育，2016（10）：31-32.

[8] 章振周，何晓琴. 供给侧改革驱动下的三层技能人才培养的实践与创新 [J]. 职教论坛，2016（8）：89-92.

[9] 徐宇虹. 会计学专业课程教学问题探讨 [J]. 商业文化（下半月），2012（11）：242.

[10] 徐伟航，王积田. 中外高校会计学专业人才培养模式的比较研究 [J]. 商业经济，2011（15）：115-116.

在高等教育中推广财经普识教育的探索

孙白杨①

摘要：随着时代的进步和知识经济的发展，财经素养已成为个人立足社会的基本素养之一。我国的高等教育侧重于专业技能的培养，往往忽视了个人财经素养的培养，造成人才培养与社会发展脱节。本文在分析财经素养培养重要性的基础上，探讨如何在高等教育中推广财经普识教育，提升大学生的财经素养。

关键词：高等教育；财经普识教育；现状；实践

一、在高等教育中推广财经普识教育的重要性

我国著名教育家潘懋元教授提出，现代人才培养应该以通才教育与专才教育相结合为佳。随着经济全球化进程的逐渐加快，财富对个人生活的重要性日益彰显，尤其是历经多次金融危机的冲击后，个人如何规划及管理自身或家庭财富成了社会各界普遍关注的问题。个体是否具有良好的财经素养，对国家社会经济的发展、金融市场的稳定与繁荣至关重要。美国经济学教育国家委员会主席 Robert F. Duvall 曾说过："对青年人进行经济学以及个人理财教育，对建立一个拥有深谋远虑的投资者和储蓄者、有见识的消费者、高劳动生产率的劳动力、负责任公民和全球经济有效参与者的国家是至关重要的。" Bernheim 等人进行了财经课程教育对学生进入成年后的储蓄行为的长期影响的实证研究。结果表明，理财教育对学生进入成年后的财产积累有重要的、渐进性的积极影响。现有的数据也表明，接受过财经教育的成年人，将比其他人更懂得为自己的退休进行规划或储蓄。

天津市曾开展一项针对高校学生财经素质的调查研究，发现财经类和非财经类专业学生在理财观念上有明显差异：财经类专业学生对理财产品的兴趣明显高于非财经类专业学生；财经类专业学生参与理财的人数也高于非财经类专业学生；从理财目的上看，非财经类专业的学生更多考虑的是进行合理消费，而财经类专业的学生更偏向于盈利、

---

① 孙白杨（1979--），男，成都信息工程大学副教授。研究方向：会计与财务管理。

积累经验和专业能力拓展；财经类专业学生更积极主动地参与实际的理财活动。

以上研究揭示了财经教育对个人、社会以及国家的重要性，也说明了提高财经素养会带来积极的变化，开展财经教育具有潜在的价值。大学生作为未来社会的主力军，在大学期间树立良好的理财观念、养成良好的理财习惯将对个人乃至社会的经济发展产生积极的影响。随着全球化以及数字技术的发展，金融理财和金融产品越来越复杂，人们需要做出越来越多的理财决定。对年轻人来说，发展财经技能有助于其更好地做出理财决定。随着对财经素养重要性认识的提高，越来越多的国家发展并实施了财经教育国家政策，旨在提高国民的财经素养，尤其是年轻一代的财经素养。

二、高等教育中财经教育的开展现状

我国从 20 世纪 70 年代恢复高等教育人才培养以来，虽然强调既注重专业知识教育，又注重综合素质培养，但不可否认的是，我国对于高等教育依然存在认识上的偏差。从广义上讲，凡是增进人们的知识和技能、影响人们的思想品德的活动，都是教育。狭义的教育，主要指学校教育，其含义是教育者根据一定社会（或阶级）的要求，有目的、有计划、有组织地对受教育者的身心施加影响，把他们培养成为一定社会（或阶级）所需要的人的活动。从狭义上讲，高等教育是培养高级专门人才的社会活动。因此，高等财经教育容易被定位为一种应用型教育，具有教育对象职业化、教育内容专业化、应用社会化等特征。

在现有高等教育体系中，非经济管理类的专业基本不会开设财经知识类的课程，不进行财经素质教育，造成人才培养与社会发展的不协调。以成都信息工程大学为例，学校 10 个理工科类学院开设有 47 个本科专业，均未开设财经类课程。6 个非理工科类学院开设的 35 个专业中（不含财经专业），26 个专业开设有财经类课程，且基本为经济管理类专业。从总量上看，学校有超过一半以上的学生在大学期间不会接受财经知识教育。可以说，我国高等教育中对非财经专业学生的财经教育基本处于空白状态。

三、开展财经普识教育的实践

高校作为人才培养的基地，在财经普识教育方面采用适当的引导，将有助于大学生形成正确的理财观念及行为，从而影响整个社会经济的可持续发展。美国的财经素养教育内容主要以财经知识和财经技能为主，俄罗斯同样也着重培养学生在生活中运用经济知识和技能的能力。因此，可以将使学生掌握生活中所必需的与财经问题相关的能力作为开展财经普识教育的目的。

财经普识教育应以学生的终身可持续发展为核心理念，特别要注重对财经素养能力的培养。在大学中开展财经普识教育，可以采取课程教育和知识讲座两种形式。

课程教育是开展财经素养教育的重要阵地。高校可以设置 1~2 门全校公共课，如理财基础或个人理财。课程的内容，应结合社会生活对个人理财的要求进行设计，涵盖会计基本的技术方法、理财基本理念、个人所得税申报等方面。授课方式可应用情景教学模式和实践教学模式，通过情景模拟或者现场观摩等方式开展财经实践活动，以财经素养教育的内容和目标为依据创设情景，使情景与学生的日常生活相联系，激发学生的学习动力，达到更好的教学效果。此外，还可以开展实践活动，让学生亲自参与理财活动。知识讲座受课时和场所的限制，可以通过介绍社会经济发展状况、案例分析等方式，培养学生的理财观念，使其了解社会经济发展趋势等。

财经素养将和科学素养、人文素养一样，成为反映个人综合素质的重要指标。推进财经普识教育，加强学生的财经素养培养，在高等教育中普及财经知识，是社会发展的大势所趋。

参考文献

［1］刘禹辰，戴圆圆. 大学生个人财富管理现状及理财方案研究——基于对上海市大学生的调查分析［J］. 现代商业，2015（1）：93-96.

［2］朱香. 大理学院学生理财意识培养的研究［J］. 中国经贸导刊，2009（24）：123.

［3］桂文玲. 加强财经教育 提高财经素养——PISA 2012 财经素养评估结果分析［J］. 世界教育信息，2014（20）：43-47.

高校会计专业会计实践方法探讨

金希萍①

摘要：会计工作强调实践能力。我国高校在教学中一直都很重视会计的实践教学环节，并开设了各种各样的会计实践教学课程，但是存在较多局限。本文在分析国外多种多样会计实践的基础上，分析我国高校会计专业会计实践受到约束的原因，探讨如何改变我国高校单一的会计实践形式，使学生在毕业前能够获得有价值的实践经验，提高其实际操作能力。

关键词：会计实践；方法；约束

会计工作强调实践能力，我国高校在教学中一直都很重视会计的实践教学环节，并开设了各种各样的会计实践教学课程，但是存在较多局限。

一、国内外高校的会计实践教学现状

（一）国外高校会计实践形式丰富

国外高校的会计实践教学环节，课程形式多种多样，案例研究较多。特别是在会计教学过程中，学校和实务界联合起来共同培养学生，在进行会计实践教学时比较突出学生的主体地位，并以多种课程实践的方法开展。如美国的会计实践教学，教师在课程实践中只承担教学任务的引导，学生则通过小组协作、案例研究和探讨的方式，达到能力的锻炼提升；同时强调会计专业教师和实务界人士的合作教育，将更多的研究成果应用于教学，在实践中多采用模拟和探索的形式完成等。加拿大的会计实践教学形式，也采用合作课程教学模式，将学生的理论学习同企业和政府部门的业务结合起来，学生能够与外界的管理人员一起工作，外界参与学校合作课程的建设，学生在毕业前能够获得有价值的工作经验。

（二）我国会计实践形式比较单一

我国高校也同样重视会计的实践教学环节，因为实践教学能巩固深化理论知识，培养学生的综合能力，让学生在工作后能尽快适应工作内容。但是我国会计学专业综合实践教学受到客观环境的影响，会计综合实践教学的教学形式还比较单一，主要集中于校

---

① 金希萍（1968—），女，成都信息工程大学教授。研究方向：财务会计。

内模拟实验实训，以建账→证→账簿→报表的工作流程，模拟企业特定月份的经济业务。在教学过程中，主要依靠教师的讲授，仿真环境很难体现出来；并且在整个过程中，很少有政府机关和商业实体参与进来。在这种缺少"工作情景"的状况下实施的会计实践教学，学生毕业后的角色转换仍存在难度。如会计学原理模拟实训、财务会计综合实训、成本会计实训、会计信息系统等实践课程，从认识原始票据、填制记账凭证、登记账簿、编制报表，一直到各个会计岗位的操作，到最终以一个月的经济业务为平台进行的填制凭证、成本核算、登记账簿、编制报表、纳税申报、财务分析等一系列工作程序，包含了由手工账到电算化的全部企业操作流程。这些实践课程不仅能使学生快速上岗，而且能使其快速适应岗位要求。会计实践类课程对教师教学的要求较高，既要熟知各门专业课程的理论知识，又要掌握手工账务处理和电算化操作。在以往会计实践课程教学中，很多教师往往只会一种账务处理模式，往往实行"教师演示-学生操作"的教学方式，这种单调的教学模式往往难以引起学生的学习兴趣，使会计实训类课程变得枯燥乏味，最终导致教学效果欠佳，往往是"教师讲得累、学生听得乏味，教师讲完、学生忘完"。

二、我国高校会计实践教学受约束的原因

（一）企业财务信息保密的需求

企业的财务数据是非常机密的资料，不能外泄出去。财务资料的这种特点决定了企业不太能接受不相识的学生进入本单位进行短时间的实习，学生大多只能通过家庭的关系进行寻找。学校建立的实习基地较少，多数为事务所及其他组织，可以吸纳少量学生进行集中实习，但由于名额太少，不能满足大部分学生的实习需求。

（二）校外实习时间太短

为了弥补课堂实践教学的不足，现在高校普遍又开设了校外实习环节与校企合作项目。这种校外实习一般设在暑假，时间在两个星期左右。由于受到时间的限制，学生在企业里走马观花或是打打杂，很难接触到核心的账务处理工作。

（三）校企合作项目没有改变模拟教学的本质

现在有越来越多的高校购买教学软件，或是与企业合作使用企业开发的全套的教学工具。这些教学工具的引进确实能提高学生的理论知识和实践操作能力，但也是有限的。因为这些教学软件或教学工具，基本都没有摆脱以课堂老师为主的教学方式，仍然是以一个企业为模拟对象，模拟处理它的一个月的经济业务。

三、我国高校会计实践教学方法的改进

（一）改变课堂实践教学方法

以实际会计岗位工作诱发学习兴趣是课堂教学的开端。课堂导入生动有趣，将激发学生对这堂课乃至这门课程学习的兴趣，也能激发学生重视这门课程。教学的艺术就是让学生喜欢教师所教的知识，只有这样，学生才能在有限的时间里精神高度集中，学习效率才能提高。所以会计实训教师在进行新课程教学时，要精心设计这堂课的导入环节，争取一开始就能激发学生的学习兴趣。就会计综合实训课程而言，它是学生走向企业的对接课程，这门课程的学习要为学生走向企业奠定坚实的基础。教师可分岗位进行

情景教学，从企业财务部门的各个岗位入手："蒙牛公司是大家熟知的全国奶制品龙头企业，那么蒙牛公司的会计主管每天在做什么？出纳每天在做什么？税务会计每天在做什么？假如同学们现在就是蒙牛公司的出纳、会计、会计主管，那么你现在应该做什么？"在课程一开始，引导同学们进行热烈的讨论，激发学生对真实企业中各财务岗位的兴趣，了解各岗位的具体工作内容，以此来导入会计综合实训这门课程的学习。

通过趣味化的实体展示来引起学生的好奇心，可以采用两种具体展示方式：一是直接采用与会计工作相关的实物，例如装订好的记账凭证、各类账簿、报表；二是把日常生活中常用的原始票据，用幻灯片形式展示给学生。在此基础上，拿出原始单据、空白记账凭证、日记账、明细账、总账、报表等材料，进一步讲解这些凭证、账簿等的形成过程，归纳出手工账处理流程。看到这些实物，学生会好奇这些凭证是怎么操作完成的？这样可促使其带着探索发现的心理了解会计实际工作的程序。

（二）积极主动购买相应教学类软件弥补课堂教学不足

目前国内有些企业开发的会计相关教学类应用软件，在一定程度上还原了一个企业内部各会计岗位的工作内容，建立了一个仿真教学环境。里面涵盖银行、税务局、不同的商业企业的运作流程，模拟原始凭证的产生与传送，及会计循环的财务处理。这些教学软件的使用，可以极大提高学生的综合管理能力和会计实践技能。

（三）改变教学计划，加大实践环节比例

优化适应会计实践性教学的培养计划必然会加快会计课程教学的改革步伐。目前，高校会计专业在教学模式上依然以学科课程模式为主。这种填鸭式教学模式循规蹈矩，便于开展教学，但它过分强调课本知识，理论脱离实际，且学科联系性差。而活动课程模式以会计专业实践活动为中心，以全面培养、提高学生会计实务的实践操作能力为目标，可充分调动学生的自主学习积极性、钻研兴趣和思维创造性，可弥补学科课程模式的不足。对此，可针对已有课程，进一步优化课程设置，加入活动课程，进一步落实实践性教学。增加学习新技能的技能学习课，为巩固某一学科的知识、技能而设的技能训练课以及为形成综合专业能力而设的技能运用课，为提高学生实践能力做好铺垫。

（四）整合教学资源，拓展"互联网+"教学平台，扩大实践空间

为积极推行实践性教学，除了激发学生兴趣，还需要充分拓展"互联网+"课上课下教学平台。课上平台包括学生课堂讨论及小组展示，教师可在讲授财务管理基本知识的基础上，留下思考题目，为学生创造自由开放的讨论氛围，引导学生积极发言、实际操作，让学生提出自己对于职业院校会计课程的见解与认识，并对此进行点评，使师生对于财务管理话题交流不断深入。"互联网+"课上平台则是会计教学在传统课上平台的基础上，引入会计实践教学的互联网视频、企业会计实践远程仿真演示等互联网因素后形成的。基于校企创新合作平台、产学研项目平台和会计实训基地等建立会计实践教学的"互联网+"课上平台，利用互联网的随机、随地和随动的优点，在会计实践教学课堂中将企业会计实践环节通过互联网平台演示出来，让学生在理论学习的同时也融入会计实践中，达到身临其境的效果。同时教师可充分结合学生特点，将其划分为若干学习小组，采取团队方式进行仿真模拟课堂展示，在展示的过程中进一步加强对学生的实践性引导。这不仅能增强学生学习会计的自信心，也能使学生在互动教学中，进一步重视实践的作用。

参考文献

［1］陈景，陈苏广.会计实践教学在高校会计专业中落实的途径研究［J］.牡丹江教育学院学报，2010（3）：114.

［2］李娜.进一步改进会计实践教学的几点建议［J］.长春理工大学学报（社会科学版），2006（59）：66.

［3］李淑霞.应用型人才培养模式下会计实践教学面临的问题及对策［J］.吉林农业科技学院学报，2013（4）：86.

［4］王兴兰.重视会计实践教育 深化会计教学改革［J］.安徽工业大学学报（社会科学版），2003（4）：132.

大数据背景下营销专业人才
培养模式的改革与探索

钱永贵[①] 唐承林 刘 琳

摘要： 大数据对营销活动中的市场预测分析、客户特征分析、产品研发导向、竞争对手监测、精准营销推送、改善用户体验、客户分级管理等带来了巨大的技术支持。在大数据时代全面到来之际，高校营销专业调整培养方案，适应时代特征，以培养出更加符合社会需求的高级营销人才，显得尤为重要。本文主要探讨了大数据时代对营销活动的影响、对营销思维模式与活动方式的改变，并提出了高校市场营销专业人才培养方案与课程设置的改革思路。

关键词： 大数据时代；市场营销专业；人才培养模式；改革与探索

一、大数据与大数据时代

（一）大数据的定义

自 2012 年以来，大数据（big data）一词越来越多地被提及，但对于大数据目前还没有一个公认的定义。比较有代表性的是 3V 定义，即认为大数据需满足规模性（Volume）、多样性（Variety）和高速性（Velocity）等 3 个特点。从数据库（DB）到大数据（BD）的转变，颠覆了传统的数据管理方式，在数据来源、数据处理方式和数据思维等方面带来了革命性的变化。传统的数据库代表着数据工程（Data Engineering）的处理方式，大数据时代的数据，已不只是工程处理对象，而是需要新的数据思维来应对的事物。

（二）大数据时代的数据量

《纽约时报》2012 年 2 月的一篇专栏中提出，"大数据"时代已经降临，在商业、经济及其他领域中，决策将日益基于数据和分析而做出，而不再基于经验和直觉。截止到 2012 年，全球数据量已经从 TB 级别跃升到 PB、EB 乃至 ZB 级别。

近 10 年来，全球数据量以惊人的速度倍增，整个人类文明所获得的全部数据中，

---

① 钱永贵（1973—），男，成都信息工程大学副教授。研究方向：市场营销。

有 90% 是过去三年内产生的。预计到 2020 年，全世界所产生的数据规模将达到 2012 年的 14 倍（见图 1）。

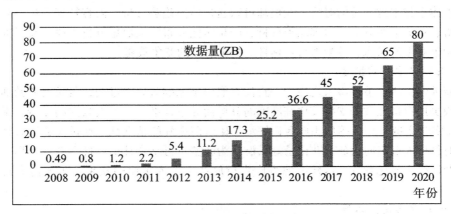

图 1　全球数据量增长趋势图

资料来源：国际数据公司 IDC。

二、大数据特征对营销活动的影响

大数据时代，传统的营销活动受到了巨大影响。这些影响从思维、方法、行动等各个层面改变着企业营销的能力和效果，主要体现在以下各方面。

（一）市场预测分析

市场预测有定性预测和定量预测之分。定性预测因为在预测过程中需要由预测者进行主观判断，所以其准确性和可靠性程度较低。定量预测强调基于大量数据分析，准确性相对较高。这种定量预测在数据分析与数据挖掘盛行的年代被提出过。但是，大数据时代，Volume（规模大）及 Variety（类型多）的特征对数据分析与数据挖掘提出了新要求。内容更全面、速度更及时的大数据，必然对市场预测及决策分析进一步上台阶提供更好的支撑。

（二）客户特征分析

过去将"一切以客户为中心"作为口号的企业，其实并不能及时全面地了解客户的真实需求。只有在大数据时代这个问题才能得到解决。只要系统积累足够的用户数据，就能分析出用户的喜好与购买习惯，做到"比用户更了解用户自己"，这是许多大数据营销的前提与出发点。比如淘宝后台可以根据顾客的购买记录，为客户进行画像，客户在淘宝购物记录越多，画像越准确。这个画像包括其自身基本属性及审美偏好，极为全面，能更好地为营销者提供客户特征分析结论。

（三）产品研发导向

电影《小时代》在预告片投放后，即从微博上通过大数据分析得知其主要观众群为 90 后女性，因此其后续的营销活动主要针对这个人群展开，这就是大数据的产品研发导向功能。如果能在产品生产之前，更加准确地了解潜在用户的主要特征，以及他们对产品的期待，那么你的产品即可投其所好。由于更好地满足了顾客需求，因此产品更能得到消费者青睐。

（四）竞争对手监测

"知己知彼，百战不殆"，竞争是企业生存和发展中不可回避的永恒主题。在商业机密保护体系越来越完善的时代，我们却可以通过传播趋势分析、内容特征分析、互动用户分析、正负情绪分类、口碑品类分析、产品属性分布等大数据分析手段，及时准确地了解竞争对手的状态，并参考行业标杆，提出有效的竞争战略。

（五）精准营销推送

精准营销概念被提出来之后，一直没有取得预期的效果。过去，名义上的精准营销因为缺少用户特征数据支撑及详细准确的分析而并不精准。有了大数据的支持，现在的RTB（实时竞价）广告等应用向我们展示了比以前更好的精准性。通过大数据做精准营销，对目标人群定向投放，并记录好人群行为轨迹，再结合社交属性等关联数据，对投放人群进行标签化管理。这样可使得广告投放产生千人千面的效果，实现精准营销的目的。

（六）改善用户体验

大数据时代，我们可以通过真正了解用户及他们所使用产品的状况，做适时提醒，以改善用户体验。例如当一个人正驾驶汽车时，可通过遍布全车的传感器收集车辆运行信息，在汽车关键部件发生问题之前，提前向该用户或4S店预警。这不仅节省金钱，而且能保护生命。

（七）客户分级管理

不同等级的客户，给企业创造的价值是不一样的。根据二八定律，企业80%的价值是由20%的顾客创造的，因此对顾客进行分级管理是很有必要的。另外，许多企业想通过对粉丝的公开内容和互动记录进行分析，将粉丝转化为潜在用户，激活社会化资产价值，并对潜在用户进行多个维度的画像。大数据应用可以分析已经购买过的顾客的交易过程，或在新媒体上圈定粉丝的互动内容，为顾客设定准确画像；并根据阶段性营销目标，筛选出目标群体做精准营销，使传统客户关系管理结合社会化数据，丰富用户不同维度的标签，并可动态更新消费者生命周期数据，保持信息新鲜有效。

三、大数据时代营销人才的思维模式与营销能力

大数据时代推动的营销活动变化，同样需要营销人员改变传统的思维模式，掌握新的营销能力。

（一）建立新的营销思维模式

大数据时代，营销活动产生了剧烈变化，需要营销者重新建立新的营销思维，以适应这些变动带来的影响，促成最好的营销效果。

那么，大数据时代有哪些思维方式的改变呢？简单理解就是，我们的决策都要基于数据分析，避免简单的拍脑袋决策和经验主义。而面对数据，我们更加强调数据的关联性，而非因果性。简言之，我们更加强调是什么，而非为什么。因此，信息加工和处理，成为在大数据时代能否成功的关键，其重要性远远超出产品研发与生产。

大数据的本质思维是：基于大数据这个思维，会创造出很多创新的商业模式。

（二）营销能力的重新构建

基于上述理念的改变，在大数据时代，营销者的营销能力必须重建。

第一，数据处理和分析能力，是在大数据时代从事营销工作的基本技能。

第二，精于思考。大数据时代，没有极强的逻辑思维能力，将很难适应大数据给营销带来的冲击。

第三，将精准营销做到极致。大数据时代的精准营销要把消费者细化到每一个个体，需要从渠道为王的经销商营销较变为大数据精准定位的电商营销。

第四，重构营销导向模式。大数据时代，传统的 B2B（企业对企业）、B2C（商对客）、C2C（个人对个人）等营销导向模式，均不能再满足消费者的潜在需求，我们需要引导顾客作为消费主导者，实现真正的 C2B（消费者对企业）。

四、适应大数据时代的市场营销本科培养方案

本科营销专业培养方案，为适应大数据时代带来的影响，需要进行重新思考、修订。笔者根据自身从事市场营销专业管理与设计的经验，以下从两个方面来阐述这种变革和探索。

（一）培养方案总体改革思路

为适应大数据时代，市场营销专业培养方案的总体改革思路是：

系统梳理培养方案在"专业基础知识和人文素养""专业能力、职业能力和态度""人际交往能力、团队工作和交流能力""在企业和社会环境下构思、设计、实施、运行系统"四个一级指标体系下的各二级指标的内涵，着重强调在各项指标中增加数据处理与分析、信息化系统思维、决策能力、执行能力、网络应用能力等方面的基础知识和专业技能。

另外，大数据时代的营销，对团队合作的要求更高。因此，培养方案应增加针对个人综合素质培养的相关课程，用于培养学生的执行力、凝聚力、团队合作能力、个人表达能力等。

（二）相应的课程体系设置探索

在上述培养方案总体改革思路的指导下，可以通过增加以下课程，适应大数据时代对营销提出的新要求。

1. 数据挖掘相关课程

数据挖掘及其相关课程，已经引起了信息产业界的极大关注。学生通过学习，理解数据挖掘所获取的信息和知识可以广泛用于各种领域，包括商务管理、生产控制、市场分析、工程设计和科学探索等。数据挖掘可以利用来自统计学的抽样、估计和假设检验，人工智能、模式识别和机器学习的搜索算法、建模技术和学习理论，最优化、进化计算、信息论、信号处理、可视化和信息检索，数据库系统（提供有效的存储、索引和查询处理支持），分布式技术，等等。

2. 精准营销课程

该课程应指导学生学会通过可量化的精确的市场定位技术突破传统营销定位的局限，借助数据库技术、网络通信技术及现代高度分散物流等手段来保障和顾客的长期个性化沟通，使营销达到可度量、可调控等精准要求。精准营销要求保持企业和客户的密切互动沟通，从而不断满足客户个性需求，建立稳定的忠实顾客群，实现客户链式反应增值，从而满足企业的长期稳定高速发展的需求。借助现代高效的分散物流使企业摆脱

繁杂的中间渠道环节及对传统营销模块式营销组织机构的依赖，实现个性关怀，极大降低营销成本。

3. 大数据营销课程

该课程主要帮助学生学会如何在大数据分析的基础上，描绘、预测、分析、指引消费者行为，从而帮助企业制定有针对性的商业策略。学生可以了解到大数据营销是根据多平台的大量数据，依托大数据技术，应用于互联网广告行业的营销方式。通过该课程的学习，学生能准确理解大数据营销是在大量运算基础上的技术实现过程。

4. 网店运营与管理课程

该课程应讲授网店运营的规律及其策略。课程注重从实践出发，培养学生认识问题和分析解决问题的能力，使学生在掌握网店运营与管理理论的基础上，能够结合网店运营与管理的实际情况解决实际问题。课程应采用课堂讲授和实习相结合的方式。课堂教学应在基本理论讲解的基础上，结合案例分析和课堂讨论开展教学活动。除课堂教学外，还要求学生能够利用图书馆和互联网查询相关资料，并对电商公司的网店运营与管理进行调查。

5. 营销领导力训练课程

该课程通过素质拓展训练、营销经理人讲座、职场礼仪培训提高学生的沟通、组织、控制能力。领导素质拓展训练旨在提高学生的团队意识、挑战意识，锻炼意志，增强沟通协调能力，提高团队凝聚力和向心力。营销经理人讲座拟邀请企业营销总监、销售副总等营销经理人每年举办讲座两次，主要讲解当前市场环境、企业营销现状、对营销人员的能力和素质要求等。商务礼仪训练主要包括着装礼仪、拜访礼仪、宴请礼仪、乘车礼仪及其他社交礼仪。本课程是对学生进行自我提升、增强学生交流、沟通等能力和改善自身形象的综合性训练课程，培养学生对营销工作的心理认同和情感认同。

参考文献

[1] 刘韵, 张遥. 大数据管理：概念、技术与挑战 [J]. 数码世界, 2016 (6)：16.

[2] 白云波. 大数据研究面临的技术挑战 [J]. 现代经济信息, 2014 (14)：364.

[3] 冯鹊禾. 大数据时代互联网广告精准营销研究 [J]. 中国商论, 2017 (24)：44.

[4] 赵明. 大数据时代的营销教学探讨 [J]. 中小企业管理与科技旬刊, 2016 (12)：144.

[5] 贾玉洁. 大数据时代下市场营销的新模式探讨 [J]. 中国商论, 2016 (28)：3.

[6] ARTUN O. 大数据时代营销人的变革：预测营销 [M]. 北京：电子工业出版社, 2016.

"双创"背景下应用型本科高校市场营销专业实践教学改革研究

唐承林[①] 刘　琳　钱永贵

摘要："大众创业，万众创新"对市场营销专业实践提出了更高要求。市场营销专业传统的实践教学在教学目标、教学内容、教学模式上存在着诸多问题，不能满足"双创"背景下市场营销专业人才培养的需要。新形势下，需要将创新创业能力培养作为市场营销专业实践教学的重要指导思想，需要更新教育观念、创新实践教学体系和改革课程考核方式，加强对市场营销专业学生创新创业能力的培养，以适应社会经济发展的需要。

关键词：双创；市场营销；专业实践；教学改革

在 2014 年 9 月的夏季达沃斯论坛上，李克强总理首次发出"大众创业，万众创新"号召。他当时提出，要在 960 万平方千米的土地上掀起"大众创业""草根创业"的新浪潮，形成"万众创新""人人创新"的新态势。随后，李克强总理在 2015 年《政府工作报告》中又指出，要把"大众创业，万众创新"打造成中国经济发展的"双引擎"之一。2015 年国务院办公厅发布的《关于深化高等学校创新创业教育改革的实施意见》明确指出，应深化高等学校创新创业教育改革，解决高校创新创业教育理念滞后、与专业教育及实践教学脱节等问题，从而将高等学校学生创新创业能力培养纳入国家战略层面。这一国家战略的确立对高等学校的人才培养工作提出了更高要求，为国家培养创新创业人才成为现代高等学校新的历史使命。

对于应用型本科高校而言，进行实践教学体系创新，将教学实践与创新创业实践结合，既是提升人才培养质量、促进毕业生更快更好创业就业的需要，也是高校增强自身软实力、走内涵式发展道路乃至建设研究型大学（创新）和应用型大学（创业）的内在诉求。应用型本科高校市场营销专业传统实践教学以提高学生实践技能为目的，不能适应"双创"背景下社会对市场营销专业的要求，需要加强专业实践教学改革。

---

① 唐承林（1975—），男，博士，成都信息工程大学讲师。研究方向：营销管理。

一、市场营销专业传统实践教学存在的问题

（一）专业实践教育目标不适应创新创业发展要求

市场营销是一门应用性非常强的专业。在人才培养目标上，大多数高校都强调应用型人才培养目标，比如培养高素质应用型专门人才（南京信息工程大学）、应用型高级专门人才（成都信息工程大学）、应用开发型营销高级专门人才（宁波工程学院）、高级应用型市场策划及开拓人才（南京工程学院）、应用型高级营销专门人才（长春工程学院）。应用型本科高校的教育体系主要由理论教学体系和实践能力培养体系组成。实践教学体系由课程实践环节、课内实践环节和第二课堂实践教育三部分组成。培养目标上以培养高级应用型人才为主，在培养模式上注重应用型特色教育，突出对学生实践能力的培养。目前我国高校的市场营销专业还没有对学生创新创业能力的培养给予高度重视，导致学生营销水平得不到提高，影响了自身发展的同时，也给市场营销专业的发展造成困扰。高校必须意识到，在培养学生实践能力的过程中，加强创新创业能力的培养十分关键。通过培养创新创业能力，学生可以在学会创业的基础上进行适度创新，提高自身的营销技能和手段，在解决自身就业问题的同时，也为社会创造更高的价值。

（二）教学内容匮乏

我国高校的市场营销专业普遍缺乏实践教学手段，在教学中采用传统的理论教学方式，对学生进行"填鸭式"教学，不利于学生创新创业意识的培养。目前，市场营销专业实践教学模式主要可分为两种：一是以案例分析、情景模拟、软件模拟为主的课内实践教学，二是以社会实践、企业参观、顶岗实习、毕业设计为主的课外实践教学。由于案例、项目与社会（企业）实际脱轨严重，加上实验室软硬件投入、人员配备与理工类专业相比明显不足，导致课内实践沦为固化的程序模拟与验证操作，与创新创业所要求的个性化、灵活化背道而驰。该环节对培养学生的实践能力与社会适应能力作用明显，但由于很多高校"校企合作"力度不够，组织、安排与指导大量学生参加实习、实践成为高校和企业的共同负担。部分高校缺乏实践平台，不能将实践教学与理论教学相融合。还有部分高校缺乏专业实践教学基地和实习经费，无法组织学生完成集中实践。即使有企业提供实习机会，在实训过程中企业也不会让学生接触到核心管理工作，不会让其接触到真正的商业机密。这样市场营销实训也就成为表面化的工作训练，达不到培养创新创业能力的要求。

（三）实践教学模式单一

实践教学环节是创新创业能力培养的重要途径，特别是对于强调应用能力的市场营销专业，需要将课堂理论教学和课外实践、创新和创业能力培养有机结合起来，但这并未得到高校的普遍重视。当前市场营销专业实践教学主要分为四种。第一，理论教学加上机操作模式。在理论教学后引入模拟软件如《职业经理人决策实验》，但其中多数案例陈旧，无法满足教学目标的要求。第二，理论教学加课外实践模式，绝大多数专业课程都采用这种模式，如营销策划、销售管理、市场营销调研、营销渠道管理等。专业实践课时占该课程总课时的四分之一到三分之二不等，由于实习经费和实习基地匮乏，加上考核形式单一，学生提交课程实习报告即可获得相应学分。第三，集中实践教学模式。第四，毕业前实习加毕业论文模式。毕业实习由学生自行联系实习单位，学生进入

大四即进入毕业前的实习阶段，部分学生的实习内容和专业实践要求相差甚远，虽然学校鼓励学生撰写毕业论文时以实习内容为基础，注重市场营销理论和实践的结合，毕业论文要体现应用性和创新性，但依然存在毕业论文和专业实践要求差距太大的情况。

二、"双创"背景下市场营销专业实践教学改革措施

（一）加强创新创业能力培养

要将创新创业能力培养作为市场营销专业实践教学的重要指导思想。以我校市场营销专业为例，学生在本科学习期间须获取 5 个创新创业教育环节的学分，其中包括就业指导课程的 1 个学分。其他 4 个学分主要来自四个方面：①创新训练，学生参与教师纵向或横向科研项目，发表学术论文；②参加职业资格考试、英语水平考试以获取国家人力资源和社会保障部颁发的职业资格证书；③参加营销大赛，包括全国、省级和校级营销风采大赛等；④实践能力训练，参与企业相关工作，进行相关社会调查、产业调查等。我校绝大部分专业将创新创业教育作为课程模块中的一个单独模块，比如市场营销专业的创新创业学分为 5 分，仅仅占总学分的 2.9%；另外将实践教学环节单列，占总学分的 15.6%。专门的几门实训课程，加上专业课程的课程实践环节，我校市场营销专业实践教学环节创新创业能力培养学分比例约为 30%。在"大众创业，万众创新"的背景下，需要加大创新创业能力培养力度，因此在实践教学环节需要通盘考虑，需要以创新创业为导向，重新规划课程设置，尤其是要科学设置专业实践教学环节的课程，加强创新创业师资培训，调动教师和学生参与创新创业教育的积极性。

（二）创新实践教学体系

通过构建"以创业推动创新，以创业带动就业"的创新创业体系目标，将学生的专业知识转化为实践能力，将学生的实践能力转化为创新能力，将学生的创新能力融入创业实践的过程。市场营销专业实践教学体系分为三个阶段。第一阶段为大一，该阶段属于创新创业导入阶段，教学重点是专业兴趣的培养和创新创业意识的启蒙。主要通过开设入学教育、专业知识讲座、创新教育、创新创业课堂、社会实践、大学生涯规划课程，鼓励学生参与教师科研项目，参加学校营销协会、创新创业俱乐部的活动等多种多样的活动以激发学生对专业的热爱，对创业的热情，让学生产生浓厚的学习兴趣，培养良好的学习能力和习惯。第二阶段为大二至大三，这一阶段是创新创业能力培养阶段，通过营销专业知识和创新创业专业知识的教授，让学生了解营销专业所要培养的素质和精神，不断要求学生在所学知识基础上进行创新探索，达到培养高素质营销人才的目的。第三阶段为实践阶段，让学生将所学的创新创业知识加以实践，通过实际的应用，提高学生的营销素养和创新创业能力。主要通过 SIYB 培训、到校内外创业实习基地实习、撰写毕业论文将学生的学习能力、实践能力和创新能力转化为创业实践能力。高校应当加强校企合作，为市场营销专业学生提供更多的实践机会，给他们提供发挥自己能力的舞台，从而提高学生各方面的素养。

（三）改革课程考核方式

要建立适应创新创业导向的专业实践教学考核标准。首先，应建立多元化的学分体系，把创新学分、创业学分和社会实践学分纳入其中，对专业实践教学环节进行统一管理。其次，在具体的教学过程中，把创新因素和创业因素作为考核的主体。例如：在考

试环节增加情景化的实践考核，减少传统客观题目的比例，考核学生学习、理解、分析、解决问题的能力；实行多样化的考试形式，诸如无领导小组讨论、案例分析、辩论赛、模拟仿真及实操演练等形式；尽量以小组为单位考核学生的团队协作性和创新性。最后，在对学生进行综合素质评价时，要建立公平、公正、公开、全面的评价指标体系，引导学生进行自主学习、研究型学习，把创新因素和创业因素也纳入学生的综合素质测评中。要利用不同形式来激发学生学习的积极性和主动性，培养学生解决问题的能力，以及学生的团队协作能力、语言表达能力和创新创业能力。

三、结束语

综上所述，专业实践教学环节是市场营销专业人才培养的重要环节，尤其是在"大众创业，万众创新"的时代背景下，市场营销专业作为应用型人才培养专业，要面向时代发展的需要，努力培养营销专业毕业生的创新创业能力。相关高校要根据自身情况，加强专业实践教学改革，科学设置专业实践课程，以创新创业能力培养为导向，创新实践教学体系，改革课程考核方式，进一步完善市场营销专业创新创业教学体系，最大可能提高学生的创新创业意识，培育学生的创新创业能力，使学生能够加入"大众创业，万众创新"大军，助推社会经济向前发展。

参考文献

[1] 孙伟仁，徐珉钰. 市场营销专业创新创业体系建设研究 [J]. 中小企业管理与科技（上旬刊），2017（2）：146-147.

[2] 刘国巍，程国辉. 基于创新创业导向的应用型本科院校市场营销专业人才培养模式构建与实践研究 [J]. 教育观察（上半月），2015（12）：59-61.

[3] 唐承林，陈祖伟. 理工类高校市场营销专业人才培养模式研究 [J]. 河北企业，2016（4）：123-124.

[4] 周小勇. 创新创业能力培养视角下市场营销立体化实践教学体系研究 [J]. 教育观察（上半月），2015（10）：89-92.

[5] 刘德坤. 应用型本科院校市场营销专业教学改革存在的问题分析 [J]. 黑龙江科学，2016（15）：114-116.

[6] 赵政华，王乐，徐海江. 创新创业背景下应用型本科市场营销专业人才培养模式探析 [J]. 市场周刊（理论研究），2016（6）：122-123.

本科与硕士专业协同优化发展研究

鲍　文①

摘要：国家和四川省"双一流"建设，为本科生和硕士研究生的培养提供了借鉴，有利于解决目前本科生和研究生教育中存在的诸多问题。结合创新、协调、绿色、开放、共享的发展理念，本文就成都信息工程大学商学院本科生和硕士研究生专业协同优化培养进行了探究，希冀通过本科生培养的优势提高研究生培养的水平，借助研究生专业的更高平台推动各个本科专业的师资及其研究水平上一个台阶，做到本科与硕士专业相互促进、协同优化发展。

关键词：本科专业；硕士专业；协同优化发展

一、引言

经济管理学科一直强调资源优化配置和科学管理，而一个学院内部本科专业与硕士研究生专业的协同优化无疑就属于这个范畴。硕士学位申报是笔者进入成都信息工程学院之初投入很多时间和精力参与的一件事情。在科研和教学工作之余，笔者作为一名新进教师，在领工资之前的几个月就已经参与到成都信息工程学院应用经济学硕士点申报工作中，硕士点申报成功之后也成为该硕士点首批硕士生导师之一，这样的过程是振奋人心的。学院的发展有利于个人的成长，硕士点的设立也使商学院本科生在面临毕业和考研抉择时有了一个在自己学院攻读研究生的选项。随着农业推广硕士（农村与区域发展方向）开始招生，商学院拥有了学硕和专硕、在职和脱产等多种研究生培养模式。与此同时，商学院与美国楷博国际教育集团开办的 ACCA（特许公认会计师公会）培养项目也发展起来，每年转专业进入我院会计学和财务管理专业学习的学生数量一直居于全校各专业之首，商学院所办本科专业受到同学们的认可和欢迎。从本科专业和研究生专业各自的层面看，两者都成就显著，毋庸置疑；但两者的协同却差强人意，每年招收的研究生中来自本学院本科专业的学生从未突破50%，甚至有本科专业学生不知道自己学院有硕士点。

---

①　鲍文（1976—），男，博士，成都信息工程大学教授。研究方向：区域经济、市场营销。

二、本硕专业协同发展存在的问题

2012 年商学院招收第一批研究生，招收了 5 名应用经济学硕士研究生，开始培养全日制学术型研究生；同年开始与资源环境学院联合培养农业推广硕士在职研究生；2015 年开始培养全日制专业型硕士研究生，招收了 3 名农业推广硕士研究生。学院硕士研究生培养工作不断取得新进展，但在这个过程中与本科培养工作的脱节问题日益突显。

（一）本硕专业之间对接少

当前应用经济学硕士点的三个研究方向分别是区域经济学、金融学和产业经济学。其中与本科专业中对口的是与金融学研究方向存在直接对应关系的金融工程专业。国际经济与贸易专业虽属于应用经济学领域却没有对应的硕士点，但第一批带研究生的硕导，除商学院院领导外均来自于国际经济与贸易专业教研室。农业推广硕士或后来的农业硕士与现有专业的关联性更差，虽然市场营销学专业与农业推广硕士存在一定的联系，但这也仅仅是农业推广学等学科大量借鉴了市场营销学专业有关理论，市场营销教研室既没有参与研究生培养，也没有参与研究生课程的讲授。换句话说，二者之间基本不存在直接关联。会计学、财务管理这两个非常受欢迎的专业却没有对口的硕士点。商学院和管理学院共同申报的工商管理硕士点不了了之，商学院自身也未能成功申报会计硕士，而这些硕士专业相对来说对考研的本科生具有更强吸引力。

（二）硕士生导师的专业分布不均

在应用经济学硕士点最初的申报过程中，参与人员除院长、副院长外，全部都来自国际经济与贸易专业教研室，首批硕士生导师自然而然也就是这些骨干成员。除了上述硕士生导师，在之后多年的硕士生导师申请过程中，学校批复而新增的导师数量很少，迄今金融工程、财务管理、市场营销专业没有一个研究生导师，会计学专业虽有新增导师，却因僧多粥少，硕士研究生招收数量低于导师的数量导致一些导师很难带到研究生，有其名而无其实。让人非常不解的是，国际经济与贸易、金融工程、市场营销、会计、财务管理这五个专业的教研室主任竟无一人进入硕士研究生导师行列，负责学生工作的书记、副书记、辅导员等也是如此。这种局面非常不利于本科生了解研究生专业，不利于研究生招生的日常宣传。可以说这是导致学院研究生生源严重不足的重要原因之一，自己学院的学生都不了解本院的研究生专业和招生政策，其他学院甚至外校的学生能够了解的可能性可想而知。

（三）本科生教学缺乏研究生培养导向

很多高校在本科教学过程中会选取与学生考研比较对口的教材，往往也是非常权威或优秀的教材，对这些课程往往也会配备最好的师资并严格要求，学生学习的积极性和效果自然也水涨船高。学习好这些核心课程不仅有助于评优和获取各类奖学金，而且有助于学生考研，一举两得，何乐不为。目前，学院本科生教学在不讲绩效的情况下，课程能否安排下去都成为问题；在考虑到绩效要求的情况下，一些人又采取平均主义的大锅饭做法，不管水平高低、专业如何，平均分配教师的课时工作量，走向了另一个极端，根本谈不上研究生培养导向。这样导致的一个结果就是，学院各专业的考研率不高，研究生录取率不高。一年四五百名本科生毕业的情况下，本学院却存在着研究生招生难的问题，而解决问题的方法只能是接受调剂。

（四）硕士生和本科生缺乏交流

商学院硕士生数量少。商学院研究生招收得最多的 2017 年也只招收了全日制研究生 8 名。他们与本科生住宿在一起，未形成一种有影响的力量。研究生倘若能引起本科生的注意，他们之间的交流必然会多些。比如本校某本科专业研究生研究成果丰富，或代表我校参赛获得佳绩，等等，这种信息对本科学生无疑是非常有正能量的。倘若这些研究生像本科生中不上进之流一样睡大觉、玩游戏，或者以生意为主业学习为副业，等等，那他们不与本科生交流反而好些，否则会带坏本科学生。现在的研究生与本科生缺乏交流，一方面在于这样的机会有限，可以传播的正能量有限，研究生未能形成一支科研生力军，无法创造这样的机会；另一方面是硕士专业与本科专业的联系不紧密，研究生的研究课题很难引起本科生的兴趣，研究生数量少、底子薄，也很难将研究生专业与本科专业进行交叉研究，做出本科生感兴趣的研究成果来与本科生分享。

三、本硕专业协同优化思路

（一）吸纳各个本科专业的科研骨干进入硕士生导师队伍

工商管理硕士点和会计硕士点申报下来之前，将学院所有学术骨干纳入研究生导师队伍是一种最佳的选择。这样可以将商学院所有科研团队的力量凝聚到研究生培养工作中，也有利于实现本科专业和研究生专业之间的相互了解和交流。管理学院的管理科学与工程硕士点就实现了不同专业的资源共享，甚至后来分出来的物流管理学院也能与之共享资源。学院之内的资源共享应该是可行的，当然这也需要各个专业的学术骨干积极申报硕士生导师。将各个本科专业学术骨干纳入研究生导师队伍有利于本科学生尽早知晓研究生招生和培养信息并做好规划，同时也有助于制订更为合理的本科生培养方案和授课安排。这样学院的研究生招生就拥有了坚实的后盾和优秀的生源，高素质的研究生也有利于提高研究生队伍整体的科研水平，这又反过来促进各位硕士生导师自身能力的提升。

（二）提高本科专业核心课程的教学水平

本科专业核心课程是本科学习阶段最为重要的几门课程，这些课程往往是各个高校研究生招生考试考查的内容，提高这些课程的教学水平是正常教学的基本要求。提高教学水平的前提是选取最为适宜的优秀教材，一门专业核心课的主讲教师连本领域的国内最好的教材都不知道，是很难胜任教学工作的。好的教材可以让主讲教师的授课工作得以提升和简化，一些内容可以下放给学生自行学习。一部错字很多的教材是绝对应该杜绝的。在笔者自己的大学、硕士和博士学习过程中，每本教材都经过了教师精心的选取，里面的内容很多都可以用经典之作来形容。其次，教师授课应与时俱进，不落窠臼，将本领域最前沿的研究成果展现在学生面前，这要求专业核心课程的教学任务最好由高水平教授承担，本科生也可以从学习过程中感受到学科的魅力，进而才可能产生更高追求。最后，本硕专业协同优化是团队力量的一种展现，大学讲师也好、教授也罢，只有齐心协力上好每门课，才能让本科生感受到这个专业的优势所在，懂得术业有专攻，理解什么叫作 1+1 > 2，从而才能更好地去融入团队，学会协作。

（三）鼓励本科生参与科学研究

本科生的一些选修课和实践课可以采用参与硕士生导师课题研究的方式授予学分，

鼓励本科生掌握研究方法和参与发表高水平的科研论文，但同时必须杜绝学术不端行为，如未经他人许可的抄袭、挂名等学术腐败行为。本科生参与科学研究会产生与研究生的竞争和对比，有利于各个硕士生导师尽早发现和培养研究型人才。在目前的高校体制框架下，科学研究水平的优劣无疑是决定学校或专业能否进入双一流的主要依据，不能进入国家层面，那也应该争取进入省级层面；这次不能入选，也要争取下次入选。否则，自甘堕落，学院未来发展前景堪忧。本科生参与科学研究可以使学校及早发现和选拔研究人才，这也要求学校尽早争取自主免试招收研究生的权力，使得能将这些优秀学生留在学院攻读研究生。这样会大大改善学院研究生生源质量。生源质量的提高会促使科学研究向高层次、高水平发展，这就对硕士生导师提出更高要求，整个学院的科学研究氛围随之得到改善和提高，进而形成良性发展循环。

（四）推行研究生淘汰机制

商学院现有的研究生招生着重于招到学生，而不顾生源质量，甚至许多外校淘汰的学生调剂过来也可享受奖学金，这种现象实在是不能让人放心。研究生教育应该说是一种高素质人才教育，那就必须有一套激励和惩罚机制。研究生阶段应该设置最基本的要求，不合格的学生应该予以推迟毕业，到了期限还难以合格的学生应坚决予以退学处理。在进入双一流的高校都在显著提高研究生质量的大背景下，学院不提高要求就意味着差距会进一步拉大。

参考文献

［1］鲍文，何科奇，田丰. 农业气象防灾减灾技术推广理论与方法［M］. 北京：科学出版社，2015.

［2］鲍文. 试论国际经济与贸易专业教学效果优化——以世界经贸地理与国际营销双语课程为例［C］//曹邦英，戴丽红. 理工高校素质教育与经管专业教育教学改革研究. 成都：电子科技大学出版社，2013：100-105.

新形势下市场营销本科专业
教学改革浅析

刘　竞[①]　刘侃宁　陈　莹

摘要： 营销学历经一百多年的发展逐渐形成了相对完善的知识体系，解释了交换关系中各种变量的相关关系和作用力，为企业甚至国家的发展做出了卓越的贡献。随着环境的变化，传统的营销知识体系面临更新的压力，未来的营销从业人员的能力要求和职位设置必然发生众多改变，与之对应的教学理念和教学模式急需做出修正和改进。本文尝试从环境变化和市场需求的视角，从教学理念和教学模式两方面分析市场营销本科专业教学改革的方向。

关键词： 市场营销；本科专业教学；模式改革

一、引言

当今的社会、文化、政治、经济等正发生着一系列的变化：消费者需求层次的变化、日趋激烈的市场竞争、电子商务的崛起、大数据时代的到来、关于人工智能的研究、我国倡导的创新创业战略。环境的变化导致企业不得不对从业人员的能力、素养甚至岗位体系提出更多要求。市场营销专业所培养的学生在思维方式、专业技能、个人素养等方面都需要在一定程度上匹配市场需求。传统的营销教学理念和教学模式在这样的条件下面临较大的挑战。因此，对整个传统教学理念和教学模式中存在的问题进行仔细的梳理和分析，有针对性地提出应对方案，将有助于提升教学绩效。

二、传统市场营销专业教学中存在的问题

（一）传统营销知识体系面临挑战

营销学的出现是由于某些交换关系中的现象不能很好地被当时的一些成熟学科所解释，营销学者们致力于解释这些现象并将这些解释升华为理论来指导企业经营。营销学中的大量分析方法和基本模型源于其他学科，如经济学、心理学和行为学，这里面的很

---

①　刘竞（1979—），男，成都信息工程大学讲师。研究方向：品牌营销。

多分析方法和战略制定模型之间的相关关系和作用模式并没有被完整透彻地解释。企业在运用这些方法时更多依靠自己的经验和理解，往往不成定式而较为灵活多变，这给营销学的学习者造成了很多困惑。当今环境不断发生重大变化，如大数据的出现缩短了营销战略的制定时长和周期，虽然不断有营销学知识得到更新和修正，但整个知识体系更新速度明显放缓。如果在教学过程中不引入与营销相关的其他通识性学科，而仅仅传授营销本身的知识，会导致学生难以适应市场的变化。与此同时，目前大部分本科市场营销专业培养方案所采用和尝试建立的知识体系都以菲利普·科特勒所建立的营销知识体系为核心。该体系历经多年的实践检验显示出较强的普适性，所涵盖的市场范围和行业非常广泛，且该体系非常强调战略性和营销思维方式。学习者需要花费较长的时间和精力方能融会贯通。首先，对于本科教育而言，由于受到多种因素的抑制，四年的教育很难达成这一目的，最终很可能导致学习者高不成、低不就。其次，对于市场需求而言，市场对具备全方位思考分析能力的战略制定者的需求量远低于实际执行者。因此，在本科阶段完成整个营销知识体系的建立还是有针对性的形成相对完整的微观知识体系，是一个值得探讨的话题。

（二）理论教学模式刻板固化

传统教学模式无法完成市场营销专业人才培养任务。传统的教学模式往往是教师利用课件、多媒体等工具对营销学知识进行讲解。受限于传统的讲授型教学基本模式，学习者往往处于被动接受状态，难以围绕对某个问题的探讨逐步形成知识结构。其间，教师个人能力和知识程度的差异会导致讲解的广度和深度不同、课堂互动程度不同、学生对理论知识的理解程度不同。然而基于教师能力和素养所形成的这些不同，并不能从本质上对传统教学模式产生根本性的影响。

（三）教师团队实践经验有限

基于营销学的基本特质，营销专业教学工作对于教师的能力要求较高。教师除了需要具备完善的知识结构和体系，还需要有较好的市场敏锐性和实践经验。首先，从人才引进机制来看，大部分教师的引进都遵循从学校到学校的基本模式。教师本身可能具备较完善的知识体系和科学研究能力，但由于缺乏在企业从事现代管理和营销的相关工作经历，难以在教学过程中理论联系实际。其次，部分高校未能搭建起较为完善合理的培养平台和培养机制，教师进入学校后无法完成实践深造。

（四）实践教学体系不成熟

实践教学是培养学生理论联系实际并对具体问题进行知识整合运用的能力的重要教学环节，对于市场营销专业尤为重要。在国家倡导创新创业的今天，实践教学是教学工作的重中之重。然而，历经多年的努力，市场营销实践教学体系不尽如人意，在设计工作中也受到很多客观因素的影响。目前的市场营销实践教学大多分为模拟性综合训练（主要运用各种模拟经营型或模拟对抗型软件来培养学生的实际操作能力）、教学实践基地（通过校企合作的方式展开的实践性培养方法）、集中实习（教学团队设计实践内容，用集中一段时间进行调研、分析、策划等方式对学生进行实践培训）、营销比赛（通过比赛的方式培养学生的实践能力）。

首先，就模拟性综合训练而言，其中部分软件质量有限、数据陈旧；即使有部分软件水平较高，但由于这些软件大多数情况下的开发主体是软件公司，而不是由校企合作开发的，其涵盖的知识面和侧重点往往与教学内容相去甚远。其次，由于教师的实践水平和学生本身的能力，导致企业难以在校企合作中获得实际价值，其积极性和配合程度往往会逐步减弱，校企合作的实践基地极可能成为一个摆设。再次，部分学校对教学计划和任务的管控较为僵化，教学设计团队往往被迫将集中实习安排在毕业前期，此时学生基本已经完成了大部分的学习内容，进入撰写毕业论文和寻找工作的阶段，对集中实习的积极性非常低，因此实践培训的严格程度不得不受其他问题影响。最后，营销比赛往往受到资金、人力、评价标准、场所等多种客观因素的影响而导致比赛内容的局限性较大，常见的比赛往往聚焦于销售环节，难以训练学生的综合实践能力。

（五）考核方式与培养目标不匹配

考核具有两个主要目的：第一，通过考核压力督促学生提升学习主动性，由于任何一种较严谨的考核方式都能够达成这一目的，故这一点不在本文中进行深入探讨；第二，通过考核检验学生学习成果。对于市场营销专业而言，本科学生的学习成果主要体现在如何运用所学知识解决具体的企业营销问题。为实现这一目标，学生往往需要完成两件基本任务：形成较好的基本知识结构，对知识体系中的基本知识点曾经有过较准确的实际操作。从目标导向的角度出发，市场营销专业基本应当完成以上两个内容的考核，且权重比例视实际环境而定，如专业人才培养方向。然而，目前的考核机制比较僵化，多数是由考试+平时成绩+作业的一刀切的基本模式构成，且考试成绩所占比重往往比较高。学生在期末利用短期突击的方式往往能够获得比较好的考试成绩，导致最终总成绩较好。不同于其他一些专业，由于市场营销的涉及面和使用到的知识非常广泛，且灵活性和应变性很强，学生的考试成绩与实际能力往往不成正相关关系。首先，这种情况的延续会逐渐导致学生丧失学习的主动性和积极性。其次，该情况往往导致企业在人才引进时产生很多困惑。

三、市场营销专业教学改革方向探讨

（一）形成目标导向的理论教学理念

市场营销本科专业教学应形成以培养目标为导向的教学理念。之前一些发达国家的高校在设置营销专业培养目标时粗分为两个大类：Marketing Science（主要培养科学研究型人才）；Marketing Arts（主要培养实践应用型人才）。目前，大量本科院校市场营销专业都朝着应用型人才培养方向发展。随着社会分工的不断深化，本文认为可以尝试进一步对应用型培养方向进行切割和细分，设定更有针对性的培养目标，以目标为导向构建理论教学理念和模式。可尝试细化的分类有：以营销要素进行分类，如市场调研、品牌管理、广告、销售、渠道管理等；以行业进行分类，如房地产、金融、汽车、旅游等；以经营模式进行分类，如电子商务、O2O、共享经济等。学习者可在完成基础知识学习后根据兴趣、知识偏好性、个人资源等要素在导师指导下选择某个方向完成后续的学习。对于教师团队而言，其难度在于，可能需要重新对整个市场营销知识体系进行切割和分类；且需要不断完善和更新不同方向的专业微观知识体系。其优势在于，能够在一定程度上从微观层面应对营销知识体系面临的挑战。对于学习者而言，这样的教学理念可能会导致其知识面较狭窄，专业课程设置难度加大；但是其优势也是显而易见的：学生在学习过程中更有针对性，可以将所学知识快速落地，学习者的主动性和积极性也可以得到提升。

（二）培养有实践经验的优秀教师团队

教师团队的建设应当匹配学校的战略发展方向和专业培养目标。从人才引进机制方面看，如果学校战略规划和专业培养目标聚焦于某种应用型人才，则应当适度放开人才准入条件，引入部分在企业战略、策略、执行等方面具有丰富经验的人才，作为教学团队中的实践教学引领者，提升整个团队的实践教学规划能力和教学水平。甚至可以考虑重新调整教学模式，形成崭新的实践教学文化。从教师培养方面看，院校可分批分时对教师团队进行实践培训，可尝试采用深度校企合作的方式以鼓励教学团队创新创业，如提供政策、资金或其他支持进行刺激和鼓励。一方面，教学团队的实践水平会因此不断提升；另一方面，这会对实践教学形成支持。

（三）建立以项目为导向的实践教学体系

传统的实践教学模式已不适应当前的人才需求，学校可尝试建立以项目为导向的实践教学模式。配合目标导向的理论教学模式，学生在完成基础理论学习后，将选择专业方向完成后续学习过程。引入与专业方向相匹配的实际项目，有助于学生在专业方向导师的指导下一边学习理论知识，一边直接参与实践。这样，传统实践教学与理论脱节、由于虚拟环境和过期案例导致的学生消极情绪、忙于找工作而无心学习的现象都能够得到较好的改善。项目可来源于校企合作的平台、定向培养、教师团队创业项目。

（四）采用科学合理的考核方式

市场营销专业的应用性、灵活性导致专业考核机制无法与其他专业共享同一套考核指标，需要考虑构建单独的考核指标体系。首先，需要分析不同的专业方向的绩效考核指标构成；其次，需要分析不同的专业方向的指标权重分布。一套科学合理的绩效考核体系除了有助于对学生进行督促和考核，还有助于帮助学生理解需要完成的基本任务和最终形成的个人能力，甚至有助于学生根据个人实际情况进行专业方向选择。

四、结语

传统的市场营销专业教学理念和模式已经不能够适应环境的变化。本文基于新形势下社会对人才培养的要求，分析了市场营销本科专业教学中存在的理论教学模式固化、教师团队实践经验有限、实践教学体系不成熟等问题，并针对这些问题提出了形成目标导向的理论教学理念、培养有实践经验的教师团队、建立以项目为导向的实践教学体系、采用科学合理的考核方式等对策。希望这些对策能够有助于高校提升教学水平，培养适应当今市场需求的人才。

参考文献

[1] 赵政华，王乐，徐海江. 创新创业背景下应用型本科市场营销专业人才培养模式探析 [J]. 市场周刊（理论研究），2016（6）：122.

[2] 王玉霞. 应用型本科高校市场营销专业创新创业人才培养的问题及对策研究 [J]. 鸡西大学学报，2016（2）：14.

[3] 黄升民，刘珊. "大数据"背景下营销体系的解构与重构 [J]. 现代传播，

2012（11）：13.

[4] 郭瑞强. 市场营销专业教学方法探索——基于专业能力培养视角下 [J]. 现代商贸工业，2016（28）：163-164.

[5] 向丽. 任务驱动教学法在地方本科院校市场营销学课程改革中的应用研究 [J]. 市场论坛，2014（3）：101-102.

基于我校
《市场营销专业人才培养方案》的思考

刘 琳[①] 钱永贵 唐承林

摘要：随着我国高校扩招，高校人才培养质量成为社会普遍关注和教育界高度重视的话题。人才培养质量是高等教育的生命线，没有质量学校无法生存，更谈不上发展。而人才质量的好坏以社会认可为衡量标准。因此，各高校各专业都制订了人才培养方案，拟定了人才培养的标准。但是，人才培养目标的达成度，决定了我们培养的人才与培养标准存在的差距，也决定了社会的认可程度。本文对我校市场营销专业人才培养目标的方案进行研究，以期能提出一些有建设性的意见和建议。

关键词：人才培养方案；市场营销；建议

一、我校市场营销专业人才培养目标介绍

（一）我校人才培养方案经历了两次调整

《市场营销专业人才培养方案》是在 2010 版和 2012 年（修订版）市场营销专业培养方案的基础上，由我校市场营销专业全体教师，在与学生、家长和用人单位以及其他高校营销专家进行大范围沟通和交流收集到相关信息，并结合 2010 版和 2012 年（修订版）在执行中存在的问题，进行优化后形成的。

相比于 2010 版，本培养方案将部分专业课程前置，同时增加了针对个人综合能力和心理素质的相关课程，用于培养学生的执行力、凝聚力、团队合作能力、个人表达能力等。

在执行本方案时，教学管理相关人员要对每个学生建立创新创业教育环节学分认证登记表，学生在该环节必须达到 5 学分及以上方可毕业。除专业方向选修 6 学分外，方案还对任意选修课提出建议：第 3 学期 2 学分，第 5 学期 6 学分，第 6 学期 6 学分，第 7 学期 2 学分。选修课共计 22 学分。

---

① 刘琳（1965—），女，成都信息工程大学副教授。研究方向：市场营销。

（二）我校人才培养目标

我校对市场营销专业学生的定位是：具有"卓越的营销专业思维，突出的营销决策与管理能力"的应用型营销人才。"应用型"强调营销能力的应用性，即营销决策与管理活动的能力。顺应信息时代的需求，结合我院在信息产业、技术和市场方面的优势，本院市场营销专业学生在学习 IT 技术、网络营销和电子商务方面具有优势，同时在 IT 产业有更多的实践机会，对 IT 产业和市场具有更深刻的理解，毕业之后在 IT 领域，或运用 IT 技术辅助企业营销活动等方面具有更强的竞争能力和发展潜力。

（三）我校市场营销专业人才培养目标的内涵

本专业培养适应 21 世纪社会发展和社会主义市场经济建设需要，德、智、体、美全面发展，基础扎实、知识面宽、综合素质高，富有创新精神，具备现代管理、经济、营销基本理论知识，熟练掌握市场营销理论和方法，能够在营销实践中进行系统化的设计与构思，并有效实施运行，既能在各类企业从事实际的营销实战工作，又能在政府部门、事业单位从事营销管理、教学、科研工作的应用型高级专门人才。

二、围绕培养目标，进行了相应教学改革

（一）顺应社会要求，及时调整人才培养方案

基于社会对市场营销专业人才需求状况，我校对课程体系进行了多次改革，使之更加符合高素质应用型人才培养目标。

我校开展了成都市市场营销专业人才需求的社会调查，掌握了企业对该专业人才的总量需求、市场营销专业毕业生的就业岗位群、这些岗位的典型工作任务、完成工作任务的典型工作过程，以及这些岗位对人才知识、素质、能力的要求；基于大量的调查数据，在培养方案中进行了大胆改革，增加了符合应用型、实用型人才培养目标的相关课程，比如，增加了营销领导力训练、营销陈述实训、创业营销训练实践等创新力培养课程，以及生存实训等课程，并制定了相应的考核体系。

（二）加强课程建设

我校扩大了教师队伍，加强了课程建设，建立了突出职业能力培养的课程标准，规范了课程教学的基本要求，提高了课程教学质量，建有 3~5 门优质核心课程及配套教材、教学课件等教学资源。在课程体系的构建中，我们根据每门课程具体的能力培养目标确定营销专业所有核心课程的教学标准。教学标准对课程性质、课程的理论与实践教学内容、教学内容的组织、教学方法与手段、使用教材的要求、课程考核与评价等内容做出了明确规定。教学标准的制定规范了课程教学的基本要求，提高了课程教学质量。

（三）注重课程教学与职业技能相衔接

我校将职业资格证书的获取纳入专业人才培养方案，使职业资格标准与专业课程标准相衔接。我校将职业资格证书的鉴定标准纳入专业人才培养方案，使专业培养符合职业资格鉴定的要求。市场营销专业学生毕业之后，获得毕业证的学生可以自动获得市场营销相关职业资格认证。我校制定的课程教学标准与职业资格标准实现了全面衔接（见表 1）。

表 1 　　　　　　　　　成都信息工程大学创新创业教育学分说明

类别	项目名称	分项名称	细则	学分	提交材料	备注
创新训练	其他	科研训练	参与我校教师负责的科研项目相关工作	1	指导教师出具的相关说明	需要依托教师横向或纵向课题
职业能力	外语能力	TOEFL、IELTS、GRE、GMAT、全国外语水平考试（WSK）等外语测试	通过该类考试可获得学分	3	查看原件	提供相关证书复印件
职业能力	职业资格	国家人力资源和社会保障部颁发的职业资格证书	营销类	2	查看原件	提供相关证书复印件
职业能力	职业资格	国家人力资源和社会保障部颁发的职业资格证书	非营销类	1	查看原件	提供相关证书复印件
职业能力	职业资格	其他学会或部门颁发的职业资格认证或专业技术证书	营销类	1	查看原件	提供相关证书复印件
职业能力	职业资格	其他学会或部门颁发的职业资格认证或专业技术证书	非营销类	1	查看原件	提供相关证书复印件
职业能力	营销大赛	全国营销大赛比赛获奖	一等奖	3	提供相关证书复印件	专业类比赛，不同于学校认定的竞赛档次
职业能力	营销大赛	全国营销大赛比赛获奖	二等奖	2	提供相关证书复印件	专业类比赛，不同于学校认定的竞赛档次
职业能力	营销大赛	全国营销大赛比赛获奖	三等奖	1	提供相关证书复印件	专业类比赛，不同于学校认定的竞赛档次
职业能力	营销大赛	四川省营销大赛比赛获奖	一等奖	2	提供相关证书复印件	专业类比赛，不同于学校认定的竞赛档次
职业能力	营销大赛	四川省营销大赛比赛获奖	二等及以下奖		提供相关证书复印件	专业类比赛，不同于学校认定的竞赛档次
职业能力	营销大赛	学校营销人风采大赛获奖	各等级获奖	1	提供相关证书复印件	专业类比赛，不同于学校认定的竞赛档次
实践能力训练		参与企业相关工作进行相关社会调查、产业调查等		1		提供相关证明文件
驾驶能力		获取 C 照以上		1	查看原件	提供复印件

数据来源：成都信息工程大学市场营销人才培养方案

（四）改革考核模式

基于大量社会用人单位对大学生工作表现反馈的信息数据，我们对市场营销专业人才培养目标的考核体系进行了改革，由原来偏向理论考核向"理论-实践"一体化考核转变。作为学生学习指挥棒的"考试"，必须针对营销毕业生的职业岗位群，突出技能和实用性，发挥其在实用型人才培养方面的功能。因此，建立与行业职业技能相衔接的校内考试体系，使学生掌握标准中要求的"应知、应会"内容。为进一步开拓学生视野，我校还设立营销实战考核项目，如要求学生参与市场调查、营销方案策划、商品推销等实战项目，以实战业绩作为评价学生综合职业能力的标准，实现"理论-实践"一体化考核。此外，我校还鼓励学生积极参加全国营销大赛，并举办校内营销风采大赛。

三、人才培养方案执行中存在的主要问题

从 2014 版本的培养方案的执行情况来看，培养方案尚存在一些问题，主要表现在：

（一）学生学习目的与培养目标相偏离

学校对学生的评价标准导致学生唯分数论，教师在教学环节中常常力不从心。

在市场营销专业的人才培养中，学校对培养目标的理解不深刻，没有摆脱传统应试教育的束缚。学校把学生考试的分数与评优、评先、奖学金、特困金、就业推荐甚至入党等学生关注的因素联系得过于紧密，使学生在学习活动中过于看重考试特别是分数的高低，违背了我们营销专业培养高技能实用型人才的目标。很多学生学习重心放在考试分数上而忽视了实践能力的锻炼。

（二）考核方式与培养目标脱节

1. 考试内容与职业需要有所脱节

我校在市场营销专业考试内容的选择上，仍局限于教材和课堂教学中教师讲授的内容，与人才培养目标、就业岗位不完全吻合。技能和能力考试标准不明确且其成绩所占比重过小，实践教学考试仍处于探索阶段。学生综合素质测评的指标体系、评价方式及组织体系还不完善。

2. 理论考核与实践考核脱节

考试过分偏重于考查学生对理论知识的记忆和理解，忽略了学生基本技能和基本能力的培养。教学计划中规定的考试课程，大多采用闭卷考试，卷面成绩占学期总成绩的80%，平时成绩占学期总成绩的20%。教学计划中规定的考查课或选修课，考核形式和打分的随意性大。实习、实践环节的考核基本上是100%通过。这种重理论、轻应用，重知识、轻技能，重记忆、轻分析的考试方法，必然导致学生不注重知识的迁移和综合应用。

3. 营销学生与 IT 技术接触较少

由于我校有两个校区，经管类专业在一个校区，理工类专业在另一个校区，营销专业学生与 IT 专业学生的接触机会很少。另外，营销专业的师生与 IT 专业师生的联系也不多。

四、对人才培养目标的改进建议

（一）建议学校在学生评价体系上有所调整

高校应为地方经济服务，也为社会输送人才。基于高等教育培养"社会人"与"职业人"双重职能的统一，学校需要转变考试观念，把专业考核与综合素质考核融为一体。笔者建议学校不把学生考试的分数作为评优、评先、奖学金、特困金、就业推荐甚至入党的唯一参照依据。专业考试成绩仅仅是学生学业考核的一部分，学生在各项活动及社会实践中表现出的综合能力也应该成为学生学业成绩的重要组成部分。

（二）加强营销专业与 IT 专业的融合

我们学校是信息工程大学。建议由学校、学院、教研室搭建平台，通过各种方式和渠道使营销专业的师生与 IT 专业的师生建立联系。比如，通过大学生创新创业项目申报，构建各种小团队。我们要有意识地建立各种小团队，开展各类活动，真正提高学生分析、解决实际问题的能力，努力把市场营销专业的学生培养成了解信息工程技术的综合性人才。

（三）努力发挥教师的引导作用

我校《市场营销专业人才培养方案》对人才的定位是：具有"卓越的营销专业思维，突出的营销决策与管理能力"的应用型营销人才。这就要求教师们采取丰富多样的教学方法和手段，力求培养出适应社会需要的应用型营销人才。

我们在课程教学上要求学生通过对专业课程的学习，掌握分析问题及解决问题的方法，并能灵活运用于市场营销实战中；通过个人思考、小组讨论、游戏等形式，令学生掌握市场营销的系统知识，提高其学习能力、团队合作能力、问题分析能力、沟通能力；通过情景模拟、现场回答、案例分析等形式，提高学生的处理问题能力、语言表达能力、组织协调能力、应变能力和心理素质等。

在教学方式上，我们应重视外出调研，多采用到各类企业参观、学习的方式，以及研讨式、启发式、案例式、情景模拟、游戏等教学方法，使学生把所学的内容与实践联系起来，再从实际项目中巩固所学的知识，用所学的理论与方法去分析、解决真实场景中所遇到的实际问题。这样就可融"教、学、做"为一体，强化学生能力的培养，改变由教师一人讲授的方式，可以大大提高课堂的互动性、学生的参与性和主动性。

参考文献

［1］王哲，万青. 基于应用型经管类人才培养的 ERP 沙盘模拟教学研究［J］. 铜陵学院学报，2009（8）：107-109.

［2］卢曼萍，潘晓华，张继河. 体验：实践教学的重要内涵——体验式实践教学模式解析［J］. 教育学术月刊，2011（3）：105.

［3］黄卫东，杨瑾，徐建勤. 经营决策沙盘模拟实验的教学模式研究［J］. 南京邮电大学学报（社会科学版），2007（9）：60-64.

二本院校营销专业学生职业能力要求和课程设计研究

陈　莹[①]　钱永贵　刘侃宁

摘要： 我国市场经济的快速发展，同步提高了企业对市场营销人才需求的数量与质量。在数量方面，供需的缺口并不大；但是在质量方面，产出方和需求方却存在着较大的差异。本文按照一本、二本和高职划分了营销人才的来源，根据办学层次和高等教育的历史传统给二本院校营销专业学生进行了定位，研究了该定位下营销专业学生应该具备的能力，并对能力培养的保障环节和课程设计等方面进行了相应的分析。

关键词： 市场营销；职业能力；显性能力；隐性能力；课程设计

一、引言

我国的市场经济已经发展了近三十年，以交换为主的经济模式已经渐渐为大家所了解，企业和社会也逐步认识到营销专业人才的价值，并产生了较多的对营销人才的需求。与此同时，对于营销人才的培养，教育工作者仍然存在着许多困惑。比如，不同办学层次的高等学校应该培养什么样的营销人才，他们具备的营销技能有何不同；社会对市场营销人才需求量大，每年毕业的营销专业学生也很多，但是通过在实践中的接触，企业对这些"人才"的非议也较多，认为相当部分营销专业毕业生不能适应企业对营销人才的要求，自视甚高但是"眼高手低"，缺乏基本的职业技能和专业素质。

那么，对营销人才的生产方——高校来说，如何处理营销人才数量和质量的矛盾，是营销专业教师应该持续思考的一个问题。根据营销的"需求"和"定位"的基本原则，营销人才的产出也应该遵循"关注需要，以需定产"的思路；同时也要关注自己身边的竞争者（其他高校），审视自己的竞争地位，对自己产出的营销人才应该有准确的定位。

---

① 陈莹（1981—），女，成都信息工程大学讲师。研究方向：消费者行为。

根据生源基础和办学层次，社会所需的营销人才主要来源于一本、二本和高职院校培养的营销专业学生。根据这三种来源，结合我国高等教育的历史传统（一本院校通常被定位为研究性大学，对学生的培养侧重于学术研究方面，重点培养学生的理论研究方法和学术创新能力；高职院校则重点培养学生的技术和动手操作能力），二本院校营销专业学生的培养应该取长补短，理论与实践并重，培养具备向上发展潜力的中高级营销管理人才。那么，如何才能具备向上发展的潜力？笔者认为既要通过本科四年学习扎实、系统的理论知识，也要注意培养自身的职业能力，为发展积蓄能量。

因此，本文重点就二本院校的营销专业学生的职业能力展开研究，探索其应该具备的职业能力类型，在此基础上设计基于能力培养的课程体系。

二、二本院校市场营销专业学生的职业能力要求

根据教育部公布的 2015 年最新版全国高校名单，我国普通高等学校有 2 553 所，其中公办普通本科学校为 796 所（395 所本科大学、401 所本科学院），此外，还有 141 所民办普通本科学校、275 所独立学院、7 所中外合作办学普通本科学校。再参照新闻、往年招生情况可知，全国二本院校应有 750 所左右，比全部本科院校的 80% 还略多。如何在传统一本院校和专科夹攻之中，做好专业定位、塑造专业优势，走出具有自身特色的专业建设之路，是二本院校应该思考的重要问题。

所以，根据上述我国大学发展的实际情况，二本院校对营销人才的定位应该是中高级管理人才，即营销部门中的领导型人才。这种人才的内涵是：①熟悉营销具体业务。应该熟知营销执行流程中各部分的具体业务，并在实际工作中对这些流程统筹安排，使其准确运行。②同时基于在大学中构建的更系统的营销理论，比职业教育出身的营销人员具备更全面的理论基础，从而拥有不断学习发展的潜力。

综上所述，要达到这样的定位目标，对学生的职业能力打造可以分为两个部分（见图1）。①显性职业技能。这是针对营销专业学生在今后从事的工作，锻造学生的"入职就能很快融入工作"的职业技能。根据对营销工作的分解，本专业学生在今后主要从事"营造条件"和"实现销售"两个方面的工作，本层次营销专业学生主要应该锻炼提升"营销策划能力+销售管理能力"。②由于对二本院校市场营销专业学生的定位是中高层领导型人才，所以他们要有良好的计划、组织和协调能力，这部分笔者称之为"隐性职业素养"。这一部分不像显性的职业技能体现得那么明显，但是其作用是巨大的，蕴藏在工作中的方方面面；同时，相对于显性职业技能，职业素养的培育工作量更大、范围更广，更需要严谨地思考、梳理与验证。

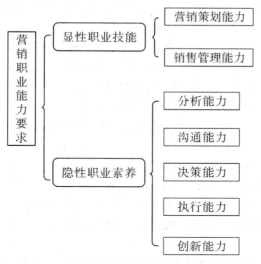

图1　领导型营销人才的职业能力要求

在"隐性职业素养"方面，根据营销专业特点和以往教改项目中对用人单位的调研，笔者认为其主要包括分析能力、沟通能力、决策能力、执行能力，以及在国家双创背景下日益重要的创新能力。

分析能力是营销专业学生应该具备的基础能力，它是后续活动的基础。只有通过分析获取市场调研资料，并在此基础上运用统计原理、数据挖掘等方法，分析市场环境及销售变化，才能够准确得知市场环境态势、识别市场机会和了解顾客需求，为后面的营销策划和销售管理做好准备。

沟通能力也是营销专业学生应该具有的一项基本能力。作为市场营销专业的学生，其主要工作任务就是了解和满足顾客的需求，这两个环节都离不开和顾客的良好沟通。在售前，只有基于相互之间的信息的交流，才能充分了解顾客的欲望和需求；在售中，也只有和顾客友善、积极的交流才能识别顾客对产品的要求，更好地推送产品、达成交易；在售后，更离不开对顾客使用感受的跟踪和调查，以便改进产品和服务、更好地提升顾客满意度。

决策能力是营销专业学生需要具备的更高水平的能力。营销决策是指对有关产品、市场经营和销售活动的目标、方针、策略等重大问题进行选择和决断的过程。营销决策有两个级别：一个是战略决策，一个是战术决策。战略决策主要是识别目标市场、判断竞争者和竞争态势等；战术决策主要是产品决策、价格决策、分销渠道决策及促销决策。市场营销决策是企业市场营销中的核心问题，它建立在充分的市场调查和市场预测的基础之上，是针对信息进行分析后做出的处理，连接了分析和执行。

执行能力也是营销专业学生不可或缺的能力，并且是分析和决策的具体实施能力的表现。笔者认为个人执行力是可以通过锻炼而得到提升的，执行能力的提升需要注意以下几个方面。①制定合理的目标。执行力不强，很多情况下是目标设定不清晰导致的。比如：一个无法执行、超出个人能力的目标；一个过于远大、无法衡量结果的目标；一个执行周期过长、不能分解和控制的目标；一个不具备执行条件的目标；一个结果不具有吸引力，没有行动动力的目标；等等。②严格的时间管理。执行力强的人都是自我约束比较强的人，最忌"拖延症"。执行人需要了解自己的生物钟，知道什么时候精力最集中，什么时候需要调整和休息；及时总结自己做事的方法和套路，建立自己的套路模型，最终高效地利用时间。③积极的工作态度。要提高执行力，就必须树立起强烈的责任意识和进取精神，不能有放任自由、得过且过的心态。不折不扣地履行自己的职责，决不消极应付、推卸责任，养成追求卓越的良好习惯。④注重细节。"丢失一个钉子，坏了一只蹄铁；坏了一只蹄铁，折了一匹战马；折了一匹战马，伤了一位骑士；伤了一位骑士，输了一场战斗；输了一场战斗，亡了一个帝国。"这是一首西方的民谣，它发人深省地揭示了细节对整体成败的重要性。日本"经营四圣"之一的稻盛和夫也强调，"注重细节最重要"。现阶段中国消费领域正面临消费升级，顾客对产品的要求不再是低价而是高品质，民间对匠人精神也日渐推崇。在这种消费形势下，作为企业代表的营销人员，更应该培育自己的注重细节的能力，将这种能力带进企业、赋予产品、献给顾客。

创新能力的培养，是现阶段国家对大学生提出的重要的培养要求，也不可忽视。科学技术是第一生产力，纵观世界，科技创新能力越来越成为综合国力竞争的决定性因素。大学生思维敏捷、富有创造活力，已经具备了较为系统的知识结构，是科技兴国的中坚力量。国家鼓励青少年进行科技创新，是为国家的下一阶段发展而进行的重要战略布局。

三、职业能力提升的环节把控和课程体系设计

显性能力的提升较为容易，在课程设计方面也容易入手；对于隐性职业能力的提升则要难很多。隐性职业能力既产生于理论课程学习过程中，也需要通过实验、实习、比赛等实践环节去体验、总结和提升；还需要通过专业教师的悉心引导，在平时课程和实习项目中通过体验分享、言传身教来加深学生的理解。

笔者认为，要提升职业能力，需要从三个环节来把控：理论课程环节+实践环节+教师引导灌输环节。

（1）理论课程环节。经济学、社会心理学、营销策划、大众传播学、促销学、广告学、广告文案与写作等课程能够让学生建立起营销策划知识体系；通过管理学、心理学、会计学、销售管理、营销渠道管理、消费者行为学、客户关系管理等系统知识的学习，学生也基本能够搭建起销售管理的知识体系。

通过这样的理论课程设计，同学们在显性职业能力培养为主的理论知识学习环节中，可以全面地构筑理论知识体系，并从中体会隐性能力提升的着力点。

（2）实践环节。如前所述，隐性职业能力的提升是一个难点，由于学生特质的差异性、过程的复杂性和效果的难以测量性，使得隐性职业能力的提升对教育方来说是个颇令人头痛的问题。笔者认为可以通过实践环节从校内校外两方面培养，在校内通过模拟仿真实验、实训课程（比如销售技巧、演讲与口才、商务礼仪、拓展训练、创业实训等）、校内营销赛事，实现场景化实训，加深学生对知识的应用，提升学生隐性职业能力；在校外通过小型业务实习、大型综合实习、综合营销赛事、创新创业赛事、社会调查等方式，促进学生的分析、沟通、决策、执行和创新能力的提升。

（3）教师引导灌输环节。教师的言传身教对学生来说是极其重要的。通过教师的经验分享，学生能够更深刻、高效地获得信息，这对学生隐性职业能力的提升非常有帮助。但这对营销教师提出了更高的要求，教师需要不断提高自己的理论水平和实践能力，用个人魅力、才学引领学生。该环节可以注意以下几个方面。首先应该针对教师专业方向和自身特质合理规划理论课程讲授、实践课程指导。其次，应该从院系规划、教师个人发展规划方面，提供条件，力争将营销教师朝双师型教师方向培养（比如为教师制订系统的学习培训计划；鼓励教师到企业任职、承担社会调查项目、承担课题、担任企业营销咨询顾问等，并合理调整工作量和绩效考核方式）。最后，除了挖掘本校资源，也可以吸引"外援"，通过各种方式聘请企业经理人担任学生的社会导师；定期或不定期为学生导入社会热点观念和实践经验；请各行各业营销方面专业人士为学生做专题讲座；等等。学校通过这些举措，最终应达到有效引领学生、提升营销专业学生职业能力的目的。

参考文献

［1］司新云.基于能力培养的市场营销专业教学方法探析［J］.对外经贸，2012（2）：142-143.

［2］许洁虹.基于能力导向的市场营销专业实践教学体系的构建［J］.教育与职业，2012（18）：155-156.

［3］赵文颂，郝群荣.创新高职市场营销教学促进学生职业能力培养［J］.学术理论，2010（6）：78-80.

［4］李新剑.不同学历层次市场营销专业定位比较研究［J］.吉林工商学院学报，2011（2）：114.

［5］郭瑞强.市场营销专业教学方法探索——基于专业能力培养视角下［J］.现代商贸工业，2016（28）：163-164.

［6］陈友余，刘纯霞.应用型本科院校市场营销人才培养模式创新研究——以湖南财政经济学院为例［J］.赤峰学院学报，2015（6）：122-123.

［7］孟韬，毕克贵.营销策划——方法、技巧与文案［M］.北京：机械工业出版社，2012.

第二篇

课程改革篇

资产评估案例教学法
与校园模拟资产评估实践的结合

张　敏[①]

摘要： 资产评估学是一门综合性和实践性极强的新兴工商管理类学科，其教学法和教学模式亟待完善。本文基于现有的资产评估案例教学法，主要探讨了讨论型案例教学法的设计与实施途径，并建议将教学课堂进一步延伸至校园模拟资产评估项目实践活动，使学生自觉进入资产评估的"现场"，实现"做中学"，提升学生探索问题、解决问题的实践创新能力，使学生资产评估实践能力得到充分训练，培养资产评估市场需要的人才。

关键词： 资产评估；案例教学；模拟实践

随着我国经济结构的调整不断深入，涉及资产评估的经济活动日益增多，如产权转让、企业改制、资产重组、破产清算、资产抵押，以及财产保险、财产纳税、财产司法纠纷等经济行为，资产评估在经济活动中的重要性日益增强。越来越多的高校设置了资产评估专业或开设了资产评估课程。资产评估学作为一门综合性和实践性都很强的新兴工商管理类学科，其教学法和教学模式亟待完善。笔者基于现有资产评估案例教学法的研究成果，探讨以案例教学法与模拟校园资产评估项目为导向的案例实务教学模式，使学生能灵活地运用理论知识指导资产评估实务，培养学生综合分析能力和实际操作能力。

一、资产评估教学面临的困境

资产评估教学效果难以达到预期，主要体现在资产评估实务教学环节薄弱。资产评估实务是指运用资产评估原则与假设、评估价值、评估方法等理论知识对机器设备、房地产、无形资产、企业价值等专项资产进行价值判断。根据与高校同行的交流及笔者的教学体验，资产评估实务教学环节的薄弱具体体现在：

（一）以教师讲授为主

教师利用大部分课堂时间讲授资产评估各种方法的适用前提、评估思路与评估程

---

① 张敏（1965—），女，成都信息工程大学讲师。研究方向：资产评估、财务管理。

序、公式的计算等理论知识，并举例讲解如何运用所学知识来评估各专项资产。这样整个课堂都以教师的讲授为主，学生只能被动接受，这仍然是原始的"灌输式"教学方法，学生兴趣不高，缺乏积极性、自主性。

（二）案例教学不够全面深入

课堂上虽然教师也采用案例教学法，但对案例问题设计不够深入，需让学生收集案例外的市场公开信息来进行讨论的时候不多，案例讨论不充分，不能充分地调动学生自主思考问题的积极性，效果不佳。同时，受客观教学时间限制，案例教学在课堂教学中所占比重偏低，学生案例讨论环节时间缩短。

（三）学生资产评估实践能力弱

在各专项资产评估的讲授过程中，需要学生被动记忆的内容极为枯燥，又缺乏近期资产评估实践案例的支持与引导。没有接触资产评估实践的机会，导致学生缺乏探索、分析、解决实际问题的能力，资产评估实践能力弱。

二、资产评估教学面临的挑战

挑战一：如何加强案例教学法的设计与实施，让学生担任主角，深入全面参与案例讨论。许多教师产评估实践经验不够，对理论与实践的有机结合理解不足，导致学生对评估方法的概念、公式大多都是被动记忆，运用理论知识解决评估实践问题的能力弱。

挑战二：如何编纂系统的、实时的综合教学案例。目前资产评估学案例教材相对匮乏。大多数资产评估案例是由校内任课教师自己编纂的，不成体系；案例缺乏综合性，不够全面系统；且案例过于陈旧，没有及时更新，阻碍了案例教学在资产评估课程中的深入展开。

挑战三：如何提高学生资产评估实践能力。案例教学易流于纸上谈兵，案例教学毕竟与资产评估实践是有差距的。如果能找到让学生参与模拟资产评估项目活动的机会，将极大激发学生的学习兴趣与主动性，并提高其实践能力、培养其团队合作能力，达到本课程人才培养的目标。

本文将从两个方面对如何应对上述挑战进行探讨：一方面是通过案例教学的有效组织与实施达到资产评估理论与实践的有机结合；另一方面创造让学生开展校园模拟资产评估实践活动的机会，从而提高学生的学习兴趣，提升学生的综合实践能力。

三、案例教学法的有效组织与实施

（一）教学案例的类型

资产评估案例教学通常运用例题型案例和讨论型案例两种案例。

第一种案例为例题型案例。资产评估课程中的专业理论知识综合性较强，涉及经济学、建筑工程、机电设备、财务管理、会计学等知识，学生理解较困难，结合简单案例进行讲授，可以帮助学生更好地理解与领悟基础理论知识的重点与难点。但这种案例综合性不强，与评估实践差距大，需要学生判断分析的环节很少，限制了他们对资产评估理论知识的融会贯通。教学计划中应该将例题型案例作为过渡，案例教学的重点应该放到更深层次的讨论型案例上。

第二种案例是讨论型案例。此类型案例来源于资产评估实际活动，给出资产较多的背景知识和信息，需要学生结合所学的理论知识和方法，基于教师设计的问题进行讨论分析并提出解决方案，对比分析评估结果差异等。讨论型案例相对复杂，综合性较强；学生参与度高，能启发和引导学生思维，充分发挥学生积极性，锻炼他们分析问题和解决实际问题的能力。

讨论型案例具有实时性、系统性，且能与社会经济发展实际结合，能与资产评估理论知识点系统有效地结合，是资产评估实务教学中的一个重要环节。下文将针对讨论型案例来探讨案例教学的组织与实施的有效途径。

（二）案例教学的组织与实施

1. 讨论型案例教学的内容设计与实施

案例教学能激发学生积极参与的关键之一是讨论型案例中的问题设计。讨论型案例主要应用在机器设备、房地产、无形资产、企业价值评估等教学内容中，教师通过各种渠道选择实时资产评估讨论型案例，尽可能把相关的背景知识和资料收集完整，并设计一系列引导学生思考和讨论的问题。讨论题需包含资产评估理论知识要点，应包括更多的评估案例、评估实务中出现的问题。有些问题可以基于案例材料进行分析而得出结论，大多数讨论题需要学生自行查阅更多资料才能找到解决方案。讨论题可以从资产评估目的、资产评估程序、资产评估资料的选取、资产评估方法的选择、参数确定、评估过程与评估结论等方面进行设计。讨论题应该是开放的，鼓励学生提出多种可供选择的解决方案。

讨论型案例教学实施的关键在于让学生作为主角参与案例的分析讨论。教师只需提前把准备好的案例资料及讨论题提供给学生，引导学生思考并提供路径让学生查找资料，再进行课下分析和讨论。比如在运用市场法进行房地产评估的案例中，可以让学生在房地产中介网上寻找可比对象，调查相关信息，讨论确定差异调整系数，并用 excel 实施评估值计算过程。最后可公布实际案例评估结果，让学生对评估结果差异进行比较分析。

讨论型案例教学的另一重要环节是让学生撰写案例分析报告。经过广泛和讨论，学生应写出书面的案例分析报告，提出观点，并分析和论证观点。最后由教师归纳总结，并让学生对有争议的问题进行进一步思考。

2. 教师与学生的角色

讨论型案例教学采取小组讨论形式，小组人数及课堂讨论时间的分配要依据课程大纲规定的实际情况而定，以达到全体学生参与讨论并获得在课堂上的展示机会为目的。平时成绩应增加学生对案例讨论的贡献得分比例，以调动学生的积极性和参与度。

讨论型案例教学要促使学生参与到案例资料收集、分析和讨论中来，使学生成为主角，教师起引导的作用。讨论时要求学生既有分析又有结论，课堂讨论要有热烈的实战氛围，学生通过陈述自己的观点、评估思路、数据、结论，理解和感悟资产评估实践工作。

3. 案例的选取

针对资产评估课程的案例不足、陈旧的现状，加强案例库建设成为资产评估案例教学的重中之重，是系统规范地培养学生的实践能力的重要保障。资产评估案例必须具有现实性，应来源于近期发生的真实评估实务，同时还需与资产评估实务教学紧密相关，能系统地将资产评估理论方法的知识要点融会贯通，能够起到示范作用，使学生能更加全面深入地掌握所学知识。

资产评估教学案例可以通过网络、文献、资产评估方面的报刊等渠道搜集，可以是来自于上市公司公布的涉及资产重组、股权收购、股权并购、资产处置等经济活动的资产评估资料和资产评估报告，也可以来自资产评估事务所的评估项目。案例实务教学也要求教师提高自身的资产评估实践经验，教师通过参与评估实践也可编写教学案例。

四、创造评估实践平台，开展校园模拟资产评估项目实践活动

上述案例教学活动，都是根据案例给定的相关背景资料和教师设计好的模式框架来进行的，与现实中资产评估师的实际工作仍有差别。目前大多数学校还无法提供让学生到资产评估事务所进行学习或参与实践活动的机会。为进一步将理论知识与实践应用有机结合，可将案例教学课堂向外延伸，打造校园实践活动，让学生在校园中进行模拟资产评估项目活动，让学生以评估师的身份，进入资产评估"现场"，在"做中学"，提升学生探索问题、解决问题的能力。

笔者所在学校就尝试性地让学生以本校大学生实验超市为平台进行模拟资产评估项目实践活动。本模拟项目假设大学生实验超市拟转让其股权（也可假设收购、增资扩股等），委托大学生评估师团队对其价值进行评估。除项目评估目的与任务是假定的以外，其他资产评估实践活动完全按真实的资产评估程序进行，由学生组建的资产评估师团队主导完成。学生按资产评估程序，与被评估单位进行交流沟通，并通过明确评估事项、签订业务约定书、编制作业计划、进行现场和市场调查、收集资料、确定评估方法与评估参数、完成评估估算、得出评估结论，编写工作底稿并撰写和提交评估报告、完成PPT演示。教师在提出评估任务、明确评估对象时作引导说明，给出所需模板，在最后的PPT展示后进行归纳总结，其余活动完全由各小组同学自行安排。这种在资产评估"现场"开展的评估实践，将学生所学的理论知识与实践充分结合，锻炼了学生的实践能力，学生兴趣浓厚，积极性强。

大学生实验超市是在我校商学院规划、组织、协调下，成立于2009年，完全由学生募股组建、管理和经营的股份有限公司，是商学院教学实践平台，所以和实验超市协商接受本课程的资产评估模拟实践活动比较容易。现在各高校开展的创新创业项目活动日益增多，有些项目在学生在校期间已开始实施运营。这些创业项目在发展过程中可能都会有增资扩股、股权转让、价值管理等需求，只要课程组与相关项目的学院领导及项目指导老师沟通协商，在保密承诺下，就可争取到让学生进行不同项目的模拟资产评估实践活动的机会，使学生不仅具备评估师的评估体验，而且也能丰富自己的评估实践知识。

五、结语

资产评估实务案例教学要求教师根据教学具体情况，不断探索讨论型案例教学法的设计与实施，从各种渠道收集、编纂实时资产评估案例，推进校园模拟资产评估实践活动的开展，使学生由被动听课变为主动思考和积极参与，达到资产评估案例教学与模拟评估实践操作的有机结合，使学生能融会贯通地理解所学理论知识，使其资产评估实践能力得到充分训练。这样才能培养出市场需要的资产评估人才。

参考文献

［1］陈建西，陈庆红.资产评估［M］.3版.成都：西南财经大学出版社，2017.

［2］郭泽英.案例教学在资产评估课程中的渗透研究［J］.山西科技，2015（3）：115.

［3］陈思颖.案例教学法在资产评估课程中的应用探讨［J］.华北科技学院学报，2013（1）：104.

［4］方媛.资产评估案例教学模式探讨［J］.财会月刊，2013（2）：106.

［5］吕林根.资产评估案例教学方法研究［J］.财会通讯，2011（15）：145.

财务分析课程教学模式变革探讨

罗 爽[①]

摘要：本文以财务分析课程为例，探讨了现行教学中存在的主要问题，提出了解决现行教学问题的思路，介绍了财务分析课程的"三环互动"（即自学、导学和考核）教学模式；还从学生实践环节培养的角度出发，分析了如何实现这一教学模式，并指出在财务分析课程教学模式中存在着学生自学能力不足、创新思想培养不易的问题。

关键词：财务分析；案例；教学模式

目前，大学生就业难，一方面是因为大学生人数逐年增加，另一方面是因为用人单位对财会专业毕业的学生的要求较高。同时，随着大数据时代的到来，传统的财会人员正面临失业的危机，越来越多的记账功能正在被电脑替代，那么，我们培养的学生未来的出路应该在哪里？对于我们的学生来说，努力成为未来在财会领域综合素质强、有一定探索精神的人才至关重要。在人才培养定位的要求下，教师们应采取丰富多样的教学方法和手段，力求培养出适应社会需要的应用型管理人才。财务分析作为一门专业性、实践性、综合性较强的学科，适合探索新的教学模式改革。

一、现行教学中存在的主要问题

（一）课堂理论知识偏多

在现行教学中，学生学到的理论知识偏多。在"教师课堂讲授，学生课后做作业"的教学模式下，学生最终只能记住概念、原则和方法，严重缺乏动手能力，在遇到实际问题时束手无策。读了几年书，学生普遍觉得课堂学习的知识较多，但难以融会贯通，对所学知识感到茫然，在后续的课程学习中运用不上已学的知识，在工作中缺乏综合运用知识的技能。

（二）教学的互动性不强

目前，不少高校教师在授课时，仍然沿用"教师一人讲授，学生在课堂上记笔记"的教学方式。学生只是在讲堂上被动听讲，被动记课堂教学重点内容，缺乏主动参与和主动思考，导致课堂气氛不活跃，学生学习的主动性和积极性不高。同时，这种教学方

---

① 罗爽（1977—），女，成都信息工程大学讲师。研究方向：公司理财、个人理财。

式让学生缺乏主动探索的动力，自我思考能力不足，迷信权威，认为教师讲的内容都是对的。

（三）学生缺乏学习动力

笔者在与学生的交流中，发现学生进入大学后，普遍觉得生活比较茫然，不知道为什么学习，不知道奋斗目标是什么，也不知道自己以后工作所必备的职业技能是什么；对自己认识不清，不知道如何发挥自己的特长，不知道自己未来的发展方向是什么。尤其是到了高年级，学生普遍感觉学习的知识越多越茫然。他们找不到学习的动力，只是一味地接受课堂学习，缺乏创造性思维和解决问题的能力。

二、现行教学问题的解决方法

一位教育专家曾经说过，大学毕业一年内学生所习得的知识只能用到15%，三年后甚至更少。因此，学生的自我学习能力和创新能力非常重要。教师不只是传授专业知识，更重要的是对学生专业能力的培养，让学生保持勇于探索、创新的思维习惯。

（一）提高学生的学习兴趣

在学生的人才培养中，首先，要让学生喜欢上财会专业，开展好入学时的职业规划教育，让学生从大一开始对自己有自我认识，明白教育与职业的关系，对自己进行职业规划。由于财务分析这门课程是在大三或者大四开设，学生已经通过2~3年的学习，对专业知识和职业发展有一定的了解，因此，在这门课程的教学中，教师有责任为学生们推荐好书和好的网络渠道，让学生接触更多的课外知识，提高学生课堂学习的积极性。其次，开展财务分析专题训练。笔者就曾尝试把我院教学实践项目——大学生实验超市近三年的财务数据交给同学们分析，以小组为单位，训练学生用课堂所学知识来解决工作中的实际问题。不少同学通过财务报表分析，找出了很多账务问题，也对大学生实验超市的财务管理提出了一些建议性意见。最后，教师在教学过程中应将自学和讲学相结合，如在讲授三大报表的分析时，可以让学生站在企业经营者的角度去认识企业真正的价值来源。教师通过大量的案例引导学生利用所学专业知识进行企业估值分析，利用财务报表信息及表外信息分析股票，让学生通过模拟投资获得股票投资回报。

（二）激发学生的学习激情，扩大学生的知识面

曾任哈佛校长的纳森·普西曾经说过："教师的任务并不是灌输知识点，而是把将要学的课题放到学生的面前，通过同情心、情感、想象力和耐心，唤醒学生永不休止的动力，促使学生寻求答案和见解，使其开阔人生视野，并且赋之以内涵。"因此，教师有责任培养学生的自主学习能力，激发学生的学习热情，引导学生自己扩大知识面、开阔视野。

一个好的教师的主要作用是"传道授业解惑"，因此，应对专业授课老师进行培训，使其改进教学手段和教学方法，以实现对学生独立思考和批判性思维能力的培养。在课堂上，将老师提问变为学生提问，以保持学生对事物的好奇心和挑战欲望，养成良好的自我思考能力。

财务分析这门课程从某种程度上通过教师的引导可以激发学生的学习激情，如强制要求学生每天看财经新闻、完成财经心得体会。这可以在一定程度上开拓学生的视野，使其养成良好的学习习惯。

（三）教师改变授课方式

财务分析是一门专业性和综合性比较强的学科，因此该课程的教师可针对学生的层次，让学习委员征求学生意见，在教学大纲的指引下，可以让学生自学部分内容（比如偿债能力、营运能力、盈利能力和发展能力），并且在课后让学生将所学知识运用到布置的财务案例分析上，然后在课堂上再结合案例快速精讲。这样，一方面可以培养学生的自学能力；另一方面，可以在有限的课堂时间内，借助蓝墨云、课堂派等软件开展互动教学。在课堂讲授中，教师应重点培养学生的企业战略观点，使其站在企业经营管理的角度开展财务分析。

三、财务分析课程教学模式的变革

如上所述，现行财务分析课程教学大多是封闭式教育，而该门课程教学模式的改革应该以开放式教学为目的，一切以培养学生的专业实际能力为导向，不论是教学大纲、授课计划，还是课堂教学、学生课后作业、课程考核都要以学生为本，从培养应用型人才的角度出发。我们可以把这一教学方法叫作"三环互动"教学模式，即"自学—导学—考核"模式。

（一）自学环节

1. 阅读分析案例

由于指标分析是财务分析教学中最简单的一个层次，所以偿债能力、营运能力、盈利能力、成长能力这四部分内容可以安排学生自学。教师可以通过布置课后作业以及让学生以小组为单位进行案例分析来检验学生的学习效果。案例的内容由教师选择，不能太难也不能太简单。案例太难，学生无法查找资料，再加上案例本身无吸引力，学生更不想查找资料；如果案例过于简单，学生又无须查找资料。所以，案例的选择非常关键，教师在讲授前一定要精选案例，选择难度适宜的案例，并且考虑到案例的适用性。

教师把所选的案例发给学生后，要求每位同学通过粗读、精读、查找资料，思考案例中提出的问题（教师布置的问题要围绕自学要求的指标分析）。所谓粗读就是大致看一遍，对案例的基本信息和问题的基本概念有所了解；而精读就是彻底了解案例中提供的资料、信息和事实。学生在案例分析过程中应转变思维角度，站在财务人员的位置处理问题而不是单纯地完成作业。为了对案例进行更深入的分析，学生还要查找、阅读与案例有关的资料，以支持自己的观点，从问题出发，寻找解决办法。

2. 小组讨论

通过第一阶段的阅读分析，每个学生得到自己关于案例相关问题的见解后，便进入讨论阶段。一般按照 6~8 人一组的原则，学生自由分组，小组内部选派组长。在课后的小组讨论中，学生可发表自己对案例的看法、认识及对问题的见解。在讨论过程中，如果出现不同的见解、不同的纷争，或者一些合理的建议，都可以记录下来。最后，每一组的组长应组织小组成员通过讨论达成共同意见而最终形成本组观点，以小组为单位提交案例分析报告，并计入平时成绩中。

（二）导学环节

在案例分析过程中，强调学生应在阅读、研究、小组讨论中通过自己对案例的财务资料和非财务资料的收集、分析，提出自己独特的观点，尝试自己去发掘问题，找出企业的优势和商机。

1. 课堂讨论

教师在课堂上应适当安排学生展示案例分析结果。每一组都派出一位或几位同学代表本小组发言，把小组的共同观点、解决问题的方法表达出来。在讨论过程中，教师最好不时就小组讨论出现的一些问题提问，并让学生回答。这不仅能及时解决问题，还能锻炼学生的反应能力。

2. 总结评述

这是案例讨论的最后环节。教师做全面总结，对讨论中出现的好的分析思路与独特见解加以肯定，同时指出存在的缺点与不足，并对学生自学内容在结合案例的基础上快速精讲。在这一环节中，教师通过对案例中的重点内容和涉及的理论知识进行讲解，同时引导学生综合运用前期所学知识，进一步加深了学生对案例的认识和对知识的运用。

在做最后总结时，教师应注意不要对案例所讨论的问题只给出一个答案，尤其是学生根据财务分析结果得出的企业解决方案。因为，从管理的角度看，没有最好只有更好，教师给出答案会使学生的思维僵化。

（三）考核环节

考核是教师与学生对教学活动的过程及其结果进行的测定衡量和价值判断。在开放式教育的引导下，财务分析课程可选择灵活多样的考查形式，注重学生的学习过程。平时考核包括案例讨论、案例分析报告和心得体会。其中，案例讨论以平时课堂发言为考核依据，占15%的成绩；案例分析报告以小组为单位，每一小组根据各自讨论的结果交一份分析报告，占25%的成绩；心得体会主要是学生个人对这门课的感想，占10%的成绩。期末以试卷考核为主，占50%的成绩。这一考核办法，突出了学生的主体地位，取得的效果较为理想。

在新教学模式的探讨过程中，不可避免存在很多困难。比如：在学生的自学能力培养方面，大部分学生已经习惯了教师课堂上课，自己跟着教师的思路学习的模式。在笔者十几年的高校教学生涯中，课前预习的同学比较少，自学的同学更少。这个习惯的培养，需要学生多年的坚持。学生创新思想的培养也是一件比较困难的事情。大多数财会专业的学生习惯文字内容的接受，难以主动突破现有观点的束缚。这种教学模式的变革是一个长期而又艰巨的过程，需要教师和学生思维方式的共同转变。

参考文献

[1] 张肖飞.财经类高校财务分析课程案例教学改革研究 [J].商业会计，2013（1）：119-121.

[2] 章雨晨.基于分析能力培养的财务分析课程改革 [J].广东交通职业技术学院学报，2014（3）：86-88.

[3] 彭梓琪.互联网时代下财务分析课程教学方法改革的探讨 [J].中外企业家，2016（20）：189.

改进高级财务管理课程
教学方法的探索

刘　耘[①]

摘要： 学界对初级、中级、高级财务管理的划分一直存在不同的观点，这造成了现行的高级财务管理教材内容重叠、分类混乱等问题。此外，由于高级财务管理课程讨论的是更高级和更综合的特殊问题，所以单一的课堂讲授不能满足授课的需要。而案例贯穿式教学结合小组讨论以及学生自主讲授等多种教学方式，有利于提升课堂教学质量，引导自主型学习模式的开展。

关键词： 高级财务管理；特殊企业；案例贯穿式教学

一、引言

关于高级财务管理与初级、中级财务管理的区别，很多教材的划分标准不一，其中最有代表性的、也最清晰的应该是王化成教授的观点，即高级财务管理研究的是特殊类型企业或企业特殊时期的财务管理工作。特殊类型企业包括企业集团、跨国公司、中小企业及非营利组织等；企业特殊时期主要指企业处于并购、重组、破产、清算等环节时。

基于王化成教授这一观点，笔者认为高级财务管理不是沿着资金运动讨论筹资、投资、运营、分配等问题，也不是研究财务预测、财务控制、财务核算及财务分析等，因而其与初级财务管理、中级财务管理有本质区别。高级财务管理课程的"特殊性"决定了它的教学方法不能单纯地以讲授为主，应以锻炼学生的实际核算能力为重点。

二、现行高级财务管理教学存在的问题

（一）教材参差不齐

高级财务管理的教材种类繁多，但因为不同的编著者对高级财务管理范畴的界定不同，这些教材的内容区别较大。有的教材将营运资金管理、存货管理等内容放入其中，

---

①　刘耘（1981—），女，成都信息工程大学讲师。研究方向：财务管理、双语教学。

有些教材则把财务分析、业绩考核等内容归为高级财务管理的范围，造成这些教材的内容与很多初级、中级财务管理教材的内容重叠。

（二）课堂讲授效果不佳

高级财务管理中很多知识点比初、中级财务管理的基础知识要艰深很多，如并购的对价；此外，其研究的主题较为小众，如非营利组织的财务管理等；还有很多内容是实务中不常见的，如破产清算的财务管理、跨国公司财务管理中多边净额结算等。这些特点都使得在高级财务管理的课堂上，如果只采用单一的讲授方式上课的话，很容易造成学生一知半解，甚至"听天书"的情况发生。长期如此，会打击学生的学习积极性。

（三）"案例教学"仅仅点到为止

为了解决课堂讲授效果不佳的问题，很多高级财务管理的课堂都引入了案例教学法。"讲授+案例"的教学模式在一定程度上解决了学生听不懂的问题，能帮助学生了解一个艰深的理论在实务中的具体情况如何。但是大部分教师在运用案例教学时，往往采用"提出并解释知识点—抛出案例—引导学生利用案例资料分析、佐证知识点—总结"的步骤。这种形式没有脱离教师主导型的教学模式，并未充分启发学生自主思考。这样不仅是对案例资料的浪费，也使得"案例教学"名不副实。

三、探索高级财务管理教学方法的改进

（一）编写高质量的教材

要编写一本高质量的高级财务管理教材，首先应该明确如何合理划分初级、中级、高级财务管理教材的内容。王化成教授在中国人民大学出版社出版的《高级财务管理学》一书中提出自己的区分标准，即高级财务管理应研究更高层次和更综合的内容，并将其界定为研究特殊类型企业和企业处于特殊时期的财务管理工作。这本教材收录了关于企业集团财务管理、跨国公司财务管理、中小企业财务管理和非营利组织财务管理的相应内容。它们属于特殊类型企业的财务管理。此外，教材还包括了企业并购财务管理，企业重组、破产、清算财务管理等相关内容。它们属于企业特殊时期的财务管理。

（二）多种教学方式相结合

在解决高级财务管理课堂讲授效果不佳的问题方面，案例教学无疑是个不错的方法，但它绝不是唯一的解决问题的途径。小组讨论和学生进行讲授都是行之有效的方式。

在课程开始时，教师可以要求学生分组，组成学习讨论团队。小组的人数一般为4~6人。人数太少，形成不了各抒己见的讨论氛围；而人数太多，容易造成分工不均，即有人工作量大、有人偷懒的情况，或是一个小组里面又分为几个小集体的情况，从而影响讨论和沟通的效率。分好组后，课前预习、课中讨论、课后作业等都可以以小组的形式完成。团队的优势在于可以使学生互通有无、互相辅导，有利于学生更有效率地学习和掌握各个知识点。

除此以外，教师可以将一些难点和重点提炼出来，并将其设置成一个个小命题，要求学生以学习小组的形式选择命题，并在课前收集资料、编制 PPT 来讲解命题。教师会在每次讲课前留出 5~10 分钟时间，让各小组展示自己调查研究命题的结果。然后，教师再基于他们讲的内容纠错、提炼要点、做出总结。这样会大大提高学生们参与的积极

性，锻炼他们自主思考的能力。

（三）案例贯穿式教学

"案例贯穿式教学"是在案例教学的"提出并解释知识点—抛出案例—引导学生利用案例资料分析、佐证知识点—总结"的一般步骤的基础上，加上收集背景资料的环节，并鼓励学生用实践资料结合案例资料来解决案例问题。这样就要求案例资料是一个真实公司或事件的案例，从而让学生在分析案例时更有代入感，更容易与实践结合起来。

四、结论

高级财务管理作为一门研究特殊类型企业或企业特殊时期的财务管理工作的学科，与初、中级财务管理应有明确的区别。基于这一界定，我们才可编制出高质量的、有区分的教材。要想让学生更有效率地理解高级财务管理中的知识点，教师不仅要正确地开展案例教学，即"案例贯穿式教学"，还应该结合小组讨论以及学生自主讲授等方式，真正地实现学生自主型的学习模式。

参考文献

[1] 李海燕. 高级财务管理课程教学改革及创新 [J]. 商业会计，2015（20）：121-123.

[2] 张国政，姚珍. 理论与实践并行的"高级财务管理"课程教学改革 [J]. 科教导刊，2016（15）：81-82.

财会专业哪些课程
适合进行双语教学?

刘　耘①

摘要： 财会专业因为财务制度国际化接轨、会计准则一体化趋势等原因，对双语课程的需求逐渐增强。但是现行的财会双语课程面临盲目跟风、忽视学生需求、缺乏课程体系及英文使用比例不合理等难题。笔者通过多年双语教学实践，认为财会基础课程不适合开展双语课，选择课程进行双语教学应该基于相关的调研，双语课程应该建立逐级渗透的课程体系，以及双语课程英文使用比例的确定应该基于学生的具体情况。

关键词： 双语课程；财会专业；逐级渗透课程体系

一、引言

现在高校的双语课程种类繁多、涉及专业广泛、授课方式多样，但却令很多学生"无力招架"。财会课程一直是双语教学的先锋，原因主要在于财务制度、会计准则的国际一体化和融合趋势。无论是基础财会课程，如会计学原理、初级财务管理；还是中高级课程，如中级财务会计、高级财务管理等都开设有双语课程。但是从学生的接受度和授课效果来看，这些双语课程可谓有好有坏，水平参差不齐。作为一名大学财会专业的基层教师，笔者不得不思考到底哪些财会课程适合双语教学？

二、现行财会双语课程的设置面临的问题

（一）盲目跟风

多数高校财会双语课程的设置都是跟风的结果。最常见的就是跟随名校的脚步，如中国人民大学开设了双语的基础会计学，那么其他大学就会紧跟着开一门双语的基础会计学，并且教材、大纲照搬，但是却忽略了师资和学生水平有一定差距的事实。还有些时候，学校因为评估或申报某个项目的需要，要求设置双语课程，但往往没有调研的环节，而由负责课程的教研室老师开几个会就决定了哪门课程进行双语教学；有些学校甚

---

① 刘耘（1981—），女，成都信息工程大学讲师。研究方向：财务管理、双语教学。

至连开会讨论的环节都省了，直接由教研室主任和学院相关领导拍板决定。这样设置双语课程的弊端是显而易见的：适合名校的未必适合普通大学；没有调研由个别老师决定的双语课程，往往推进起来十分困难，不仅教师教学费劲，学生的接受能力也大受考验。所以，好多双语课程都"短命"，最终结果要么是被学院主动终止，要么由于没有学生选课，而被"高高挂起"，实质上就是被动终止。

（二）忽视学生需求

由于许多高校在设置双语课程时没有调研论证的环节，所以这些课程到底适不适合本专业学生，与其他专业课程的衔接是否顺畅，能否满足教学计划的要求等问题都没有被考虑和考察过。例如：清华大学的中级财务会计（2）课程入选 2007 年教育部和财政部联合认证的双语教学示范课程项目，之后很多高校纷纷效仿，分别开设了全英文以及部分英文的中级财务会计课程。但是中级财务会计课程有内容多、难度大、涵盖广的特点，很多同学学习中文的中级财务会计课程都感觉很吃力，如果要求他们接受英文的中级财务会计课程，无异于强人所难。有些同学甚至由于完全听不懂课，自学又无从下手，在开课之初或上课过程中就早早放弃。教学的本质是为学生服务，让学生听懂是最基础的要求，如果这一点都达不到，一门包装精美的课程是没有价值的。

（三）课程开设缺乏体系

在选择何种课程作为双语课程的问题上，由于缺乏相关的指导标准，各高校也是各自为政，随意性较大：有基于课程优势的，即把已有的精品课程重新包装，改用原版教材、英文 PPT、英文题库和案例库，把所有的资源从中文变成英文；也有以教师资源为出发点的，即筛选出几名英语较好的教师，把他们主讲的课程重新包装，转变为双语课程。这样产生的双语课程，形式大于实质，教学效果自然不理想①。

（四）双语教学中英文使用比例的困惑

所谓"双语教学中的英文使用比例"不局限于教师在课堂上使用英文的情况，而是包含了大纲、教材、教案、PPT 以及所有教辅材料的英文占比。现行的财会双语课程使用英文的比例各异：有的从教材的使用到教学都使用英语，即全英语式；有的使用英语教材，以中文和英语双语交替进行教学，即混合式；还有一种方式介于二者之间，使用英语教材，但以中文进行教学，是英文使用比例最低的方式，因此被称为维持母语型。

有不少从事双语教学的一线教师有这样的困惑：使用全英文或者较高比例英文进行教学，学生容易听不懂，从而造成学生学习效率不高、学习效果不佳；但如果使用较低比例的英文，如英文教材、中文教学的维持母语型教学方式，又使得双语教学不伦不类。

三、设置财会双语课程的思考与探索

基于十年的一线教学和双语教学经验，笔者对财会类的双语课程有以下思考：

（一）基础财会课程不宜开设双语课

对于会计和财务管理专业而言，最基础的两门课程就是会计学原理和初级财务管

①　刘耘. 财会专业双语教学模式的实践与改革［M］//周定文，谢明元. 教育教学一体化改革的研究与实践. 成都：电子科技大学出版社，2012：92-97.

理。在我院，这两门课程通常针对财会专业二年级的学生。一年级学生以大学英语、马列主义和毛泽东思想等公共课程的学习为主，他们接触到的和本专业最相关的课程只有一门管理学原理。因此，他们在上会计学原理和初级财务管理之前，专业知识几乎为零。此外，基础课程的主旨在于帮助学生了解基本概念，掌握财会方面的一些基础技能，培养财会方面的相关职业感觉，即"打基础的课程"。既然是打基础，学懂是最重要的，关系到学生后续中高级财会课程的学习。在这种情况下，如果盲目推行基础课程双语化，容易导致学生基础知识掌握不牢固，甚至会影响学生专业知识体系的整体架构。

（二）双语课程的开设应基于适当的调研结果

财会课程双语化的内在动因是整个会计和财务制度及标准的全球化和国际化，所以必须肯定财会双语课程存在的必要性。但是什么样的双语课程是真正有用的呢？这需要由市场和直接受众决定。调研是目前较为有效的手段之一。通过对市场需求者的调研，我们可以了解用人单位的真实需求；通过对双语课程的直接受众者，即学生的调查，我们可以了解他们的意愿、真实想法及其认知学术语言的水平（cognitive academic language proficiency）。根据调研结果来选择开设哪些双语课程，比盲目跟风更有针对性。

（三）双语课程的开设应该遵循一定的体系

一套完整的双语课程体系应该是逐级渗透的。在第一个阶段，由于学生财会知识储备不足，最开始不适合将语言与专业结合。基础的专业课程应使用汉语教学，包括教材、教辅材料等都使用中文版的。与此同时，教师应对学生进行专业英语的培训，使其掌握财会专业英语术语，了解财会专业的基本常识。在第二阶段，通过第一阶段课程的学习，学生已掌握了一定的专业知识和专业英语词汇。这时可以使用中英混合的教学模式。在最后阶段的双语课程中，教师不仅可以适当提升英文比例（甚至可以根据学生的水平采用全英文教学），还应当注重引导学生运用英文资料进行专业方面的听、说、读、写训练，从而锻炼学生理论与实践结合的能力，帮助他们了解中西方财会实务操作的差异。

（四）应基于学生的情况确定双语课程中英文使用的比例

教师的授课对象是学生，授课的目的是为学生传道授业解惑。所以一门课程是否有用，教师的教学是否成功，都应该基于学生的情况来判断。有的学校认为重点大学就应该采用100%的英文教学；一本大学的双语课程应该至少使用50%以上的英文；二本及其他大学可以使用10%至20%的英文比例。多年的双语教学实践彻底否定了这种"一刀切"的划分方式。因为，即使是重点大学也有英语不及格的学生，而即使是最差的学校也会有英文很好的学生，怎么能根据大学的级别一概而论呢？

最科学的分类应当由授课教师或教学团队根据开课前的调查数据、一些小测试及教师的经验做出判断和选择。此外，在一门双语课的教授过程中，英文使用的比例不应该是固定不变的，应该根据学生的情况随时调整。比如开课之初的英文比例可能较低，随着课程的推进，学生渐渐熟悉了英文授课方式，这时可以适当提高英文使用的比例。

一门成功的财会双语课程，不仅可以帮助学生获得财会专业知识，了解并掌握中西方财务实务的异同，还能锻炼学生的实务操作能力和专业英语的能力。要实现这些不是易事，除了要足够清楚学生的情况，从而有的放矢地选择合适的课程进行双语教学之外；还应该保证学生在有规划、有递进的课程体系中逐步深入地学习。同时，教师也应该灵活应变，适时调整自己的教学方式，使双语课程真正有用起来。

参考文献

[1] 清华5门课程入选2007年度双语教学示范课程建设项目 [EB/OL]. [2017-08-16]. http://alumni.sem.tsinghua.edu.cn/xyxw1cn/TZ_24378.html.

[2] 刘耘. 财会专业双语教学模式的实践与改革 [M] //周定文，谢明元. 教育教学一体化改革的研究与实践. 成都：电子科技大学出版社，2012：92-97.

[3] 萧新梅. 会计专业双语教学的SWOT分析 [J]. 科技经济市场，2010 (4)：22.

[4] 侯荣新. 会计双语人才及双语教学的相关因素分析 [J]. 中小企业管理与科技（上旬刊），2008 (11)：164.

[5] 杨美丽，庄庆法. 关于会计专业开展双语教学的思考 [J]. 会计之友，2006 (27)：64.

财务管理专业证券投资学
课程教学的探讨

陈　祚[①]

摘要：证券投资学是财务管理等专业的一门专业核心基础课程，也是一门理论性和实践性紧密结合的课程。经过多年的理论体系建设和教学实践活动总结，无论在该课程的内容设计方面还是教学方法方式等方面均取得了诸多进步。但是，在具体的教学手段和方式、案例展现形式等诸多方面仍有值得探讨和改进的地方。本文主要根据本人多年的财务管理专业的证券投资学课程的日常教学感悟，从财务管理专业的特点出发，对证券投资学这门课程在具体教学中存在的问题进行了分析，并提出了一些教学建议，使该课程的教学方法方式不断完善，教学效果不断改进，以培养出完全符合专业人才培养目标的社会可用之才。

关键词：证券投资学；教学改革；财务管理专业

一、引言

改革开放以来，随着我国社会主义市场经济体制的确立，资本市场在经济中的地位越来越重要。伴随 1990 年我国沪深交易所的先后成立，中国股票交易正式进入交易所交易阶段。与之相应地，证券投资学这门课程迅速地进入中国各大高校的金融及财经管理类专业，经过近三十年的发展，为祖国培养了大批的证券相关的专业人才，同时也存在不少亟需改进的方面。该课程内容主要包括证券投资工具、证券市场、证券投资收益与风险、证券投资理论、证券投资的基本面分析法和技术分析法以及证券监管。由于本课程在不同专业培养方案的定位和内容侧重不同，如何在有限的课时内把证券投资学庞大的内容体系，以简单、直观、清楚的方式呈现给学生，显得尤其重要；如何通过合理有效的教学手段和方法方式引导学生对本课程产生浓厚的学习兴趣，进而更好地完成专业教学目标，显得非常迫切。因而，对证券投资学这门课程的教学形式及方法方式进行探讨仍然非常有必要。

---

① 陈祚（1973—），男，成都信息工程大学讲师。研究方向：投融资、资本运营。

二、证券投资学课程的特点

证券投资学是国家教育部规定的高等院校财经类专业的专业核心课程，是研究市场经济条件下证券市场运行机制和投资主体行为规律的一门综合性的应用学科。该门课程不仅要求学生掌握有关证券投资的基本理论知识，而且还要求学生懂得一定的实务操作，从而可以培养学生有关证券投资的基本素养和基础的操作技能。证券投资学课程具有以下三个特点：

（一）理论性强

任何证券投资行为都是在科学严密的理论体系指导下进行的实践活动。从理财的环节来说，投资是核心环节。融资是投资活动的前期准备工作，营运管理是投资活动的延续，回收分配是投资活动的结尾活动。它们都是围绕投资这个核心有条不紊地展开的。不管是融资、投资、营运管理还是回收分配都有严密的理论支撑，单就证券投资学这门课程来说，列入课程学习的相关理论就有证券投资组合理论、资本资产定价模型、效率市场理论、套利定价理论、期权定价理论、行为金融资产定价理论等。此外，其技术方面的理论还有价量时空理论、道氏理论、K线理论、压力支撑理论、形态理论、波浪理论等。人类的众多行为都必须在理论的理性指导下进行，证券投资行为也不例外，所以，在教学的时候，教师要把理论给学生讲解清楚、透彻。

（二）创新性强

随着人类的经济活动的发展，证券投资工具在不断创新，由单纯的债券和股票发展到现在的债券、股票、证券投资基金、金融衍生工具和其他另类投资；证券投资的理论也从传统投资理论发展到现代投资理论、行为金融理论；证券投资交易方式也从最初完全人工到现在的电子化交易。与之相对应，证券投资学课程的教学也必须与时俱进。教师要充分利用现有的最新技术和工具进行教学，提高教学效果。不管在教学内容还是教学方法方式上都要及时跟进时代的步伐。

（三）实践性强

证券投资的根本目的是获得价值增值，也就是获利。所有的证券投资的相关理论都来源于证券投资实践。这些理论最终必须去指导证券投资的具体活动。这要求教师在讲解证券投资相关理论的时候必须从实际出发。因而，为本课程配置一定的实践环节是非常必要的。

三、当前证券投资学教学中存在的问题

尽管证券投资学这门课已经开设了二十多年，经过诸多专家和一线教师的努力，取得了不错的教学成效，为我国培养了大批投融资方面的可用之才，为国家的经济建设做出了巨大的贡献，但我们仍然需要时刻反思教学中的一些不足，并努力加以克服，以培养出更优秀的专业的理财人才。目前，该课程教学中主要存在以下问题：

（一）没有讲清楚该课程与财务管理专业其他课程的关系

在多年的财务管理专业的证券投资学课程教学实践中，我发现很多学生对本专业和本课程的定位不清楚，认识严重不足。由于本校会计和财务管理两个专业很多课程设置相同，而且两个专业都同属一个学院，造成不少财务管理专业的学生把自己的专业当作

会计专业，并不清楚两个专业的异同之处。其结果就是学生对专业的认同感不强，学习没有方向，培养不起兴趣，从而忽视了证券投资学这门专业核心基础课的学习。事实上，证券投资学是理财专业的核心主干课程，从理财的角度来说，专业内的其他课程基本是围绕这门课来设计安排的。

（二）师资短缺

从我校财务管理专业开设证券投资学课程以来，由于方方面面的原因，最初只有我一人从事本课程的教学工作，后来逐步开设实践课程后还是只有我一人承担本课程的教学，2003 年才增加到两位老师。近年来，一直由我们两位老师从事学校这门课的理论和实践的教学工作。理论课可以上合班大课，我们还能勉强应付得过来，而实践课不能上大课，虽然实践课的课时少于理论课的课时，但是大多数时候，我们仍然忙不过来。最近两年，财务管理专业扩招幅度加大，班级增多，需要更多的教师加入这门课程的教学及科研工作。

（三）对移动互联网时代的大学教学形式创新不足

"移动化"是全球互联网发展的大趋势。作为国内规模最大、发展最快、创新最活跃的领域之一，中国移动互联网这些年在推动国民经济发展、促进社会进步、引领创新方面发挥了巨大作用，同时，也驱动着全球互联网和新兴技术的创新与变革，为中国成为世界网络强国奠定了坚实基础。作为教育战线第一线的教师，当我们走进教室就看见学生玩手机，甚至上课的时候也是如此时，我们是否考虑过利用移动互联网拓展我们的课堂呢？尽管随着技术和教学手段的改进，教师经历了从以黑板为主要教学内容展示平台到以 PPT 为主要教学内容展示平台的过程，但是，课堂的内涵还是局限于讲台，教学形式和手段仍然没有实质性的飞跃，与当前移动互联网时代有脱节。这必然影响到教学的整体效果。

四、证券投资学课程教学改革的思路

（一）明确该课程在专业建设中的定位，厘清它与专业内其他课程之间的关系

财务管理是企业管理的一个组成部分。它是根据财经法规制度，按照财务管理的原则，组织企业财务活动、处理财务关系的一项经济管理工作。财务管理的核心环节是投资活动。财务管理专业是为了培养适应现代市场经济需要，具有扎实的现代财务管理理论和方法知识，掌握现代资金市场运作知识和财务分析技术，能够胜任各类工商企业、证券和金融机构的财务分析、决策、规划与控制工作以及资本运营的组织工作的管理型、应用型中高级财务管理人才。为了实现财务管理专业的培养目标，整个财务管理专业课程设计安排也是围绕投资进行的。教师在上证券投资学这门课的时候有必要厘清该课程与专业内其他课程的关系，树立学生对专业培养目标的正确认识，厘清专业培养目标和本课程之间的关系。比如：教师在讲授宏观因素分析和产业分析等章节时，须阐明这部分内容需要学生具备财政与金融、西方经济学和统计学等课程的知识；在讲授公司分析这章时，需要告诉学生这部分涉及管理学、经济法、市场营销学、会计学、成本管理会计和财务分析等课程的内容。厘清证券投资学课程与专业内其他课程之间的关系，有利于加强学生对专业及其本课程的认同感，激发学生的学习积极性。

（二）增强实践教学环节的力度

传统的授课形式虽然便于基础知识的系统传授和学习，但是往往容易导致学生学不深、学不透、不能学以致用等问题的出现。有些同学甚至在学习完课程以后，头脑中仅有几个名词，不能系统地掌握知识，在分析问题和解决问题时更是找不到头绪。证券投资学是一门实践性非常强的课程，不仅要求学生掌握有关证券投资的基本理论知识，还要求学生能够运用所学理论较为熟练地掌握股票交易的一些基本技能，能分析证券市场行情的基本走势。这就要求教师所有的教学都必须落到具体的实践操作上。这对于我校这种以培养实践应用型人才为办学目标的学校来说尤为重要。

首先，课堂理论讲授部分应增加案例教学。一方面，教师在授课过程中利用多媒体课件形式尽量多向学生展示相关案例，力求对相关理论诠释得更加清晰。另一方面，教师可以直接用证券交易软件给学生呈现最新的案例。事实证明，直接用证券交易软件呈现案例往往更有说服力，能更生动直接地把学生带入案例中，增加学生的学习兴趣，增强学习效果。当然，这对教师的要求比较高，要求教师必须对证券市场的交易情况非常清楚。如果教师自己不经常进行证券真实交易，就很难做到这一点。

其次，本课程应该安排一部分实践课时。从我校的经验来看，最初开设这个课程的时候，只是安排了理论部分的课时，没有设置实践教学环节。2005年以后，从财务管理专业开始，我校增设了证券投资学实践教学环节，课时也从最初的6课时到16课时再到24~32学时，其间根据各个专业的总体教学计划以及各专业的特点多次调整。实践环节的具体形式也从单纯写证券投资分析报告发展到后来的实验室电脑模拟交易。现实来看，我校还存在实验教学设备比较落后、电脑硬件和网络软件跟不上教学的要求等问题。另外，证券模拟实训课程最好是以小班的形式进行，教师数量也需要增加。

最后，需要加强社会实践环节。我们培养的人才最终都要走上工作岗位，仿真实验室毕竟只是实验室，学生仍然需要熟悉真实证券交易的环节和具体情况。所以，每学期有必要安排学生到证券公司去实地参观学习一到两次，让学生对真实的证券交易的具体环节和操作有直观的认识。

（三）基于移动互联网时代的教学课堂拓展

任何一种教学方法都必须与时俱进。随着生产力和科学技术的发展，先进的科学技术被引入教学领域，尤其是以计算机为核心的多媒体技术，更是为教学方法的改进提供了重要条件。在教学活动中，教师应充分引导学生善用多媒体技术，利用网络的信息优势，培养学生主动获取知识的能力以及创造性思维，为学生的学习和发展提供丰富的资源和有力的学习工具。证券投资学课程的教学非常重视网络信息的运用。一方面，许多教师在授课过程中都使用了多媒体课件，把教学内容合理有序地通过直观、生动的形式展现在学生眼前，使学生对基本知识有一个形象的认识。另一方面，教师还需要激发学生的主动性，使其能积极主动地利用移动互联网技术进行学习。比如，近两年来，随着移动互联网技术的迅速进步，微信成了大家信息获取和交流的重要工具，几乎成了青少年的生活必需软件。大部分传统财经网站成立了自己的微信公众号，同时也出现了大量高质量的财经及投资方面的专业个人公众号。任何人都可以通过这种新兴的媒体获取最新的知识和技能，以及最新的政经专业信息。从证券投资学的教学实践来看，我们可以与时俱进地改变传统的课后作业形式，如强制要求或者建议学生每天读一些教师指定的微信公众号的文章，也可以在上课时抽查学生对相关文章的阅读情况，甚至请学生课堂解读相关微信公众号的财经信息。通过这些措施，教师可以把最新的科技技术引入教学中，以科学合理地激发学生的学习兴趣和积极性。

参考文献

［1］于丽红，兰庆高. 证券投资学课程研究性学习教学理论与实践［J］. 沈阳农业大学学报（社会科学版），2012（5）：341.

证券投资学课程教学改革探析

乔培峰[①]

摘要： 证券投资学是一门实践性非常强的学科，学生在学好理论的同时还要学会实践。本文就证券投资学课程中，教师如何提高教学效果进行了研究。本文提出了证券投资学教学改革思路：教师应鼓励学生从阅读经典著作开始，树立正确的投资理念；教师在教学的过程中，必须通过案例对学生进行启发式教学，以进一步帮助学生掌握相关内容；恰当地延伸、补充知识背景；充分利用网络与多媒体进行教学；利用模拟炒股实现理论与实践相结合。

关键词： 证券投资学；教学改革；案例教学；模拟炒股

一、引言

随着我国经济和证券市场的不断发展，证券投资学这门课程已经成为许多高校学生的一门必修课程或选修课程。该课程要求学生掌握基本证券投资工具的特性及交易原理；学会证券分析的基本方法——基本分析法和技术分析法，以及证券市场的构成和监管、西方证券投资的基本理论等内容，比如投资组合理论、资产定价理论。证券投资学这门课程的一个重要的特点就是实践性非常强。在教师讲课的过程中，如何把证券市场的实践与课堂结合起来，以提高学生学习的积极性、让学生养成随时关注证券市场及经济发展中重大事件的习惯是一个非常重要的问题。这就需要在传统的课程教学的基础上进行必要的改革。关于证券投资学教学改革，许多专家学者已经做了自己的一些研究，就传统教学模式存在的问题提出了相应的改革措施。如刘伟（2015）提出了实践教学的教学模式，重点阐述了如何将网络的模拟炒股引入教学中，提高学生的理论认知。胡刘芬、杨棉之（2016）论证了启发式教学的必要性和可行性，并从如何设置问题、如何引入案例、如何进行课堂讨论等几个方面来实践启发式教学。

专家学者的研究推动了证券投资学课程理论联系实际的教学进程。根据笔者的教学经验，要提高学生的学习兴趣，培养学生对证券市场的认知素养和分析问题解决问题的能力，需要从多方面着手，对传统的课程教学进行必要的改革和补充，建立或选择适宜

---

① 乔培峰（1973—），女，成都信息工程大学讲师。研究方向：企业投融资管理。

的教学模式。

二、证券投资学课程教学中存在的问题

（一）教学方法单一

在证券投资学教学的过程中，多数教师仍然以教师讲授为主、学生完成作业为辅。学生们长期养成的习惯是被动地去听，主动参与课堂互动的情况比较少。教师由于课时关系或者教室硬件配备的不完善，不能实现教学方式的多样化。

（二）学生对课外知识和市场关注少

学生对课堂和书本的内容关注多，而对课外的经典著作、国际国内重大的新闻动态以及市场的行情关注不够。其原因或者是学生对证券投资的深度研究缺乏兴趣，从而对经典著作的阅读少、对市场中发生的重大事件或新闻缺乏关注；或者是学生用现有的知识体系还无法对证券市场中发生的事件进行有效的分析。这些导致学生对影响证券市场的因素反应不敏锐，也没有养成随时关注证券市场动态的习惯。

（三）实训的硬件不完善，实训的内容不及时

证券投资学的课程性质决定了必须进行模拟实训。在实训的过程中，学生可在开盘期间随时看盘并做出分析判断。但是由于实训的硬件配备不完善，或者学生时间不够，很多时候学生并不能完全在开盘期间进行实训。另外，实验室数量不足也会导致实训的内容不及时，教师不能随着教学进程随时在实验室进行行情软件的教学。

（四）不易找到适合的参考资料

虽然在市场上我们可以找到很多与证券投资学相关的参考或教学资料，但是要找到有价值的、可以教学用的不容易。比如，课本上大多只讲了基本分析法的思路与方法，但是所涉及的案例较少或过于陈旧。这不利于提高教师的教学水平和学生的学习兴趣。

三、证券投资学教学改革思路

（一）鼓励学生从阅读经典开始，多听多看

教师在证券投资学课程的教学过程中，应鼓励学生从学习投资学的经典著作开始，如本杰明·格雷厄姆的《证券分析》和《聪明的投资者》、彼得·林奇的《彼得·林奇的成功投资》、巴菲特的《巴菲特致股东的信》、霍华德·马克斯的《投资最重要的事》等。通过阅读经典著作，学生可以学习并逐渐树立正确的投资理念。另外，教师应要求学生在学习的过程中，关注全球范围内的重大政治、经济动态，如美国的利率变动、美国对我国贸易政策的变动、国内重大政治会议的召开以及重要议题的提出、货币政策和财政政策的变化、行业动态的变化等。其目的是让学生养成了解影响证券市场上市公司基本面变化的因素以及可能产生的影响并进行分析判断的习惯。

（二）教学章节中必须辅以合适的案例

教师在课程教学的过程中，必须结合实践给学生介绍合适的案例，以帮助学生加深理解，促使学生思考总结。如教师在讲解股票基本知识时，就可以补充股票交易的基本计算案例。例如：假定某个投资者在深交所以每股 10 元的价格买入 A 股票 10 000 股，要求计算该投资者最低以什么价格全部卖出该股票才能保本。案例中可以变换佣金和印花税的收取方式，或者单向收取，或者双向收取。这样学生可以熟悉在投资股票中可能

面临的各种费用和盈亏计算的方式。又如教师在讲解货币政策对证券市场的影响时，可以结合 2017 年 9 月 30 日中国人民银行提出定向降准的货币政策的背景，让学生讨论定向降准可能产生的影响。此外，教师在讲期货的功能时，可结合案例探讨期货套期保值的基本原理，让学生在计算的过程中，明白买入套期保值和卖出套期保值的不同。

（三）恰当地延伸、补充知识背景

在课本中，有的背景知识并没有交代。学生一般对我国证券市场的历史发展脉络以及重大事件缺乏了解，所以教师有必要在讲解的过程中，对重大事件和改革进程做一个讲解。如教师在讲到股票分类中的国家股、法人股和社会公众股的时候，有必要讲解我国证券市场中的重大改革，即股权分置改革的相关知识。它包括国家股、法人股和社会公众股形成的原因，非流通股和流通股长期股权分置存在的问题以及改革的进程和现状。如果不讲解这部分内容，很多学生并不清楚目前我们的证券市场已经进入全流通时代。又如教师在讲国债期货部分的时候，可以带着学生回顾我国国债期货发展历史上著名的"327"事件。教师通过对这一事件的梳理，让学生明白金融期货在我国的发展历史、金融期货的风险性，以加深学生对金融期货交易原理的理解。教师还应及时补充我国五年期和十年期国债期货重启的现状知识。

（四）充分利用网络与多媒体

目前，我们处在一个网络时代，各种优秀的视频可以为教学提供很大的便利。视频教学内容丰富生动，可以提高学生的观看兴趣，让学生在看和听的过程中掌握相关的内容。如教师在讲我国证券市场的发展历史的时候，可以让学生观看纪录片《财富与梦想》。该纪录片讲述了我国沪深证券交易所成立的背景、过程。又如纪录片《华尔街》记录了美国华尔街上发生过的重要历史事件。

教师在讲技术分析部分的时候，可以充分利用网络上的实时动态，分析不同价量时空、形态和各种线的画法。教师应结合平时上课的内容或者当下证券市场的热点要闻，布置相关的小作业，让学生以 PPT 的形式在课上讲解他们对事件的认识。

（五）利用模拟炒股实现理论与实践相结合

教师在讲授证券投资学课程的过程中，必须让学生在网络上进行模拟炒股。一般情况下，一个班组建一个大赛小组，投资额为每人 100 万元。教师应让学生每天在开盘期间进行看盘操作并撰写操作日志，期末根据排名打分。模拟炒股使学生实实在在体会到炒股的风险性和收益性，把理论课上学习到的知识运用到实践中，让学生学会看盘面、学会分析判断。

四、小结

本文对证券投资学教学中存在的问题进行了探讨，并提出了教学改革思路：教师应通过案例教学、启发式教学等提高学生的学习主动性和学习兴趣；通过引导学生阅读经典著作，帮助其形成证券的投资理念；促使学生从学习证券投资学开始养成关注重大经济、政治和行业动态的习惯；通过模拟炒股的方式实现理论与实践的结合，让学生在模拟操作的过程中学会看盘面、学会分析判断。如此多样化的教学方法可以帮助教师获得良好的教学效果。

参考文献

[1] 胡刘芬，杨棉之. 启发式教学在证券投资学课程中的应用 [J]. 当代教育理论与实践，2016（4）：84-86.

[2] 钱露. 证券投资学课程教学改革探析 [J]. 经济研究导刊，2012（5）：251-252.

[3] 吴应宁. "证券投资学" 理论与视频教学结合模式探讨 [J]. 通化师范学院学报（自然科学版），2016（4）：80-82.

[4] 贾荣言. 基于多媒体技术的证券投资学实验教学改革研究 [J]. 教育研究，2016（11）：135-136.

[5] 郑秀田. "财经周评模式" 在证券投资学课程教学中的应用 [J]. 金融教育研究，2013（10）：83-85.

会计类课程的教学改革研究

徐元玲[①]

摘要：会计学专业是理论与实际操作紧密结合的重要专业，因而在教学中必须突出实践教学环节。大多数会计类课程仍然采用的是传统的培养模式和教学方法，不利于学生的实践能力的提高。针对会计学原理、中级财务会计、高级财务会计等会计类课程教学中存在的问题，本文提出了改革建议：对课堂教学内容进行重构和调整，开发理论与实践为一体的教材，采用灵活多样的教学方法，积极探索符合会计类课程特点的考核方式。

关键词：会计类课程；情景教学法；实践教学

《中国财经报》财会世界网络版以"实话实说：会计教育"为题，报道了宁波大学以全国 14 所高校会计学专业学生为对象所进行的高校会计教学现状及改革方向调查，得出了十个结论：其中第七个是传统的教师主讲授课模式受到挑战，学生要求教学方式多样化；第八个是教法呆板成为当前教学中的主要问题；第九个是呼吁加强师生实务操作能力；第十个是要求运用现代化教学手段。当前会计学专业的会计类课程在教学理念、模式、方式、手段等各方面都有待改进。为使大学教育与企业的人才需求相匹配，使专业理论与实践更好地衔接，我们应将理论教学与实践教学紧密结合，从而提高学生的实践能力。会计类课程有必要根据会计学专业的培养目标来重新整合教学资源，从教学内容、教学方式、教学手段等各个方面来实施改革。

一、会计类课程教学中存在的问题

（一）偏重理论教学，实践教学流于形式

迫于考证的压力，教师在教学时会围绕考试等目标制订教学方案。由于教师的实际操作经验有限，教学内容偏重于理论。同时，许多教师习惯于按教材的内容组织教学，偏重于基本理论和核算细节。学生每节课都忙于学习单调、枯燥的理论及会计分录，不能体会到学习的乐趣，学习的积极性不高。在这种教学模式下，学生不能完全理解和消化理论知识，遇到实际问题的时候就很难结合理论提出解决问题的办法，缺乏足够的职

[①] 徐元玲（1974—），女，成都信息工程大学副教授。研究方向：税收筹划、审计。

业判断能力和实际工作能力，很难适应日益发展的会计职业要求。现代企业招聘会计人才，都希望应聘者有相关实践经验，从而可以迅速适应工作。然而，目前多数高校内的实验课程流于形式，并没有起到理论联系实际的作用。中级财务会计、高级财务会计中的实务涉及面广，且涉及的公司类型较多，学校与其他单位共同组建实践教学基地的难度较大，因而很少有高校实施。

（二）教学方式比较单一、呆板

从教学方式来看，教师仍旧采用单方面讲解、写板书或者 PPT 演示的方式，而学生仅靠听课、记笔记被动接受知识。虽然多媒体教学、网络教学比较普及，但情景式教学、互动式教学等教学手段尚未得到普遍应用，不能充分发挥让学生动脑、动口、动手的作用，教学效果也未显著提高。填鸭式的教学方法注重向学生传授知识，但忽视了知识的应用，更不能提高学生的判断和决策能力。这使教师和学生都产生疲惫的感觉，学生对所学知识缺乏应用的能力。互动性的教学模式则能够同时提高教师教学和学生学习的积极性，激发学生的学习热情和学习主动性，较大地提高教学效率和效果，使学生充分且快速地吸收和运用理论知识。

（三）成绩考核方式存在缺陷

目前的会计教育仍然是以应试教育为主，学生为考而学，教师为考而教。成绩考核主要是以期末闭卷考试成绩为主，基本特点是"重理论、轻实务""重期末、轻平时""重记忆、轻理解"。王奇杰（2010）指出，很多高校主要根据试卷的卷面成绩对学生进行评价，由于高校教师于课程结束后会为学生整理考试大纲，大部分学生可以通过临时突击的方式在考试中取得优异的成绩。这种传统考核方式存在很大的缺陷。虽然期末闭卷考试考得比较全面，但是传统的考试题型存在一定的局限性，试卷中无法反映出那些实践性、能动性强的内容。因此，学生只要在临考时突击一下，考试成绩一般比较理想。这种形式的考试只是对学生会计基础理论知识掌握程度的评价，忽视了对学生实践能力的评价，不利于提高学生解决问题和处理问题的能力。谭春兰（2013）还提出目前课程考核中的平时成绩占 30%~40%，主要以出勤与作业构成，然而学生平时上课主要以出勤率为目的，听课效果不尽如人意。这种考核方式下的教学模式，使得学生将重心置于考试上，而忽略了对专业知识的钻研。

二、会计类课程教学改革的建议

（一）对教学内容进行重构和调整

以中级财务会计课程为例。为了更好地做到理论与实践紧密结合，我们可以考虑按照会计岗位的需求来讲授中级财务会计课程，如出纳业务、工资核算业务、固定资产业务、存货核算业务、经营成果核算业务、往来核算业务、总账会计业务、综合处理业务等；也可以对相近的课程进行整合，如把税法、税务会计、纳税申报、纳税筹划等课程进行整合，让学生学会各个税种的核算后，直接进行会计处理和纳税申报的学习。这样可以使学生学习的内容具有连续性，并将学习内容与企业实际业务结合起来。按岗位需求讲授业务内容，不仅有利于教师采用"教学做一体化"教学方式，真正做到理论与实践结合教学；也确保学生学习具有针对性，使学生可以熟悉未来工作岗位的具体业务内容，缩短了学生与实际工作岗位的距离，有利于实现应用型人才的培养目标。

在会计类课程改革过程中，会计学原理课程是最难改的。教师多按照"基本概念、科目账户、复式记账法、账户分类、制造业和商品流通企业经营过程、会计凭证、会计账簿、财务报表的编制、财产清查、会计工作组织"的顺序进行授课。但教师也可以在授课时，先让学生了解会计报表，即让学生提前知道会计工作的结果是什么，为什么做这些工作。这样会使学生的学习目标更明确，也便于后面教学任务的开展。所以调整以后的授课内容的先后顺序应为"基本概念、财务报表的认知、复式记账法、科目账户、会计凭证、会计账簿、制造业的经营过程、财务报表的编制、财产清查、会计工作组织"。

（二）开发理论与实践为一体的教材

针对现有教材普遍存在的与实践结合不够紧密这个问题，我们应以教学大纲为依据，参考行业技能鉴定标准，编写具有科学性和实用性的会计类一体化教材。目前，大部分学校经常是理论讲一学期，实践讲一学期。到实践课程时，学生的理论知识已经忘了很多，所以我们应该开发理论与实践为一体的教材。教师讲授时，将理论与实践相结合，既有利于学生理解和接受，也利于提高学生学习积极性和动手能力。对于业务内容，教材中不仅要有文字描述，还应增加相关的原始凭证，让学生在刚刚接触企业各种业务的时候，就形成对凭证的条件反射，通过凭证就能快速地判断交易事项的内容并正确地进行相应的会计处理。

（三）采用灵活多样的教学方法

在教学中，教师可灵活运用案例教学法、讨论教学法、情景教学法等方法，以充分调动学生的积极性，提高学生对课程的参与度。

财务会计课程是一门集理论性、业务性和操作性于一体的课程，尤其注重实际操作性。学生在实际运用中，不能只对会计准则和会计制度现搬现用。在教学中，教师应以就业为导向，充分培养学生的动手能力，因此教师的教学活动要始终围绕提高学生自主学习能力和业务能力而进行。虽然一些学生在学校能较好学习和掌握会计的理论和方法，但是对于如何用会计理论来指导实际工作、如何来处理实际工作中面临的各种各样复杂问题，往往会束手无策。为了提高学生的实际工作能力，教师需要根据课程的特点采用案例教学法、讨论教学法来进行会计教学，帮助学生理解和吸收会计理论知识，培养学生综合处理问题的能力。案例教学法与讨论教学法能够激发学生的学习兴趣、充分调动学生学习的积极性、加深学生学习的印象和效果，也能培养学生独立思考、分析问题、解决问题的能力。在会计的案例教学和讨论教学中，授课教师要注意引导学生积极参与其中，比如可以事先设计案例，先由各小组或全班进行讨论，讨论时间可以是几分钟，也可以是整节课。在学生讨论时，教师不要表露出任何观点和偏好，但在学生结束讨论后教师的总结十分重要。教师需要概括各种意见并对各种想法进行梳理。教师也可以安排学生自己查找公司或企业的业务案例，并做出会计处理的方案。教师对学生做出的会计处理进行评价。这类可互动性的教学模式对教师的教学思维也提出了更高的要求，需要教师打破目前传统的教学方式。

在传统的会计学专业教学过程中，学生不是从会计的情景开始，而是从基本理论开始学习相关知识。学生最先接触较为抽象的核算方法、会计分录，然后要学习如何将记账方法应用到企业的筹资业务、生产业务、销售业务和财务成果的形成及分配业务的核算中。这样的学习过程完全靠教师讲授、学生想象。同时，会计类教材及教学中对业务内容都是以文字方式来描述，很少用到真实的原始凭证，故学生上岗时遇到的最大的困惑是对企业真实的凭证不熟悉，不能及时做出正确的专业判断。因此，为了提高教学效果，在会计学专业课程教学中，教师从一开始就应该让学生接触到企业生产经营的过程，然后接触各过程的原始凭证；或者教师先深入企业工作，再回到教学岗位，把企业现在的运行环境移植到课程中。教师还可以在理论教学的同时引入真实的案例，比如在讲授销售业务的核算时，应从真实的销售发票、出库单等入手，引导学生分析经济业务对会计要素的影响以及如何编制会计分录。这可以使学生对原始凭证形成非常直观的认识，毕业后便能很快适应岗位要求，独当一面。现在许多出版社出版了较多与会计模拟实验教程相关的书籍，教程的设计都比较接近实际。笔者建议教师在运用教程时，不要让学生独自进行，而是让学生组成固定的会计小组，进行角色分工，以小组为单位进行教程的操作。这可以真正使每一个小组成员都能够在协作中找到自己的角色，在协作学习过程中做出贡献。

（四）积极探索符合会计类课程特点的考核方式

教师在考核时应避免采用单一的、传统的闭卷笔答模式，积极摸索和尝试符合会计类课程特点的考核方式。教师应该调查社会对会计人才的需求状况，考察用人单位对会计人才的要求。这种调查是改革考试评价制度的前提。从最近几年的发展动向来看，将平时测试与期末考试相结合、突破传统考试题型、突出专业知识运用的考核都是行之有效的措施。谭春兰（2013）提出，采用过程性与多元化的课程考核方式，采取课堂考勤、课堂提问、课堂作业、在线测试等方式进行学生平时成绩的考核，而在期末考核中，不只考会计分录的编制，还应增加案例分析等试题的分值及比重，以考核学生对专业知识综合应用的能力。

会计类课程的内容本身比较枯燥，因此教师更应设法改变教学方法呆板的现象，积极采取多元化的教学方式，比如讨论教学法、情景教学法、案例教学法等，同时重视实践教学，分阶段地适时锻炼学生的实际动手能力。只有从教学内容、教材建设、教学方法、考核方式等各个方面进行改革，才能不断缩小大学教育与企业人才需求的差距，培养出满足社会需要的高级应用型人才。

参考文献

[1] 仓萍萍，王奇杰. 高级财务会计教学方法改革与创新 [J]. 财会通讯，2014（8）：43-44.

[2] 王凤华. 信息化条件下会计学课程教学改革探析 [J]. 中国管理信息化，2009（10）：124-126.

[3] 徐博韬. 基于管理职能的会计学课程教学改革探究 [J]. 中国乡镇企业会计，2014（6）：194-196.

对纳税筹划课程教学改革的思考

徐元玲①

摘要：近年来，大部分会计、财务管理专业都开设了纳税筹划（或税收筹划）这门课程。目前，该课程在教学中存在不少问题，比如偏重理论教学、重教轻学、案例综合性不强等，教学质量有待提高。本文主要针对这些问题提出教学改革的若干建议。

关键词：纳税筹划；教学模式；实训教学

随着我国税收体制改革的推进以及市场化水平的不断提高，纳税筹划课程在高校经济管理类专业教学体系中的重要性日益凸显。这门课具有很强的实践性、操作性，然而许多院校将其作为纯理论课来讲授，不重视实践教学，教学效果并不理想，学生的参与度比较低，在培养学生自主解决问题的能力方面有所欠缺。要保证学生获得实际的纳税筹划职业能力，学校必须结合纳税筹划的岗位职责，采取适合学生能力培养的教学模式。

一、纳税筹划课程教学中存在的主要问题

（一）偏重理论教学

纳税筹划这门课程属于交叉学科，既涉及税收法规政策，又涉及公司会计核算和财务管理，在教学内容上体现出高度的综合性。该门课程也是一门实践性非常强的学科，而且纳税筹划方案的提出并不具有绝对性，时效性很强。这是由于企业本身所处的税收环境及自身情况发生变化会改变筹划方法，原有的方案可能完全失效，因此，在教学中绝不能简单采用"从理论到理论"的教学方法。但部分教师的教学理念还属于传统的教学理念，也不重视运用新的教学方法，社会实践经验较少，在教学中注重理论知识的传授，不重视实践教学，对学生实践技能的培养不够。这部分教师在纳税筹划课程的教学中，偏向于理论教学，在课堂上着重讲解纳税筹划的基本理论、基本原理。这种教学方法在培养学生们的综合运用能力、实践能力方面上，存在着明显不足。学生一毕业，就可能面临失业。

（二）教学中重教轻学，学生参与度低

传统教学方法的最大特点是以教师为中心。教师在选用教学方法的时候考虑最多的

---

① 徐元玲（1974—），女，成都信息工程大学副教授。研究方向：税收筹划、审计。

是"如何教好一节课"，操作模式表现为师生之间的单向交流，即教师在上面讲理论、讲案例，学生被动地接收信息，较少参与讨论，下课后也很少主动去收集资料。在这种教学模式下，仅靠教师在课堂讲授基本理论、基本方法，信息量很有限。再加上学生缺乏主动性，参与度低，慢慢就会对课堂失去兴趣。如果学生遇到难点，又没有听懂，就更不愿意继续下去。

（三）案例综合性不强，与实际脱节，可操作性较差

不论是理论教学还是实训教学，教师都需要进行案例分析。但目前教材中的案例大同小异，与企业实际情况相差甚远，综合性和可操作性不强。此外，教材中的纳税筹划方法及案例过于陈旧。最近几年，国家进行一系列的税改，比如企业所得税、个人所得税改革等，税收政策发生了翻天覆地的变化，原有的很多筹划方案不再适用。尤其是"营改增"后，急需开发新的案例来作为教学及实训的素材。目前，相关的理论研究及实际调研都没有跟上，最新的案例太少，教材上的内容和案例也没有及时的更新。

（四）缺乏高质量的实训教材和软件

会计、税法、财务管理这些传统课程都有现成的实训教材和软件，而纳税筹划由于时效性太强、开发及更新成本高、难度大等多方面的原因，很难找到相关的实训教材和软件，更谈不上高质量。完全靠老师自己去收集和编写案例来开展实训，也严重影响了实训教学的效果。

二、对纳税筹划课程教学改革的建议

（一）理论教学与实训教学结合

纳税筹划课程要求学生有比较深厚的税法知识和财会专业知识。若学生没有理论基础，筹划则无从谈起。学生们对这些理论知识可能掌握得不牢固，所以要对他们进行理论教学，让他们逐渐熟悉专业知识。由于学生在刚开始上这门课的时候，对纳税筹划知之甚少，因此教师需要先讲解一些理论的知识，让学生们了解什么是纳税筹划，如何做纳税筹划。此外，对于常见的纳税筹划手法，也需要教师先给学生做介绍，否则让学生去分析案例，并提出筹划方案是不现实的。因此，纳税筹划课程的教学方式应该是理论教学和实训教学相互结合。笔者建议两种不同的教学方式的课时安排为2：1。

（二）精心选择和开发高质量的仿真案例

在课程上分析纳税筹划的案例并不是越多越好，而是要少而精，因此教师要按照一定原则来选择、开发案例。①尽量开发仿真案例。传统的纳税筹划课程案例教学中采用的案例往往是对理论知识的验证，因此大多是虚拟的，知识感官性差，影响学生的学习热情。为了使学生能在"做中学"，培养学生岗位所需要的职业能力，恰当的案例开发成为一个最关键的问题。实践教学过程中所使用的案例必须以企业的实际业务为依据。教师通过对企业实际业务的提炼与加工整理，将企业的实际经济业务程序加工成适合教学和操作的具体工作任务。这种高仿真的案例教学资料贴近企业的真实情景，让学生有在真实职场的感觉，可以激发学生动手和学习的兴趣，提高学生学习的效果，也能让学生们通过学习，直接将所学知识应用到现实生活中去，具有较强的应用性。但是如果案例是教师杜撰的，有可能做出来的筹划方案与实际工作相差甚远。为设计出情景仿真的案例和具体的工作任务，教师可深入企业、国税局和地税局的工作实际，收集第一手真

实材料，通过整理，设计出纳税筹划操作案例，并根据案例设计与组织教学流程。②选择有代表性的案例。纳税筹划的案例较多，每一个案例的侧重点不同，而授课课时有限，不可能对每一个案例都进行分析讨论，因此教师需要选择一些有代表性的案例。比如：有的案例可以突出对某一个税种进行筹划的主要方法，有的案例可以通过一些巧妙的安排达到大幅减少税负。教师可以按照课时的多少、授课的侧重点来选择与之相匹配的案例。③应注意案例的时效性，及时更新。最近几年，税收法规每年都有修订调整，因此教师在选择案例的时候，必须注意它的时间节点，因为有的方案运用的可能是已经失效的税收法律条款。

（三）对课堂教学内容进行重构

在原有的教学模式下，大多教师按照税种来组织纳税筹划课程的教学内容，即分别介绍增值税、消费税、企业所得税、个人所得税、其他税种的具体筹划思路和方法。但实务中各个税种往往不是孤立存在的，企业生产经营活动导致纳税义务的产生，一笔业务不一定只涉及一个税种，往往牵涉几种税，且各税种之间可能存在联系。某个税的税负降低很可能导致其他税种的税负增加，单个税种的税负最低可能导致整体税负最高、利润最少。因此，在纳税筹划时我们需要综合考虑，避免顾此失彼。传统的课程内容设置不利于学生掌握一个工作岗位所需要的完整的知识和技能。为了更好地做到理论与实践一体化，我们可以考虑按照岗位核心职业能力的要求，根据纳税筹划工作流程，将教学内容重构为：①企业基本情况；②各税种的涉税情况分析；③纳税筹划方案设计；④纳税筹划方案的比较及选择；⑤涉税业务的会计处理。这样，学生每完成一项工作任务就可以强化该任务涉及的理论知识，掌握纳税筹划的实践技能，并能够在最短的时间内进行独立的操作，在筹划中进行综合考虑，做到整体税负最低、利润最大。

（四）改进教学方法，提高学生参与度

为了使学生不再是单纯的知识接受者，教师应以学生为中心，采用多种教学方法，设法调动学生的积极性。教师在教学中可采取分组讨论的方式。最好是每一个小组都围坐在一张桌子周围，并且小组的成员固定，这样就可以营造一个讨论的氛围。此外，在进行分组讨论之前，教师应该有所引导，比如在学生阅读某一段材料之前，要告诉他们一个讨论的主题，否则学生漫无目的地分析，并不能领悟讨论的重点在哪里。讨论结束后，教师也需要找一些学生来阐述本组的讨论结果，以此来了解学生们对案例的理解程度和对知识的应用水平。在学生阐述完自己的观点后，教师要对学生案例讨论的结果进行概括和点评，对学生讨论的不足之处进行补充讲解，指出他们思路中不完备的地方。教师还可以让学生写小论文、制作 PPT 以及让学生在课堂上自己讲授等多种方式，来引导他们课后自主阅读专业期刊文献，收集相关案例进行分析。这种方式比单纯的教师授课更能激发学生学习的积极性。

（五）建立多元化的课程考核方式，重视过程化考核

课程成绩考核是课程教学的最后环节。教师要建立多元化的课程考核方式，多方面、多角度地考核学生的专业知识水平和专业技能，不仅要考核学生的学习成果，而且要考核学生的管理、沟通和合作等能力。纳税筹划这门课更加关注学生能否积极参与案例分析和讨论，而这一点主要体现在学生平时在课堂上的表现，所以有必要建立一种注重学生平时课堂表现的考核方式。在平时的教学过程中，教师应结合纳税筹划各项职业

技能的要求，将仿真案例布置给学生，让学生以小组为单位进行课堂讨论、分析，撰写纳税筹划实验报告。实验报告的内容应包含学生的讨论目标、讨论的过程、讨论出的结论。教师通过批改实验报告，可以评价学生独立思考问题、分析问题、解决问题及书面表达等多方面能力。这样教师可以对学生的平时表现做一个综合评价。平时考核成绩不仅包括教师的评定，还包括小组长对小组成员的评定，如平时成绩＝教师评价（70%）+小组评价（30%）。这样做可以调动学生查阅资料和思考问题的积极性，增强其对纳税筹划技能的掌握和应用。

　　纳税筹划课程的教学改革是一个不断探索的过程。为满足社会对应用型人才的要求，我们应进一步改革纳税筹划课程的教学模式，将理论教学与实训教学紧密结合，重构教学内容，改进教学方法，建立多元化的课程考核方式。

参考文献

［1］ 张营周. 税收筹划案例教学方法研究［J］. 会计之友，2010（5）：121-123.

［2］ 石洁. 应用型本科院校税收筹划实训课程教学研究［J］. 今日财富，2015（27）：23-25.

关于会计实验教学改革的思考

李 虹①

摘要： 会计学是一门应用性很强的学科，因此会计教学必须理论联系实际，加强对学生实际动手能力的培养，提高会计实验教学质量。会计实验教学是会计教学的一个重要组成部分。目前，我国财经类院校大多建有会计模拟实验室。会计实验教学被许多院校重视，对实施大学素质教育，培养合格的会计实用人才发挥了较好的作用。但也有不少院校的会计实验教学或流于形式，或方法传统、形式单一，会计实验教学效果较差。因此，在推进会计教学改革中不能忽视对会计实验教学的改革，特别是在实验项目设计、实验模式创新、实验室建设以及实验教师业务能力等各个方面，都应该不断变革，以提高会计实验教学的质量和水平。

关键词： 会计；实验教学；教学改革；模拟实验室

当前，财经类院校都非常重视对学生动手能力和创新能力的培养，加大了对会计实验室建设的投入。我校同样如此，在会计教学中始终坚持应用型会计人才培养目标，提出了改进会计实验教学的多项措施，要求按照教育部有关标准规范完善实验室建设。会计仿真模拟实验室的建成极大缓解了我院大批量学生到企事业单位实习困难的问题，有助于提高会计实验教学质量。但是，会计实验教学中依然存在一些问题亟待改进和完善。

一、会计实验教学存在的问题分析

（一）高校教师业务水平和能力有待提高

当前，只有少部分高校的会计教师有过从事实际会计工作的经验。有的教师在实验中不能准确、清晰地讲授会计实际应用规程，进而影响了会计实验教学的效果。如在会计教材中，会计主体完成或发生的经济业务是用文字描述的，而实际工作中绝大多数经济业务是用各种单证、票据记载的。许多会计教师在讲课时注重向学生讲解不同的经济业务的账务处理，却很少甚至没有讲清楚记录和反映实际经济业务的各种单证、票据的内容、作用及传递程序。这势必影响会计实验教学的质量。在有些学校，从事会计实验

---

① 李虹（1964—），女，成都信息工程大学教授。研究方向：财务与会计。

教学的教师课时费较低，收入分配不合理，影响教师的教学积极性，导致许多教师不愿从事会计实验教学工作。还有一些学校根本不重视会计实验环节，对指导教师资格没有严格规定，在教师安排上随意性大。其实，不论是单项的还是综合的会计实验教学，都会涉及税务、经济政策、相关法规等方面的知识。有些实验教师对会计账务处理很熟悉，但对与会计工作相关的税务、政策、法规等较陌生。在这种教师的指导下，学生可能会比较好地掌握会计凭证的填制、会计账簿的登记、会计报表的编制，但却无法把会计知识与从事会计实际工作所要涉及的银行、税务、相关业务部门的知识和技能有机结合起来，解决实际问题的综合能力较差。

（二）实验教学方法和教学手段有待改进

尽管各高校都建有会计模拟实验室，但实际利用效果不尽如人意。第一，由于会计专业学生人数众多，同时开设实验的教学班次多，一个模拟实验室根本安排不过来，因此，有的班级就被安排在普通教室进行会计实验项目教学。此外，由于各项实验大多在教室进行，大量的实习用单据票证容易丢失，实验环节的管理难度较大。第二，实验教学的形式和方法单一。在传统的实验教学中，学生一般坐在课桌前学习实习资料。这种传统且单调的实习方式，不能激发学生参与实验的积极性，致使实验效果大打折扣。如果指导教师不严格考勤的话，个别学生就会做与实验无关的事情，甚至逃课。所以，当前的会计实验教学形式、方法和手段必须进行改革和创新。

（三）实验内容和程序有待进一步更新和完善

当前，一些学校会计实验教学或内容不当，或程序欠佳，或考核欠妥，造成会计实验教学质量低下。比如：模拟实验资料"过于真实"或"过于虚假"，影响了会计模拟实验的可操作性。有些教师在选择模拟实验资料时，过于强调"真实性"，将某一企业某一时期的会计资料毫无遗漏地照抄照搬，没有对这些实际资料进行"去粗取精、去伪存真"的分析、加工整理。由于企业个体的特殊性，大量的特殊业务夹杂其中，学生面对这些资料无从下手。而有些实验资料则与实际相差较远，甚至完全靠几个教师杜撰出一个虚假的企业和业务，其结果必然造成"模拟实验就是会计作业的翻版"的现象，缺乏真实感，使学生失去实验兴趣。以上两种情况都影响了会计模拟实验的可操作性，达不到理论与实际相结合的目的。此外，还存在以下问题待完善：一般情况下，高校的会计实验资料大多是产品制造型企业的会计实验项目，鲜有涉及其他行业的会计实验项目；用于实验的经济业务不全面，缺乏多层次、多方位的综合性实验项目（如集团公司会计）、设计性实验项目，且创新性实验项目有待开发；实验项目基本上局限在会计核算上，财务管理、管理会计、审计、税收等实验项目有待开发；现有的实验项目强调会计核算，忽略了会计监督；等等。

（四）实验室建设的投入不够

当前，大学生到企业、事业单位实习比较困难。许多单位都不愿意接收大批实习生。特别是对于会计专业的学生来说，由于相关岗位涉及财务秘密，学生到单位实习就更困难，因而必须在校内建立条件完备、功能齐全的会计模拟实验室，以满足多样化、多层次的会计实验教学需要。这样既可以缓解学生到单位实习的压力，又可以满足日常的会计实验教学需要。建立会计模拟实验室需要有实验场所、实验设备、实验资料等。在建立会计模拟实验室的过程中，有些学校提倡会计教师利用寒、暑假到企业、事业单位考察实践，但没有投入相应的经费；有的学校表面上很重视会计实验教学，却不肯在标准化、规范化建设实验室方面下功夫，在相关的设备、设施购置上怕花钱，甚至没有专门的实验场所，就以学生上课的教室作为"实验基地"。如此这般，会计实验教学质量难以保证，所以，学校各级领导应该加大对会计模拟实验室的投入和管理。

二、关于会计实验教学改革的思考

会计实验教学在会计人才培养中的重要作用早已在业界形成共识。提高认识、加强管理、加大财力投入、切实有效地开展会计实验教学，是培养合格会计人才的保证。对现有会计实验教学环节的改革可从以下几个方面展开：

（一）制定科学、规范的会计实验教学大纲

实验教学大纲是指导实验课程、检查实验项目执行情况及实验效果的纲领性文件。各教学团队应该多组织骨干教师，进行调研、研讨，根据会计专业人才培养目标，制定出科学、规范的会计实验教学大纲，或者根据社会需求适时修订实验大纲。

（二）加强教师队伍建设，提高会计实验教学质量

怎样才能保证会计实验教学顺利而有效地开展呢？笔者认为，可以通过以下三种方式提高会计实验教学质量：第一，要有一批实践经验丰富、相关知识面广的指导教师。因此，要想办法让会计教师走出学校，多参加社会实践，提高教师的会计知识与技能的应用能力，丰富其会计工作实践经验。第二，应配置专门的从事会计实验教学的教师，并采取措施强化其会计工作的实战能力。第三，出台相关政策，鼓励教师不断学习会计新知识，扩充知识面，并随时了解会计最新的政策法规等。

（三）实验教学方法和教学手段的变革

现代信息技术的发展和广泛使用，为会计实验教学采用现代教学技术创造了条件，如 PPT 课件可将实验资料中的经济业务凭证化、单证传递直观化、账务处理动态化、相关知识系统化。这样可使学生对会计知识与会计技能有感性的认识，为培养学生实际动手操作能力打下基础。在会计实验教学中，教师可以使用现代教学技术，如制作有关课件，设计开发会计模拟实验软件，到企业录制某些经济业务和会计工作的流程，甚至可考虑采用网络化手段，使学生在网上与老师、同学、实务工作者进行交流，及时解决会计实验中存在的问题。这些手段对于提高会计实验教学质量起到非常重要的作用。

（四）会计实验内容和程序的改革

精心设计、组织会计实验教学内容，是提高会计实验教学质量的重要环节。第一，在内容方面，教师不能局限在证、账、表等传统会计核算内容上，可适当增加如财务管理、审计、税务会计、经济合同等方面的内容，使学生在学习中不至于因内容单一而感到枯燥，还可使学生比较全面地了解实际会计工作。此外，教师所选用的典型企业的资料不能太复杂。会计实验的最基本的目的是让学生通过实验巩固会计基本理论，掌握会计工作的基本技能，缩短从事实际会计工作的适应期。太复杂的实验资料不仅费时、费力，而且也会因复杂而挫伤学生的学习积极性。同时，教师要根据相关政策法规的变化随时调整、修改会计实验资料。此外，教师还可以在实验内容上进行创新，即改变原有传统单一模式的会计业务实训，如增加一些原始票据审核与查验环节，在综合实习项目内容中适当加入一些会计师事务所所涉及的业务，以将会计知识与审计知识有机融合，

提高实验项目的可操作性。第二，在程序方面，教师可遵循这样的程序：动员—准备—演示—实验—讨论、小结—再实验—再讨论、小结—再实验—讨论、总结。这里容易被忽视的是准备和讨论、小结环节。其实，与其他实验一样，会计实验的准备阶段非常重要，在准备阶段要做的工作很多。根据经验，培养学生骨干是准备工作的关键。一般情况下，先由教师选拔基础好的学生组成一个实验小组进行实验培训，然后由这些经过培训的学生担任实验小组长兼实验辅导员。这样既可减轻教师的工作量，有利于学生间相互交流、学习，又能及时发现实验中的问题。教师在实验过程中视情况进行讨论、小结，有利于解决实验中的共性问题，也可以巩固前面的实验成果，为后续实验打下基础，使整个实验能够顺利进行。第三，在实验手段方面，教师应让学生先手工操作后电算化操作。有些学校是将两者同时进行；有些学校认为电算化操作已经普及，手工操作必将被淘汰，因而只进行电算化操作。笔者认为应该纠正第二种观点。随着信息化时代的发展，会计可能会以一种新的方式存在和发展，但不能就此全盘否定手工会计，就如同有了汽车、飞机之后，人们依然要学习走路一样。从学习知识的角度看，手工操作有利于学生进一步理解会计基本原理，便于学生后续学习。掌握手工操作技能的基础上再进行电算化实验，能使学生深入理解并掌握会计基本理论与技能，达到实验目的。

（五）加强会计实验室建设和管理

建立条件完备、功能齐全并且有一定规模的会计模拟实验室是提高会计实验教学质量的重要手段之一。加强会计模拟实验室建设不仅要更新硬件设备，更应该注重软件或软实力方面的精耕细作。学生所进行的实验是学生应用已知的理论知识和方法去探索未知世界的一种学习活动。在实验室建设规划、实验室管理模式、实验项目设计、扩充实验任务等方面，教师都要考虑如何充分使学生手脑并用，启发他们的创造思维。在实际操作中，笔者建议按照教学计划及教学大纲的要求，基础课的教学实验（如基础会计学）要继续保持开出率100%，并加强实验改革和创新力度，相应增加设计性、综合性实验项目（如毕业班的会计报表编报实训、会计与审计综合实验等）。对已开设的设计性、综合性实验项目，教师要及时总结经验，不断改进。教师也要积极开设专业课的设计性、综合性实验，以提高学生解决实际问题的能力。对于高年级学生，教师要开展分层次实验教学，鼓励一批学有余力的学生开展研究性实验，以加强对学生创新能力和实践能力的培养。在保证必修课实验项目的基础上，教师应力争开设选修课实验项目，并允许学生交叉选择不同专业方向的实验项目，以拓展学生的专业知识面。教师要根据知识以及现代化技术手段的更新，在不断淘汰过时实验项目的同时，补充适合时代发展的新的实验项目。我院应参照国家教育部对基础课教学实验室的评估标准来建设实验室。实验室开出的实验在数量和质量上要达到基本教学要求，在教学工作量、基本硬件、基本软件等方面都要达标。我院应任命专职的实验室主任，以保证实验室建设具体责任人的落实。我院应不断完善实验室管理规章制度，明确实验室工作人员的岗位职责，修订各项规章制度，使实验室建设更加规范化、科学化、制度化。

综上所述，在当今知识经济时代，高校实施全面素质教育的重点在于培养学生的实际动手能力和创新意识，显然，这两种能力的培养是离不开教学实践环节。很多学校开出了会计实验课，但实验内容仅限于验证性的实验和技能性的训练。在实验过程中，学生按规定的方法与步骤进行实验，完全处于一种被动的地位。虽然实验内容不少，但学生不会具体分析问题，更没有形成创新意识。这样的实验模式不适应知识经济时代对人才素质培养的要求。因此，在总结多年实践教学经验的基础上，笔者提出，应该加大实验课教学改革力度、调整内容体系，并围绕我院培养应用型人才的目标定位，加强实践教学环节改革；还应根据社会需要，相应增加实验教学的学时，并充实具有丰富实践经验的高水平的师资力量，增添实验室必备的硬件设施，使会计实验课以基础实验、综合实验、设计实验为结构体系，向着反映现代教育思想、教育观念和适应会计教学发展变化的改革目标迈进。

参考文献

[1] 张艳. 完善会计实验教学改革的思考 [J]. 会计之友，2011（12）：120-121.

[2] 邓劼. 对高校会计实验室建设的探索 [J]. 湖北经济学院报（人文社会科学版），2009（8）：53-54.

会计学原理课程教改路径
与对策探讨

李　虹[①]

摘要： 会计学原理是高校财会专业的一门核心必修课，也是相关经济类、管理类专业的基础必修课。如何提高会计学原理课程的教学质量，激发学生的学习兴趣，一直以来都是一线广大教师努力钻研的课题。笔者在该课程的教学实践中发现了诸多的问题。这些问题主要表现在教学内容、教学方法以及教师讲课水平方面，严重影响了教学质量和教学效果。因此，进一步深化高校会计学原理课程教学改革进程十分必要。

关键词： 会计学原理；教学改革；教学效果

会计学是属于经济、管理领域的一个重要的学科体系，而会计学原理则是会计学学科体系中各分支学科的重要基础。它既是会计学专业、财务管理专业的专业基础课，也是各经济类、管理类专业的必修课、公共课。各经济类、管理类专业的学生只有学习了该课程，才能够进一步学习有关的会计课程。该课程主要介绍有关会计学的基本理论、基本方法和基本技能。对任何专业的学生来说，掌握基本的财务知识都是很有必要的，而会计学原理对于财会专业学生的后续专业课程学习更是至关重要。正因为如此，许多院校已经把该课程作为一门优质课程或精品课程加以建设。但是，在该门课程的教学实践中，仍然存在许多问题，教学效果不尽如人意。很多学生反映这门课程难学，特别是一些概念、理论比较抽象，专业性强，初学者不易理解、难以掌握。由此可见，持续推进会计学原理课程教学改革是很有必要且任务艰巨的。本文对该课程的教学现状进行分析，提出课程教学改革的路径和对策，与广大同仁进行探讨、交流。

一、会计学原理课程教学现状的分析

（一）教学大纲

教学大纲是指导教师选择教材、备课、组织课堂教学和命题考试的纲领性文件，是学校检查教师教学计划执行和完成情况的标准，包括教学目标、教学重点和难点等内

---

① 李虹（1964—），女，成都信息工程大学教授。研究方向：财务与会计。

容，也是学生学习本课程的重要依据。制定教学大纲，要考虑会计及相关专业的学科建设方案以及专业人才培养方案、专业教学计划等。很多院校的本科教学培养目标能够根据社会不断变化的形势适时做出调整，但是，在实际教学环节中却存在某些疏漏和脱节问题。如教学大纲的修订工作迟缓，甚至一本教学大纲沿用多年不变。在有的学校，会计学专业和非会计学专业所开设的会计学原理课程执行同一个教学大纲。这没有体现出不同专业对于会计知识点、知识结构以及操作技能的差异化培养目标和要求。教学大纲的专业性和科学性关乎本课程的教学质量。但是，有的教师对此认识不足，不认真研究和领会教学大纲内容，甚至不看教学大纲就直接授课。那么教学质量从何谈起呢？

（二）授课教师安排

在会计学门类繁多的课程中，很多人认为会计学原理简单、易讲，其实这是一个误解。该课程是会计专业的基础入门课程。学生的基础知识的学习情况，将直接影响学生对后续专业课程的学习。要想真正地将会计原理与会计实务融会贯通，并通俗易懂地将其传授给学生，教师须因材施教，并不断研究和改进教学方法。这对教师的专业素质和教学水平也有较高的要求。有的青年教师刚上讲台就被安排讲授会计学原理。这样的新人，没有足够的教学经验，教学方法不得当，喜欢使用晦涩的专业术语，如在课程开篇就直接用"资产""所有者权益""权责发生制"等专业术语，而不能灵活地运用一些浅显易懂的生活实例，使学生听得云里雾里。这样一来，势必影响了一部分学生的专业学习兴趣。

（三）教学内容与教材

每一年都有新编的会计学原理教材问世，尽管各式各样，但总体上，其知识体系和主要内容比较成熟和确定，基本的教学内容多是以会计七大核算方法为主线，先介绍会计账户、复式记账法、借贷记账法等，并让学生学会分析企业（一般为制造业）的具体经济业务活动、编制会计分录，然后才介绍会计实际工作程序中的取得和填制会计凭证、登记会计账簿、编制会计报表等。这样的教学内容和教材体系，主线清晰且教学目标明确，但由于会计学科实践性强的特点，这样的教材体系又具有某些缺陷。如把会计的基本理论、基本方法与会计实务操作程序分开，学生由于没有社会实践经验，无法将二者有机结合起来，头脑中没有一个完整的会计核算基本程序。另外，很多高校的教材都将会计制度、会计准则以及会计核算原则等理论性很强的内容放在前面介绍，如果教师不加以适当调整，那么初学者很难理解这些内容。所以，我们必须对传统的教学方法和手段进行改革。

（四）教学方法和手段

在实际会计教学中，教师以教材为依托，以黑板或屏幕为中心，以粉笔或 PPT 为工具进行单向式教学。这种教学形式和方法略显单调和古板。尤其现在多为七八十人甚至一百多人的大课堂，若教师只是照本宣科地满堂灌，会导致教与学严重脱节，互动差，该课程教学效果不佳。

（五）课程实验（习）教学

会计是一门应用性较强的学科，要求理论紧密结合实践。开设会计实验（习）课程是会计专业教学中的一个重要环节，对实施素质教育，培养合格的会计实用人才发挥了较好的作用。许多院校对会计实验（习）课程比较重视，但还存在一些问题。目前，在实验教学方面存在以下问题：第一，部分学校存在认识上的偏差，重专业轻基础，只注重毕业生的会计专业综合实验（习），而忽视基础课程的教学实验，甚至一些学校在教学计划中根本没有安排会计学原理课程教学实验，致使学生没有过硬的基本功。一些学生甚至不能完整、准确地辨认各种实际单证、票据，动手能力差，不利于后续会计专业知识的进一步学习。第二，担任实验教学的指导教师存在会计实践经验不足的问题。会计实验教学顺利开展的首要条件是拥有一批实践经验丰富、相关知识面广的指导教师。目前来看，不少高校的会计教师几乎是从学校毕业后便在大学教书，基本没有会计实际工作的经历，岗位业务能力有限。这也为教师进行实习指导增加了难度。个别教师难以清晰、准确地讲授会计实际应用技能，学生听得似懂非懂，从而极大地影响了实验教学的效果。由于师资条件有限，很多学校没有配备专人从事会计实验教学工作，一般安排没课的或者课少的教师去指导实验，甚至安排教学经验和会计实际工作经验都缺乏的"新老师"担任会计实验教学指导教师，其效果可想而知。第三，实验（习）的形式单一，在实验项目、实习内容方面没有做到精心设计、周密安排。学生照葫芦画瓢，感觉实验课与平日的课堂授课区别不大，兴趣不高，应付了事。

（六）课程考试环节

成绩考核是对教学计划及学生学习效果进行检验的主要形式之一。考试可以帮助教师发现相关的教学问题，以利于教学工作的不断完善和改进。本环节存在的主要问题是标准化题库考试制度不健全，没有严格实施教考分离，试卷审查不严。会计学原理课程的考试经常是由授课教师自行出题，主观随意性较大。这就使得考试试题在题型、题量以及考试内容上存在诸多问题，不能客观、真实地反映实际教学情况，甚至会导致一些教师片面追求分数，而忽视了教学中对学生基础理论知识和实际动手能力的培养与考核。

二、会计学原理课程教学改革路径与对策探讨

为了不断提高会计学原理课程的教学质量，一直以来，广大的一线教师们都在积极探索该课程的教学改革之路，且在实际教学中，也取得了一定的成效，但从会计学科发展和专业建设角度看，还远不达要求，因此必须加大教学改革力度、拓宽教改路径。针对上述会计实际教学中存在的各种问题，本文提出了会计学原理课程教学改革的路径和具体对策。

（一）加大课程教学改革宣讲力度

要继续加大课程教学改革的宣讲力度，进一步提高广大教师的思想认识，充分调动其参与课程教学改革的积极性，围绕如何提升教学质量、改革教学方法和手段集思广益；并将其纳入教师工作考核内容，在奖励政策和调研经费方面给予支持，鼓励教师多出教改方面的研究成果。

（二）适时修订教学大纲，完善教学内容

各教学单位应组织骨干教师定期召开教学研讨活动，使教学大纲、教学计划、教学内容更趋于科学、合理、易于操作。目前，市面上新出的会计学原理教材对传统的内容多有变革，将会计实务的会计凭证、账簿、财产清查、会计报表等放在复式记账法之后，使学生对会计核算基本程序有清晰的轮廓和思路，将实际与理论较好结合。在此基础上，应进一步运用借贷记账法分析企业各种实际发生的经济业务，以加深学生的理解。笔者建议各教学单位应加大对本环节的监督和检查力度，并层层落实到每一个教学班和每一位教师头上，确保教学改革真抓实干。

（三）改革教学内容、教学方法和手段

首先，教师是课堂教学的主导者，每堂课的教学质量在很大程度上取决于教师的备课情况、内容设计以及教学方法。为了提升教师讲课的整体水平，笔者建议推行专业课程组的集体备课制度。担任会计学原理课程教学工作的全部教师定期开会、集中备课，以统一教学内容，对教学重点和难点进行研讨，对讲课方法进行交流。教师之间的相互讨论和学习起到了"以老带新"的作用，可以帮助青年教师尽快提高业务能力。其次，现代信息技术的发展和广泛使用，为会计教学采用现代教学技术创造了条件。如教师可采用多媒体进行会计教学，或制作一些即专业又有趣的PPT课件，通过演示，将教材中的经济业务凭证化、单证传递直观化、账务处理动态化、相关知识系统化。这样可以激发学生的学习兴趣。最后，将案例教学引进课堂，多组织教师相互听课，观摩教学，把优秀教师的教改成果和好的经验广泛推广，切实提高全体教师的讲课水平。此外，鼓励教师走出教室，多去企业、事业单位参加社会实践，提高教师的专业知识与实际工作岗位的应用能力，丰富其会计实践经验。

（四）合理安排授课教师

会计学原理课程是专业基础入门课，在学科体系中有承前启后的作用。因而，该课的教师不仅要完成教学大纲的授课任务，还要对学生进行专业教育，如对学生的职业道德、职业心理等做相应的引导，以培养和激发学生的专业学习兴趣。笔者建议学校安排教学和实践经验丰富、专业知识面广的教师进行授课。

（五）改革课程教学实验

针对该课程实验教学中存在的问题，学校应将教学实验课程管理落实到位，合理设计基础教学实验与专业综合实验在课程体系中的位置，确立实验目标；加强会计实验教师队伍建设，为提高会计实验教学质量，应配置专门的会计实验指导教师，并采取措施强化其会计工作的实战能力；精心设计实验内容与程序，使实验形式多样化，如除了安排校内模拟实验外，还可以安排学生到企业的车间参观学习，增加他们对制造业的主要经营过程和环节的认识，以更好地理解课堂上的相关专业知识。

（六）完善课程考试环节

会计学原理课程考核应重点检查学生对会计的基本理论、基本方法和基本技能的掌握情况。为了使会计学原理课程考试环节趋于科学化、规范化，笔者提倡实施教考分离，采用标准题库考试。

综上，高校的会计学科发展和专业课程建设，必须要以各门课程的教学质量和教学效果为依托，因此，会计学原理课程的教学改革应该常抓不懈。

参考文献

［1］张博.应用型人才培养模式下会计学专业教学改革探讨［J］.赤峰学院学报（自然科学版），2016（16）：261-263.

［2］张冬侠.会计第二课堂教学的实践探讨［J］.湖北经济学院学报（人文社会科学版），2015（12）：132-135.

企业内部控制课程教学改革探讨

陈文寿[①]

摘要： 企业内部控制课程是财经专业本科学生的专业必修课。该课程是各门专业课程知识的桥梁，并与管理类很多专业课程存在粘连性。这也就决定其教学内容具有很强的综合性和抽象性，加大了企业内部控制课程的教与学的难度。在当前的企业内部控制教学中普遍存在如下问题：学生对课程的认识偏差导致学习目标偏离主题，教师设计教材时难以兼顾理论与实践，教师的实践经验和实践能力的缺乏导致课程教学难度较大，教学方法不具有普遍适应性，学生缺乏学习兴趣，课堂气氛比较沉闷等。要解决这些问题，我们应该纠正对课程的认识误区，以激发起学生的学习兴趣。我们应该进行企业内部控制课程案例开发，加强案例教学，让学生进行分组式合作学习，以充分调动学生的积极性。我们应该进行师生互动，建立起长期稳定的学生实习实训基地，以培养学生的实际操作技能。我们通过采取这些课程的改革创新措施，培养符合实际工作需要的应用型创新型财经专业人才。

关键词： 企业内部控制；教学改革；案例教学；分组合作学习

企业内部控制是财经专业本科学生的专业必修课，也是我国教育部设定的财务管理与会计专业的核心课程之一。企业内部控制课程是各门专业课程知识的桥梁，并与管理类很多专业课程存在粘连性。这也就决定其教学内容具有很强的综合性和抽象性。课程内容本身较抽象，且很大程度受到意识形态的影响。但讲授这门课程的教师都会遇到这样一个问题，就是如何在短时间内让学生迅速进入角色。大部分学习这门课程的学生，之前从未接触过内部控制理论，同时，他们没有社会经验，尤其是企业管理经验。而相当一部分高校的教师，也缺乏内部控制实践教学经验。教师的实践经验和实践能力已经成为制约企业内部控制课程教学质量的一个因素。因此，准确把握企业内部控制的课程体系，积极探讨课程教学改革，对于激发学生学习的积极性、主动性，使学生尽快掌握该课程的内容大有裨益。

---

① 陈文寿（1971—），男，成都信息工程大学副教授。研究方向：审计理论与事务、企业内部控制、公司治理。

一、企业内部控制课程的概述

（一）教学目的与要求

伴随经济的飞速发展，会计电算化及网络化进程的加快，会计教育的培养目标不再只满足于让学生学习会计的记账、算账和报账等，而是根据市场需求情况，着眼于培养管理型会计人才。教师在培养学生专业素质、专业知识的基础上，还需拓展知识外延，拓宽学生专业知识范围，将经济学、管理学、控制论等学科的基础知识融入专业教育之中，使学生获得较强的观察和判断经济现象的洞察力，拥有多学科相融合的知识结构，使会计专业学生不仅能用专业知识处理会计业务，还能够运用相关知识适应未来庞杂的会计管理工作。这不仅是企业内部控制课程确立教学目标要考虑的因素，也指导了我们应采用什么样的教学方法来实现教育的目的。

（二）企业内部控制课程的本质

企业内部控制课程涉及政治、经济、法律、人文等方面，属于多专业交叉、渗透且随着社会经济的发展不断变化的一门课程。由于企业内部控制活动涉及经济、政治、文化等领域，又受到社会模式、经济及科技发展水平、管理理念的影响和制约，所以企业内部控制课程所涉及的知识领域也就变得非常复杂，具有综合性和边缘性，并要随着外部环境的变化、内部决策者的管理哲学及自身修养的变化及企业发展的不同阶段而变化。

二、企业内部控制课程在教学中存在的问题

目前，部分高校在企业内部控制课程教学过程中，主要以传统教学手段为主，由教师向学生传授知识，教师在教学中处于主导和中心地位，教学活动围绕教师展开。作为教学对象的学生的任务是接受知识，形成认知结构。经调查，多数学生只满足于教师在课堂上所讲授的内容，把精力主要放在机械记忆上，很少主动去学习，研究与课堂教学有关的材料和书籍，很少有人提出为什么，只把所学的东西用于应付考试。有的大学生反映："在学习企业内部控制课程后，感觉离实际较远，在分析、解决实际问题方面，依然不从下手。"具体来说，企业内部控制课程存在以下问题：

（一）学生对课程的认识偏差导致学习目标偏离主题

内部控制学是一门研究治理层、管理层和其他人员如何设计和执行政策与程序，以保证企业财务报告的可靠性、经营的效率和效果以及对法律法规的遵守的学科。该课程的教学目的是使学生了解企业内部控制的具体内容以及掌握应用内部控制的方法和手段。

财务管理专业的学生在学习该课程时容易进入两大误区：第一，认为企业内部控制课程是会计学的一个分支；第二，认为企业内部控制课程是审计学的一个分支。

第一个误区是因为内部控制的发展历程经历了内部会计控制和内部管理控制两个阶段。内部会计控制是内部控制的重要内容。即使到了现在，很多高校还会开设会计制度设计等课程，来代替企业内部控制课程。由于这种误区的存在，学生在学习过程中，始

终摆脱不了财务人员的角色定位，偏重于对会计制度控制的学习，而忽略了交易循环中其他业务环节；注重与岗位职责等相联系的业务控制，而忽略了与所有权相联系的企业治理控制以及与经营权相联系的企业管理控制。然而，企业内部控制课程不仅吸收了会计知识，还有非常丰富的管理学、经济学、法学等理论元素。因此，内部会计控制只是企业内部控制课程的一个子模块。

第二个误区是由于审计学理论的发展推动了内部控制理论的发展，但是审计学中的内部控制思想仅是对内部控制的评价和披露，涵盖内容不全。经济越发展，内部控制所涉及的知识领域越宽泛。片面地看待企业内部控制课程，只会导致学习目标偏离主题。

（二）教材设计时，理论与实践难以兼顾

自《企业内部控制基本规范》（财会〔2008〕7号）和《关于印发企业内部控制配套指引的通知》（财会〔2010〕11号）发布之后，企业内控规范层面的内容体系变得非常庞大，相关理论基础内容也变得十分丰富。在实际中，企业内部控制教材的设计难以将理论与实践兼顾，不同版本的差异较大。有的教材采用改良模式，即在原来以内部会计控制为主线的教材中融入内部管理控制的内容和思想；有的教材立足于突出内控思想和基本理论框架，主要围绕企业内部控制五要素对教材进行章节安排；有的教材为了突出实践应用性，对企业内部控制的制度体系进行梳理并补充案例，具体应用性较好，但由于缺乏对内控思想和内控原理的梳理而让学生陷入"只见树木不见森林"的困境，难以建构起完整的理论知识和分析框架。

目前，80%～90%的企业内部控制课程教材是以制造业企业的供应、生产、销售环节为经济业务内容展开介绍的，由于学生缺乏对工艺流程和生产过程的认识，学生较难理解课本内容。同时，COSO①的《企业风险管理重合框架》从风险控制理念、公司治理等对内部控制进行了丰富和延伸，同时发达国家对内部控制也进行了新的探索。这些关于企业内部控制研究与实践的最新成果也没有完全反映在教学活动中。以上种种原因，使得在财经类专业学生的企业内部控制课程教学过程中出现了这样的问题，即投入的课时较多，但效果不尽如人意。这说明企业内部控制课程的教学模式应当创新。

（三）教师的实践经验和实践能力的缺乏导致课程教学难度较大

企业内部控制课程是一门实务性和应用性较强的课程，学生在掌握理论的同时，要学会灵活应用，学会根据不同企业的情况，为企业"量身定做"内部控制制度。然而，社会实践经验尤其是企业管理经验极度缺乏的学生，往往容易进入死记硬背、照搬照抄的误区。如何让学生成功进入"角色"，成为目前该课程教师面临的共同难题。弥补学生实践经验缺乏的最有效途径是教师的实践能力及实践经验的转化。然而，由于目前主流的高校教师培养模式是"从学校中来、到学校中去"，且从教后迫于科研考核等压力，教师普遍重理论而轻实践，因此，教师实践经验和实践能力的缺乏是企业内部控制课程教学质量提高的一个重要制约因素。

---

① COSO 是美国反虚假财务报告委员会下属的发起人委员会（Committee of Sponsoring Organizations of the Treadway Commission）的缩写。

（四）教学方法不具有普遍适应性

内部控制的理论基础、应用要求及制度规范性使其明显地异质于性质较为单一的其他相关课程。这也使得很多教师不知该采取何种教学方式。讲义式讲授容易使课堂陷于枯燥、乏味的氛围中；案例教学固然有趣，但学生又容易只关注案例本身而忽视对企业内部控制理论的理解和应用；采用"学生分组讲解与教师点评补充相结合"的模式，台上讲授学生由于理解的偏误可能会误导在听的其他同学；采用讲授与案例分析相结合的方式虽然更合理些，但是结合的原理、原则及尺度分配是一个更为困难的问题。

在习题设计和考核方式上，常规的判断、选择、简答等题型只适用于企业内部控制教学的初步阶段或作为辅助性习题，因为其难以考查学生驾驭内部控制原理的程度。

即便是案例分析或材料论述题，由于对记忆性要求更高，往往不能充分考查学生对内部控制原理掌握的情况。所以，如果想要考查学生对内部控制框架的掌握和对原理的运用情况，教师必须在常规基础上另辟蹊径。

（五）学生缺乏学习兴趣，课堂气氛比较沉闷

当前，大学生学习的积极性的高低主要取决于三个方面：是否是核心课程；对这门课是否感兴趣；教师讲课水平的高低。企业内部控制课程是会计专业开设的核心课程，但它的内容偏重于企业管理。所以，会计专业的学生会认为内部控制和风险防范是企业管理层的事情，与会计关系不大，加上这门课的教材本身是以工业制造企业的供应、生产、销售流程为主线，教师对企业的生产经营活动缺乏了解，在教学过程中，教师大多以理论灌输为主，忽视理论联系实际，

三、企业内部控制课程教学改革探讨

培养具有创新精神和实践能力的大学生，是我国进行素质教育的重点，而培养的关键是从教与学两个方面去改革创新。

（一）纠正认识误区，激发学生的学习兴趣

财务管理专业的学生对企业内部控制课程的误区使得他们在学习过程中始终摆脱不了财会人员的角色定位，偏重于对会计制度控制的学习而忽视了与会计业务紧密相连的企业经营管理、销售管理、风险控制等内容，从而导致了学习目标的偏移。所以，从事企业内部控制课程教学的教师，一定要深入了解学生，激发学生的学习兴趣，帮助学生明确该门课程的学习目的、树立正确的观念，从单纯的知识传递者变为学习的促进者、组织者和指导者。

（二）对教材选用与编著的创新

当前，管理理论已经发展成盘根错节、枝繁叶茂的理论丛林，国内各种管理学教材也是百花齐放、数量繁多。根据统计，目前发行在外的企业内部控制教材种类较多，用于财经专业本科阶段的也有不少，这些企业内部控制教材一般呈现以下共性：一是知识体系基本相同，都是按照企业的财务会计的控制职能来进行编排，并辅之以管理思想的形成与理论发展方面的章节；二是教材连续性不强，很少有再版的教材，且已有教材对管理学的热点问题缺少跟踪研究与持续探讨；三是教材的编写者往往通过在教材中放入

一些简单的案例来帮助学生提高实践能力，但对于案例的编写通常停留在简单描述层面，而缺少系统设计，难以使学习者进行深度思考与产生共鸣。

我们在选用或编著企业内部控制课程教材时，既要对传统管理思想进行继承与批判，又要紧跟世界管理理论的最新变化。此外，我们还要在考虑财经专业本科阶段学生的理论基础与学习兴趣的基础上进行系统统筹与设计。

（三）创新教学方法

1. 进行企业内部控制课程的案例开发，加强案例教学

企业内部控制课程案例开发要与教材内容相匹配，要能够较好地反映相关的企业内部控制学原理，有助于学生对企业内部控制学原理的认识和理解，激发学生对企业内部控制学的学习兴趣。具体开发要求如下：

第一，要尽量本土化。选择的案例要来源于我国的企业管理实践，反映我国企业管理的客观实际，体现现实性，以有利于学生在学习的过程中做到理论联系实际，并增强学生对中国企业内部控制实践的认识。

第二，要完整。在开发案例的过程中，教师要根据教学大纲的要求和教学的需要，针对课程中的知识点，匹配相应的案例，使整个课程的各个部分都有相应的案例。

第三，要有典型性和分析深度。教师所选择的案例要与所说明的企业内部控制学原理相匹配，能够准确说明相应的企业内部控制学原理，使读者能够把案例探讨与理论原理和方法有机地结合起来。同时，案例所涉及的内容要具有一定的分析空间和深度。

第四，要具有可读性。在案例的写作上，要突出主题、简单明了、内容清晰，使读者能用较少的时间获得案例所提供的信息。

2. 企业内部控制课程的案例教学要求

（1）案例内容框架设计。

教师可以根据《企业内部控制基本规范》和《关于印发企业内部控制应用指引的通知》设计相关案例。企业内部控制课程的案例的内容框架包括以下内容：①企业内部控制规范专题式教学案例；②企业内部控制环境专题式教学案例；③企业内部控制方法专题式教学案例；④企业内部控制业务专题式教学案例；⑤企业内部控制目标类专题式教学案例；⑥企业内部控制信息系统专题式教学案例；⑦企业内部控制监督专题式教学案例；⑧企业内部控制与风险管理的链接专题式教学案例；⑨企业内部控制与公司治理的链接专题式教学案例；⑩企业内部控制评价案例；⑪企业内部控制审计案例。

（2）实践的需要是理论研究的出发点。

在案例撰写上，我们所选的案例全部来自于最新的我国上市公司的管理实务。此外，在案例教学方面，我们经过了两个教学循环。在每个教学循环中，我们在方法和模式上都有新的改进。

（3）企业内部控制课程的案例教学强调对学生能力评价的全面性。

在案例教学中，对学生成绩的评定，不仅包括对学生的小论文、书面报告、发言的情况、判断和分析问题的能力进行评定，还包括对学生课前准备资料、查阅资料的情况及参与课堂讨论和小组讨论的情况的评定。

3. 安排学生进行分组式合作学习，以充分调动学生的积极性

企业内部控制课程是一门对学生交流沟通能力要求很高的课程。教师可以以分组式合作学习的形式组织课堂教学。分组式合作学习既可以缩小教师的管理半径，又可以让学生在学习小组内相互学习、相互启发、相互支持、相互鼓励，以实现合作学习，避免个别学生与他人交流太少，不会利用其他同学这笔巨大人力资源的情况。一方面，合作学习可以提高学生的学习能力，提升学生思维的深度及广度，提高学生的合作能力、沟通能力和团队意识；另一方面，学生在合作学习的过程中难免有争辩，而这种争辩不仅可以提高学生对专业知识的理解力与表达力，也可以极大地提高学生的应变能力。教师就某个热点问题或专业问题布置任务，让学生以小组为单位，先在小组内部收集资料，了解最前沿的信息。在小组中，有的学生计算机应用能力较强，有的学生分析能力强，有的学生英语能力强。学生在共同合作中学会利用网络收集资料，学会筛选、分析、归纳信息资料，拓宽了自己的专业知识面，培养了协作精神，提高了与他人合作的能力。教师要控制好学习进程和方向，对不同小组要根据不同情况及时给予指导，以免学生偏离主题太远。教师还要安排一定比例的讨论课，让各小组展示或汇报自己的研究成果。教师要对各组的活动给予恰当的评价和鼓励。学生通过全班交流，相互补充、修正，达成共识。小组学习还会激发学生的竞争意识，营造为小组荣誉敢于大胆发言、努力展现自己的氛围。

4. 转变教学模式，进行师生互动

企业内部控制课程所涉及的大量理论比较抽象，比如内部控制五要素中的"内部控制环境、交流与沟通"等内容，学生就不易理解，所以在课堂教学中，教师必须与学生进行良好的互动，才能更好地让学生接受。在教学过程中，教师应改变传统的主讲人角色，尽力创造条件，让学生围绕某个问题进行讨论或辩论，多给学生一些发表见解的机会，让学生真正参与其中，形成导学互动的良好氛围。学生可以通过电话、论坛、电子邮件等与任课教师保持经常联系。

（四）建立起长期稳定的学生实习实训基地，培养学生的实际操作技能

企业内部控制课是一门实务性和应用性较强的课程。学生在掌握基本理论的同时，还要学会灵活运用，学会根据不同企业的情况进行内部控制。然而，就目前情况而言，这些整天生活在象牙塔里的大学生，缺乏企业管理经验，很容易陷入死记硬背、照搬照抄的误区。如何解决这一难题，已成为摆在高校教师面前的一项紧迫任务。为此，从事企业内部控制课程教学的教师，要走出去，到企业挂职锻炼，弥补自己的不足。

同时，学校要建立起长期稳定的学生实习实训基地。学生通过对企业的参观实习，可以了解企业的经营状况、企业文化和经营理念，增强自己的动手能力和创新思维能力。

参考文献

［1］莫磊，胡国强."建构主义式"内部控制课程教学探索［J］.财会月刊，2014（12）：120-123.

［2］尉玉芬，沈春伟.内部控制课程"落地服务"模式探析——基于"教学服务型"本科院校的教学实践［J］.商业会计，2012（9）：113-114.

［3］王李.内部控制课程的研究性教学实践［J］.中国大学教学，2010（9）：63-65.

［4］王加灿，马佳艺，苏阳.COSO风险管理综合框架下内部控制学案例开发与教学现状及改进［J］.科技广场，2016（12）：99-102.

［5］刘晴怡.财经专业内部控制制度课程教学方法探新［J］.中外企业家，2014（7）：219-223.

［6］王李.对内部控制课程教学改革的探讨［J］.会计之友，2010（9）：125-126.

［7］张颖萍.用"案例引导教学法"提高审计课教学的有效性［J］.会计之友，2007（11）：85-86.

浅谈会计学原理课程教学改革

林 英①

摘要：会计学原理是高校经济管理类专业的一门核心必修课，也是经济管理类专业的基础必修课。本文通过阐述该课程的地位与目标，指出现阶段该课程教育中存在的问题，并提出相应的改革思路，为高校会计学原理课程教学改革提供参考。

关键词：会计学原理；教学改革

会计学原理课程是经济管理类专业开设的一门重要的必修课，是会计专业学生的启蒙课程，一般在大一的第二学期开设。如何让学生对这门课程产生浓厚的学习兴趣，是探讨并改革课程教学的关键。只有这样，才能使学生真正认识到本课程的重要性，掌握学习方法和相关知识，为后续课程的学习打下坚实基础，成为适应社会需要的会计专业人才。

一、会计学原理课程的地位与目标

会计学原理是会计学科体系的入门课程，主要讲述了会计学的基本知识、基本方法和基本技能。它既是会计学专业、财务管理专业的专业基础课，也是相关经济类、管理类专业的必修课、共同课。经济类、管理类专业的学生都必须在学习本课程的基础上学习其他的会计专业课程。学习该课程的主要目的是使学生明确会计的对象、目标、职能和原则，掌握会计核算的基本原理和基本方法，学会会计学科的基本技能，理解"经济越发展，会计越重要"的核心思想。

二、会计学原理课程教学中存在的主要问题

（一）教学目标不明确

教学目标主要体现在各高校制定的教学大纲上。教学大纲是指导教师选择教材、备课、组织课堂教学和命题考试的纲领性文件，是学校检查教师教学计划执行和完成情况的标准，包括教学目标、教学重点和难点等内容，也是学生学习本课程的重要依据。从各高校制定的会计学原理教学大纲上看，该课程的教学目标包括总体目标和具体目标。

---

① 林英（1972—），女，成都信息工程大学讲师。研究方向：会计理论与实务、审计。

总体目标从知识、能力和素质三个方面提出了学习本课程要达到的总体要求；具体目标则比较笼统地概括为通过会计学原理课程的学习，学生应该系统掌握的会计学科基本理论、基本技能、基本方法以及应具备的会计执业所需求的知识结构和应用能力。这些教学目标大多没有对会计专业和非会计专业进行区分，直接导致所有专业的会计学原理课程执行同一个教学大纲，不能满足不同专业对会计知识点、知识结构以及操作技能的差异化培养需求。甚至，有部分教师认为会计学原理在大一开设，这个时期所有专业的学生基础都是差不多的，体现不出学生的专业差异，对他们用同一个教学目标即可。还有一些授课教师对不同专业的学生采用的教学方法、教学手段和教学内容都大同小异，没有将会计专业的核心基础课和其他经济管理类专业的必修课进行区分，导致课堂上其他经济管理类专业学生的学习兴趣不高，积极性欠佳。

（二）教材选用非理性

会计学原理教材的版本众多。尽管版本各不相同，编者也力求创新和突破，但总体上，其知识体系和主要内容比较成熟和确定，教学内容多是以会计核算方法为主线，先介绍会计账户、复式记账法、借贷记账法等，并让学生分析企业的具体经济业务活动，学会编制会计分录，然后才介绍会计实际工作程序中的取得和填制会计凭证、登记会计账簿、编制会计报表等。尽管内容主线一致，但版本不同的教材，内容也各有侧重。有些侧重基本理论，有些侧重基本技能，有些侧重基本方法。很多高校为了迎合教学评估检查和实现宣传效果，在教材选用上一味追求"高大上"，导致同一版本的教材用于不同专业的学生教学的情况出现。学生专业不同，学习基础也不同，学习特点也存在差异，使用同一版本教材难以达到理想的教学效果。由于不同专业的学生对学习本课程的态度和认知存在差异，不同专业的学生对同一版本的教材的接受度也存在差异，因此，使用同一版本教材的最终结果是会计专业学生认为难度适中或稍显简单，非会计专业学生则认为太难。因此，"高大上"的教材并非最适合的教材。

（三）教学方法过于简单

会计学原理课程对于一个初学者来说确实非常难，它不仅有既定的理论、程序和方法，又有晦涩的会计学术语。如果教师在教学中只是照本宣科地"灌"，学生被动地接受，其结果可想而知。首先，学生难以理解基本术语，更谈不上消化和吸收知识，直接影响其下堂课的学习效果。如此下去，只会打消学生学习的积极性，使其丧失信心。其次，即使学生依靠死记硬背了解了相关知识，也只是"知其然而不知其所以然"。

（四）教学团队不稳定

不少教师认为会计学原理课程比较简单、易讲，不愿意花工夫和精力去深入研究。甚至很多学校在该课程教学的安排上没有稳定的教学团队。有些学校有教学团队，但团队的成员中很多是青年教师或者是刚入职的新人。他们通常缺乏足够的教学经验。

三、会计学原理课程教学的改革思路

（一）明确教学目标

教学单位应该定期召开教学研讨活动，使教学目标更加明确。对会计学原理课程来说，其教学目标既要区分会计专业和非会计专业，也要区分学生层次。同属于会计专业的学生，重点学校的会计专业的培养目标应定位在培养管理型人才，也就是要求学生首先认识会计报表并明确报表所提供的信息对会计信息使用者的重要意义，然后考虑如何编制会计报表以及如何通过会计程序确保会计报表提供的信息真实可靠。而对于高职院校的会计专业学生来说，培养目标应定位在培养技术型人才，也就是让学生学会会计核算的基本方法和步骤，能够进行记账、算账和报账，明确会计循环的流程，即"会计凭证—会计账簿—会计报表"。对于非会计专业学生而言，则不要求他们成为会计方面的技术型和管理型人才，应帮助他们树立和形成会计的思想和思维方式；不要求他们会编制会计报表和保证会计信息的真实可靠，而是让他们掌握如何获取会计资料以及运用会计信息解决企业存在的管理问题，也就是把会计作为一种经营管理工具并将其充分运用。

（二）选择适用的教材

一套适合的教材对会计学原理课程教学非常重要。这就要求教师在选用教材时用心，选出适合本专业的教材，并紧跟会计政策和制度的变化，适时更换教材。首先，教师在选用教材时应考虑是否符合专业培养要求，是否满足该课程教学大纲和学时的要求以及教材的难易程度是否与学生的实际水平与能力相符。其次，教材应满足学生的应用与实践能力的培养要求。这就要求教材内容不能过于理论化，而应注重理论与实际的结合。最后，随着经济的发展、社会的进步、会计环境的演变，会计法律、法规、准则、制度也在更新，因此，教材内容要与时俱进。教材版本的选择应该让讲授这门课程的所有教师进行推荐，并说明推荐理由，然后由教师们集体讨论后择优确定，而不能由某一个任课教师说了算。当然，有条件的情况下，也可以组织教学单位的教师编写适合学生用的教材，但一定要注意自编教材的质量，杜绝东拼西凑等不负责任的现象。

（三）教学方法灵活多样

第一，强调课程的重要性。对于大一学生而言，经历了高中时期的苦读，很容易在大学生活中迷失方向。因此，在专业课学习之前，教师应提醒学生重视这门课程的学习。第二，在教学模式上应以启发、引导为主，以充分调动学生学习的积极性，增强学生学习兴趣。授课教师作为教学的主体，应注意启发和引导学生，让学生一步步得出结论，而不是采用"满堂灌"的方式。如教师在讲授会计目标，可以让学生思考生活中哪些人需要了解企业的会计信息，这些人关注的信息层面有什么不同，最后将内容进行归纳和总结。教师通过这样的方式引导学生，可以让学生就很容易将专业知识掌握。另外，教师在教学中，无论是启发还是引导学生，应深入浅出，尽量以学生身边的或者经历的事情举例，以增强他们的学习兴趣。学生也不能唯老师论，对课堂中的基本知识一味死记硬背。第三，上课时，教师应注重师生互动、学生互动。教师可通过多种方式，如提问、讨论，让学生和教师互动起来。比如：在讲授经济业务对会计等式的影响时，教师在课堂上可根据会计等式的内容，提出要实现的目的，并让学生将经济业务描述出来；然后让学生判断所列举的经济业务是否实现了事先设定的目标，若学生描述的经济业务与所设定的目标不一致，那么可以分析其中的原因。教师通过这样的方式，不仅让学生掌握了专业知识，还增强了他们的自信。教师应在每节课留有五到十分钟，让学生进行讨论或者提问，并随堂解决学生的疑问，坚决不把问题带出课堂。第四，有效的课后辅导。大学一般是没有课后辅导的，但是笔者认为课后辅导非常有必要。对于刚接触会计知识的学生而言，他们对课堂上的很多知识是模糊的。如果教师不及时解决他们的困惑，他们的问题将会越积越多，最终丧失学习该课程的兴趣，进而影响他们后续课程的学习。在课后辅导中，教师对于不同水平的学生要有意识地差别对待。对于基础好、理解力强的学生，教师要在原有知识基础上加入较难的、新的知识，便于他们掌握更多的专业知识；对于理解力差、接受能力一般的学生，教师应帮助他们掌握课堂和书本上的知识，有可能的情况下适当增加新的内容。第五，必要的课后作业。很多大学教师认为学生的自觉性比较高，会自主进行课后复习和课前预习。然而，由于学生在大学没有升学压力，因此，主动学习的学生较少。必要的课后作业是督促学生学习专业知识的有效途径。当然，作业不是越多越好，不能搞题海战术。教师还可以让学生适时地进行经典案例分析讨论，鼓励他们从不同角度并以不同方式关注所学专业的新动态，发表自己的观点。

（四）加强教师素质建设

会计学原理课程基本目标的实现需要高素质的授课教师。一方面，需要教师走出去，也就是鼓励教师外出学习、培训、参与企业实践，以提高教师的实践能力和知识的运用能力，使他们成为既有较强的专业理论知识，也有丰富实践经验的"双师型"教师。另一方面，要引进来，也就是聘请实务界中具有扎实的专业理论知识和丰富实践经验的会计人员到校进行知识讲座或者实务指导。这样既保证了教学上有较高的专业理论水平，也提高了教师的综合素质，为培养适应社会需要的学生创造条件。

总之，会计学原理课程教学改革不是一蹴而就的，而是一个长期的过程，需要每个授课教师根据教学对象，明确教学目标，拟定教学内容及重难点，运用各种方法，重视实践，积极提升个人业务水平，以达到理想的教学效果。

参考文献

[1] 魏文君. 会计学原理课程教学改革探析 [J]. 中国证券期货，2013（6）：255-256.

[2] 陈国辉，迟旭升. 基础会计 [M]. 大连：东北财经大学出版社，2016.

新经济与基础会计课程教学改革

万国超[①]

摘要： 会计基础教育应当满足经济业务发展的需求。本文通过对基础会计课程教学改革的动因和现阶段基础会计课程的教学特点进行分析，提出新经济环境下基础会计课程教学改革路径，建议从建立以新经济业务为导向、利用新经济业务仿真、不断提高教师综合素质三个方面推进基础会计课程教学改革。

关键词： 新经济；基础会计；教学改革；路径

新经济环境下的经济业务发展对高校会计人才培养提出了新要求。基础会计课程作为会计专业的基础课和经管类专业的必修课，基础性强、受教学生面广，既是会计学科的入门课程，又是其他经管类学科的必备课程。该课程既有特定的理论和方法体系，又具有较强的技术性和实践性。在以"互联网+"、人工智能、物联网、大数据为代表的新经济环境下，基础会计的课程教学需要适应新经济的发展，以推进理论讲授和实操能力培养的进一步衔接，实现新经济发展与基础会计教育的融合。

一、基础会计课程教学改革的动因分析

科技水平的不断提高，经济新业态的不断形成以及对外贸易的不断发展，都对基础会计教育提出更高、更具体的要求。这给我国基础会计的教学核心诸如会计目标、会计职能、会计核算原则、会计准则等产生一定的影响，也成为基础会计课程教学改革的动因。

（一）新经济环境下核算对象抽象化

会计的传统核算对象通常是以工商企业为代表的社会再生产过程的"实物"资金运动。但随着"互联网+"时代的到来，很多经济业务交易的对象都变得更加抽象化。例如，大数据公司与客户交易的主要产品就是网上虚拟的数据挖掘分析产品。由于这类产品或服务的取得时间、使用时间、消费时间等方面的不同，其交易更加复杂，也使得会计核算发生了很多变化。当前通用的基础会计教材一般也没有涉及类似这些问题，如果教师在课堂上不进行案例解析和说明，很容易让学生在以后的实务操作中感到茫然，甚

---

① 万国超（1981—），男，成都信息工程大学副教授。研究方向：财政与公司金融、区域经济。

至发生严重的核算错误。这类产品或服务的核算对会计处理提出了新的假设空间和技能要求，也对课堂教学提出了更高的要求。

（二）新经济环境下会计准则变革的国际趋同

自 2006 年中国会计准则进行了一次重大变革后，我国财政部几乎每两年就会对会计准则有所更新。这种更新是会计准则国际趋同的表现，符合新经济时代全球经济一体化的发展大趋势，同时也对高校的会计课堂教学提出了更高标准。例如，财政部 2017 年修订发布的《企业会计准则第 14 号——收入》（财会〔2017〕22 号），就是根据新经济业务的发展而做出的指导实务操作的安排，并保持与国际会计准则理事会 2014 年发布的收入准则持续趋同。这说明以会计准则为标准的专业课教学对教师提出了不断更新知识体系和话语体系的紧迫要求。教师也应从教学形式和内容上及时更新和完善，不断适应这种国际化的培养要求。

（三）经济业务在基础会计课程教学中的作用

从笔者多年的教学实践来看，基础会计课程教学遇到的最大难点是学生对经济业务不理解。因此，引导学生理解经济业务，并在此基础上掌握"为什么要记"以及"如何记"等后续问题，便成为基础会计课程教学的重中之重。以自然形成的认知心理顺序与自然形成的工作过程顺序达成统一为基础，笔者首先将经济业务核心理念渗透于基础会计课程的教学中，归纳了过程性知识主线，即"分析经济业务—编制分录—填制凭证—登记账簿—编制报表"这一会计核算工作过程；然后总结陈述性知识，如会计对象是什么，复式记账如何解决记录问题，会计等式是什么，会计程序如何等。每一个陈述性知识点均通过过程性知识主线带出，让学生顺着"在经济业务中发现问题——寻求理论的支持与解释——运用理论解决问题"的思路展开学习。这给我们的启示就是，基础会计课程教学的起点应该是经济业务框架理解。这就需要我们在教学过程中熟知新经济情景下的会计实务，提高学生在新经济环境下的职业判断力。

二、现阶段基础会计课程的教学特点分析

（一）基础会计课堂教学以教师讲授为主

受会计法规、准则的约束，基础会计课程需花费大量时间去讲解原理、程序。但由于学生缺乏实践基础和对经济业务的理解能力，学生很难在课堂上与教师互动或有所表现。课堂教学模式往往就是教师"满堂灌"，学生似懂非懂。这种以教师讲授为主的教学模式，一方面使课堂枯燥乏味，另一方面使学生的学习较为被动和机械。学生在学习过程中通常提不出问题，更不用说提出切中关键、探索根本、回应时代和新经济要求的好问题。课堂上难以形成活泼且良好的教学互动氛围。

（二）基础会计课程的教学重心仍是教会学生做账，教学定位不够准确

现阶段基础会计课程本科教学的教学大纲、教学体系建设的重心是教会学生如何做账。尽管从教学目标和直接效果看有一定道理，但也在一定程度上导致从技能层面上很难将本科生与一般职业学校的学生相区别。在竞聘要求解决实际问题的初、中级管理岗位上，一些本科生表现出的能力素质还不如职业学校的学生。其中的一个重要的原因是学生在掌握基础会计原理的过程中过于"死记硬背"，缺乏对经济业务的理解。这也使

得不少用人单位对现有的财会类本科教学的效果和人才培养质量产生了质疑。

从以往的社会和企业需求来看，基础会计课程教学定位于培养服务工商企业的管理人才。然而，随着新经济环境的形成，传统的基础会计教学已经不能满足当前社会经济发展的需求。以往的基础会计教学注重对理论知识的教授，正是由于这种教学定位的不准确，基础会计教学难以培养出与时代接轨的高水平经管人才，造成当前我国会计教学与社会现实需求存在冲突的困境。

（三）基础会计课程教学内容单一，教学环境相对落后

基础会计课程教学注重对会计学原理的讲授，缺少对经济环境和管理环境的分析。这使得我国会计人才的培养模式单一。这种单一化的人才培养模式难以适用社会、企业对会计人才专业知识方面的多元化需求，容易导致人才培养与需求之间的不匹配。基础会计课程的单一培养模式，只适用于以工商企业为背景的学科标准，培养的会计专业人才过于守旧。这些客观因素的存在，使我国基础会计教学内容难以适应新经济环境。

由于基础会计课程教学主要倾向于理论知识的讲授，且所适用的教学环境过于简单，因此，该教学模式不仅不利于培养适应新经济环境的会计人才，而且还直接影响着学生后续学习的深度和广度。师资设备的落后，使得会计教学质量存在一些不足和问题；教学内容的陈旧，使得会计专业人才的知识难以得到发展和进步；信息技术设备的不完善，使得会计专业人才难以适应新经济社会对会计人员工作能力的要求，降低了会计专业人才实践动手能力，影响了学生对经济业务的把握和对经济业务的处理，难以让接受大学会计教育的学生更好地融入企业的实际工作。

三、新经济环境下基础会计课程教学改革路径

随着我国新经济环境的逐渐形成，新经济业态已成为我国经济结构转型升级的主导力量。同时，企业对会计人才的需求也发生了巨大的变化。大学会计教学模式，特别是基础会计课程教学应当适时进行合理调整，将当前新经济环境与会计基础教学体系进行整合，构建科学合理的人才培养体系。

（一）以新经济业务为导向，建立基础会计课程教学内容改革路径

教师在基础会计课程的讲授过程中，可训练学生对大量原始凭证进行解读，让学生用自己的语言描述原始凭证的内容，并编制经济业务的凭证，从而让学生深入了解什么是会计对象，会计对象涉及哪些会计要素及要素的项目组成，以拉近学生与"企业""经济业务"等会计语言的距离。此后，课堂教学可以很自然地过渡到对会计等式、借贷记账法的引入及思考。在这个过程中，教学设计的工作任务是解读经济业务。但对经济业务的解读并不是我们讲授的最终目的，而是便于启发性地引入会计原理的讲解，再通过大量案例让学生掌握借贷记账法、学会编制会计分录的基本步骤、将学习的内容与经济业务再联系。

上述以经济业务为导向建立的基础会计课程的教学理念，侧重选择过程完整、相对独立的实务工作内容，将教学在实践与理论中交替进行，注重培养学生策略层面的能力。在此过程中，对经济业务特别是新经济业务的解读尤其重要。在教学过程中，教师应着力于传授新经济业态的新知识、新动态和新理念，并进一步将新经济业务与会计原理相对接，使教学内容更立体、更丰富。

（二）利用新经济业务仿真教学，实施基础会计课程体验式教学

在基础会计教学内容的组织过程中，课程的组织与管理需要采用一定的教学模式和教学方法作为保障。为了弥补基础会计实践教学中的不足，做好仿真教学对本科基础会计教学非常重要。所谓仿真教学是指依托真实世界的实践活动，采用多媒体、数据库和网络通信等技术，构建高度仿真的虚拟现实环境，在虚拟环境中通过人人交互、人机交互让学生体验真实世界并开展教学活动，达到教学大纲所要求的教学效果。仿真教学的目的是让教学更贴近真实世界。在新经济业务日渐成熟的现在，仿真教学更能让学生贴近现实，洞察经济业务的本质。仿真教学如果设计得当，其教学效果有可能等价甚至优于在真实的环境中进行学习所取得的效果，而教与学两方面的成本则会大大降低。借助仿真教学，教师可以有针对性地设计多种可能存在的情景，分析每种可能的情况的现在或未来的价值，有利于学生对会计对象、会计要素的识别与确认，对会计核算原则的理解和掌握。这种教学模式可以让学生接触一些比较实际的东西，并通过师生的亲身参与和直接互动，让教学更生动，也更能吸引学生主动参与，扩大学生知识面。虚拟仿真教学在培养学生的实践能力、研究能力、创新能力及综合素质等方面起到了其他教学环节所不能替代的独特作用。教师通过对经济业务的仿真，以具体的项目为载体，如原始凭证的填制与解读、记账凭证的填制、会计账簿的登记等，通过仿真的经济业务驱动学生去思考与探索。教师将"探究式学习""情景式学习"等教学方法运用到课堂教学中，有助于学生主动、积极地参与学习，有助于调动学生的学习潜能与培养学生的学习能力，有助于发挥学习团队的作用与形成学习型组织。

（三）适应新经济业务发展的要求，不断提高教师综合素质

基础会计课程的规范性和操作性较强。规范性意味着教师在课堂上的教学要以会计学原理为基础，非常详细地为学生讲解原理的使用前提、方式等，往往采取的是"满堂灌"的方式。操作性意味着会计学原理是处理经济业务的基础、原则，但同时也是为经济业务服务的，要用会计专业术语来真实可靠地记录和反映经济业务的要求，特别是新经济业务的要求。因此，教师一方面要对会计学原理精准把握，另一方面要了解经济环境的变化，清楚会计环境的变革。实践知识是无法从参考资料中获得的，教师要想做好课堂教学工作，就必须要入基层、接地气，主动到事务所、咨询公司去考察实践，掌握第一手信息，并将这些运用到课堂教学中，不断丰富教学内容。

要教出高质量的学生，教师自身要追求优秀。优秀的会计教师不能局限于财会专业知识，还要了解通识性知识，了解交叉学科、新兴学科的有关知识。这就要求会计教师能在课堂上引入综合案例，整合相关学科的知识体系，引导学生不仅从财会的角度思考问题，还能从一个管理者、经营者的角度去思考和解决问题。教师该如何提高自身综合能力呢？首先，教师应积极参与各种相关学术会议或研讨会。这是获取信息最快捷的方式。其次，教师应积极主动地参与科研项目的研究，做到教学相长。科研活动是教师学习的良好途径。教师通过做科研可以提高自身的综合能力。最后，教师要培养自己的教学兴趣。要让学生有学习兴趣，首先教师要有教学兴趣。这样，教师才能从各方面综合完善自身能力，丰富知识体系，活跃课堂气氛，进而更好地组织课堂教学。

参考文献

[1] 李宗彦，瞿诗宇. 我国大学管理会计课程教了什么？——基于国内主流管理会计教材的内容分析 [J]. 中国大学教学，2015（6）：81-87.

[2] 李方方. 论新经济社会环境对大学会计教育的冲击及应对措施 [J]. 才智，2016（20）：182-183.

我校会计学专业课程考核方法改革与创新总结

马慧知[①]

摘要：课程考核是教学活动的重要环节，是检验教学效果的有力手段。本文首先总结了会计学专业课程的特点，分析了我校现有会计学专业课程考核存在的问题，提出为了实现人才培养目标，应以用人单位对会计人员的评价标准为导向，改革课程考核评价制度。

关键词：会计学专业；课程考核方法；改革与创新

科学的课程考核方法不仅能对课程的教学效果进行客观评价，还可以促进教与学两方面的良性互动，及时检验和修正教学过程中的不足，对培养学生的应用能力、创新能力有着重要的作用。因此，课程考核是教学活动的重要环节，是检验教学效果的有力手段。课程考核方法是否科学、是否合理，将对教学效果的好坏产生重要影响。会计学专业作为一门应用性极强的学科，对职业能力、职业道德、业务素养等各方面的能力都有较高要求。笔者总结我校会计学专业现有的课程考核方式，发现大多课程只考核学生对书本理论知识的掌握和对实验的操作情况，并不能满足社会对会计人才质量的要求。因此，必须对会计学专业课程现有的考核方法进行改进和完善，以促进素质教育水平的提高。

一、我校会计学专业课程的特点

从课程设置来说，我校会计学专业的课程设置与大多数高校会计学专业的课程设置相似，从会计学原理课程开始，陆续开设了中级财务会计、高级财务会计、财务管理、成本会计、审计学、财务分析、管理会计等主干课程。这些课程具有以下特点：

（一）强实践性

会计工作最主要的内容是确认、计量、记录、报告企业所发生的经济业务，会计工作对象本身具有实践性。这一系列的工作程序都要求学生进行实际的操练。只有这样，

---

① 马慧知（1978—），女，成都信息工程大学讲师。研究方向：财务会计理论与实务、审计理论与实务。

学生才能掌握和熟悉相关技能。因此，会计学专业的课程都具有强实践性，要求学生能进行实际操作。比如：编制会计凭证、登记账簿等，都要求学生进行实践。

（二）强政策性

会计工作是一门具有很强政策性的工作，要求会计人员必须遵守相关法律法规。强政策性在实务中表现为会计从业人员必须依据会计法、企业会计准则、审计准则、税法等多项法律法规进行相应的会计、审计活动。会计学专业课程设置和教学活动也是围绕这些法律法规开展的，因此会计学专业课程具有较强的政策性。于是，在有关课程的教学过程中，教师会要求学生在学习过程中，必须熟记相关法规并准确地加以应用。课程考核也围绕相关政策法规进行。

（三）综合应用性

会计是对单位的经济活动进行核算和监督的一项管理活动。有时，一项会计活动可能涉及多个方面。比如：企业发生采购行为，需要根据会计法、支付结算管理办法、票据法等法规的要求进行资金结算的管理，并根据企业会计准则的要求进行相关资产与负债的核算，还需要根据税法的要求进行相关税负的计算等。这项业务的处理涉及多方面内容，需要会计人员同时具备多门知识，并且能够综合应用这些知识。

二、我校会计学专业课程考核存在的问题

通过调查，笔者发现大多数会计学专业课程的考核基本上沿用传统的闭卷、笔试形式，忽略了对学生实践能力的测试。这种以卷面考试为主的考评体制，不利于对学生实际操作技能的锻炼和综合素质的培养，对学生未来职业能力的发展也会产生不利影响。具体来说，现有考核方式存在的问题有：

（一）考核导向存在偏差

在会计学专业课程考核中，各专业课程的任课教师都通过平时成绩和期末考试成绩两项分数综合计算评价的方式进行考核。平时成绩多以学生的作业情况、考勤情况、课堂回答问题的表现来确定，占总评成绩的比例为 20%～30%。期末考试则以笔试为主，多由教师根据教学大纲中的重点内容出题并组织考试，占总评成绩的比例为 70%～80%。这种考核方式会导致很多学生产生考前突击的心理，不重视平时学习。

（二）考核内容过于片面

虽然现阶段的培养目标强调对学生综合素质的培养，但考核方案的设计只做到了对书本、课堂知识掌握程度的书面测评。学生只需要掌握教材内容即可获取较高的分数。这很容易让学生将学习目的确定为对教材内容的简单模拟学习，不能培养学生独立思考的能力和创新意识。目前，会计学专业课程考试的题型不外乎是单选题、多选题、判断题、业务题、计算题、综合题几种，有统一的标准答案。这种题型设计禁锢了学生的自主思考能力，对学生的考核侧重于记忆力和简单的理解能力，无法评价学生的沟通表达能力，资料的收集甄选能力，问题的分析、判断、解决能力等综合能力。

（三）过程考核不够全面

据了解，在一些发达国家，其会计教学方法灵活多样，整个教学过程不仅是教师的教，还包括学生参与的案例分析、文献阅读综述、课堂辩论以及课程论文等。这些教学方法与手段能够充分激发学生的学习兴趣，同时也是对学生的一种过程考核。由于我校招生规模扩大，我校会计学专业的学生人数较多，一个教学班人数动辄上百人，因此，任课教师基本上是用传统的教学方法教学，即教师单方面讲授。在这种模式下，学生并没有充分参与教学活动，教师对学生平时的学习情况掌握得也不充分。过程考核也就流于形式。

（四）缺乏对社会实践的有效考核

现有的培养方案，虽然也强调学生参与社会实践，如设置了社会实践调查、专业实习、毕业实习等环节，但是对这些实践性很强的项目的考核较为随意，缺乏对学生实践过程的有效监督，没有建立起科学可行的考核制度。所以，学生对社会实践项目不太重视。

三、改革我校现有会计学专业课程考核体系的探讨

针对上述存在的问题，改革现有的会计学专业课程考核评价制度，应力求实现以下目标：在考评内容方面，力求全面系统，既要考查学生的理论知识，也要考查学生的实际操作能力、社会交际能力、解决问题与创新能力、品德素质等；在考试评价方式方面，力求多样化，加大平时的考评力度，设置考查学生实际操作能力、语言表达能力和理解分析能力的考评环节；加强实践教学环节的考核力度，特别是会计综合模拟实习与社会实习环节的考核，并且将职业道德和敬业精神作为考核指标。具体来说，可以从以下方面着手进行：

（一）针对课程特点设计专业课程考核方案

各门课程的教学目标是不同的，所以不能采用同样的方式进行考核，应针对课程的特点，设计多样化的考核方式。在设计考核方案时，可以以课程组为单位，以能力和素质考核为中心，由课程组的所有教师集体讨论并确定考核目的、考核方式、考核内容、权重配置等。例如：对于涉及经济业务实际操作较多、实践性强的课程，在考核理论知识的同时，应加大对实际动手能力的考核；对于政策法规性强的课程，要反映出政策法规的最新变化；设计考核题目时应尽量设计出综合题目，以达到训练学生综合应用能力的目的。

（二）增强考试题型和内容的灵活性

据调查，目前我校会计学专业的很多专业课程已经建立了试题库，考试前由各课程组拟定两套试卷，交教务处统一管理，再由教务办公室从试题库中抽取一套试卷进行考试，实行教考分离，以保证考试的公平性。从题型来看，不外乎是选择题、简答题、综合题等形式，考试题型还是没有什么新意。对于会计学专业来说，随着经济实务的快速变化，知识更新速度较快，所以，应鼓励教师编写更具灵活性和实用性的题型，并随着教材和教学内容的变化定期进行更新。同时，由于教材的更新速度没有经济实务的更新速度快，所以考试内容不应仅局限于教材，可以适当涉及课外相关知识，以拓宽学生的知识面，使学生全面、深入地理解课程知识要点，掌握学科最新知识。比如：在税法课程的教学中，相关法规已经做出修改，但教材还未修改，此时就要求任课教师补充相关知识，并把教材外的内容纳入考核范围。在财务会计课程考试中，如果要考查学生对固定资产折旧方法的理解度，一方面要考查学生的计算能力，另一方面要考查学生的分析能力，即要求学生分析不同的计算方法对企业财务的影响，从而做出核算方法的选择。

这样的考试才可以更准确地评定学生的专业知识水平与解决问题的能力。

（三）强化对学生学习过程的考核

为了能让任课教师全面掌握并考评学生的学习状况，应将课程考核从最终的卷面考试延伸到整个课程的学习过程，强化过程考核。强化对学生学习过程的考核，可以通过设计多元化的考核方式来实现，可以增加对岗位技能实操、实际案例分析、社会调查等环节的测试，从而锻炼学生对理论知识的理解能力、文献资料收集能力、团队协作能力、表达沟通能力等。以会计学原理课程为例，在学习了会计凭证这部分内容之后，教师可以让学生在课堂或实验室填制各类凭证。在这个过程中，每个同学根据给定的经济业务独立判断应该填制哪类会计凭证、如何填制等，教师可以很直观地了解到学生对这部分内容的掌握程度，并及时给出评价。再以审计学课程为例，在基础理论介绍完以后，教师可以提前布置案例讨论任务、划分小组，然后让学生在课堂上以小组为单位进行演示，并根据演示结果给出评价。多元化的测试方式，可以将学生的学习积极性调动起来，能够较为全面地考查学生的能力。教师可以根据不同阶段的教学活动中学生的表现给予学生一个连续的过程考核。这有利于督促学生专注于课程学习。

（四）将课程考试和职业资格考试相结合

国内外与会计从业相关的职称考试或职业资格考试比较多。我校会计学专业正是依据会计相关职业考试和社会需求开设了注册会计师方向和 ACCA 方向，所以相关专业课程的设置也是针对职业资格考试科目而设置。如我校会计学专业 ACCA 方向，开设了与 ACCA 考试有关的双语课程。但对于我校会计学专业本科学生而言，学生在课程学习结束后必须要参加校内考试，才能取得相关学历证书。这意味着学生不仅要参加 ACCA 资格考试，还要参加校内考试。当然，国家统一考试的难度、时间安排和学校的课程安排不是完全同步的，所以，各学校还需根据自身对学生的培养目标进行课程考核设计，如可以将 ACCA 相关课程的考试成绩纳入学校课程考核范围。这在一定程度上减轻了学生的学习负担，也可以让 ACCA 方向的学生能够有更多的精力从事社会实践，而不是疲于应付考试。因此，可以将相关资格考试与学校课程考核结合，并将其考试结果作为学校课程考核的一个重要评价部分。

改革课程考核方法是一项长期的工作，考核目标和内容应该随着社会对会计人才素质的要求的变化而变化。所以，我们应持续不断地研究考核方式，设计出符合专业特点的考核方案，以考核促教学、以考核促学习，最终实现高素质应用型人才的培养目标。

参考文献

[1] 温菊英. 浅析会计专业实践课程考核评价标准 [J]. 合作经济与科技，2011（8）：120-121.

[2] 章雨晨. 高职基础会计课程考试改革探讨 [J]. 中国科教创新导刊，2013（11）：193.

[3] 赵峰松. 高职院校会计专业基础会计课程考试改革探索 [J]. 辽宁农业职业技术学院学报，2013（3）：31-34.

税法课程教学改革探究

尹彦力[①]

摘要：税法课程具有内容更新快、法律条文多、税种关联强、计算难度大等特点。教师应把握税法课程特点，合理安排教学内容，精心选择教学方法，做好对学生的全面考核，努力提高学生学习效果，培养合格的税务会计人才。本文以成都信息工程大学商学院财务管理专业为例，剖析税法教学实践中存在的问题并提出教学改革措施，供其他高校参考。

关键词：税法；蓝墨云班课；教改

一、税法课程的地位和作用

税法课程是会计学专业的核心课程，是学生学习税务会计、纳税筹划等课程的基础。税法课程不是单纯地知识传授，也不是纯技能训练，而是对学生综合职业素质的培养。学习税法课程能够使学生全面系统地理解国家的税收方针和政策，掌握相关税收法律制度，强化学生在未来会计工作中依法处理涉税事务的意识，使其具有较强的工作岗位适应能力、分析和解决实际问题的能力。

二、税法课程教学中存在的问题

在多年的教学工作中，笔者发现税法课程教学中存在以下问题：

（一）税法教学方法比较单一

长期以来，我们在税法的教学中，都遵循着这样一种传统模式：在固定的授课地点，使用固定的教材，采用"灌输式"的教学方法。

（二）未将各知识点串联起来

在税法课程的教学中，教师一般按照税种在书中出现的先后顺序对单个税种进行讲授，未将知识点串联起来。另外，由于课时压缩，我们在教学中一般着重讲解流转税和所得税中的几个主要税种，而略讲财产税和行为税等小税种，对税收征收管理法律法规涉及较少。这些导致学生掌握的知识不全面、不系统，从而无法综合运用税法知识解决

[①] 尹彦力（1977—），成都信息工程大学讲师。研究方向：税法、纳税筹划。

实际问题。

（三）学生作业完成质量不高

虽然教师在课堂上已经反复讲解许多知识点，但学生在每个税种的学习结束后，面对计算题作业仍感到力不从心、无从下手，不能灵活运用所学知识。

（四）学生考试成绩不理想

在教学过程中，学生课堂学习的状态良好，但考试成绩却不太理想。在2014—2015学年，在我校理财131班的68名学生中，有25%的学生期末考试不及格，80分以上的只占全班总数的11%；在2015—2016学年，在我校理财141班的63名学生中，不及格人数占比高达35%，80分以上的只占全班总人数的14%。导致这种情况的原因很多，有个体原因，有班风、学风原因，也有教学上的因素。

三、税法课程教学改革措施

为了帮助学生提高学习效果，2016—2017年，我校在理财151班的税法课程教学中，进行了如下改革：

（一）采用归纳教学法

知识是形成素质的基础，能力是素质的重要组成部分。要使学生所学的知识在自己能力的形成过程中发挥基础性的作用，归纳教学法是一种有效的办法。教师在归纳教学法的运用中，既可以按章节实行纵向归纳，将同一个问题不同层次的知识进行系统化，也可以跨章节实行横向归纳，对同一类问题或者不同问题的共性和个性进行归纳。实行归纳教学法，应将知识的讲授与知识的归纳有机结合，切实把握各教学内容的内在规律，分清它们之间的共性和个性，注意知识系统与实际生活的联系等。

（二）采用专题教学法

税法课程的专题教学法是指以不同行业的企业为对象，对专题进行具体分析、讲解的方法。教师通常在充分备课的基础上，选择有代表性的企业来做专题讲授，以加深学生对各税种的理解。这种方法打破了以前对各税种进行单独讲解的教学方法。不同类型的企业，需要缴纳不同的税。例如：与制造业企业相关的税种有增值税、消费税、城市维护建设税、房产税、印花税和企业所得税；与房地产企业相关的税种有增值税、城市维护建设税、土地增值税、契税和企业所得税等。我们根据不同行业的特点，把有关税种用经营业务串联起来进行专题教学。专题教学法是针对实际工作的综合性的教学方法，其目的在于提高学生灵活运用知识、解决工作中实际问题的能力。专题教学法是一种基本的教学方法，但这种教学方法对教师要求较高，备课量较大。教师在使用专题教学方法时，要对有关企业进行深入研究，做好准备、选好对象、把握好学生的接受程度。

（三）引入蓝墨云班课平台辅助学习

随着移动互联网的发展，手机已被大众广泛使用，而学生也都配备了智能手机。蓝墨云班课应用软件可以帮助教师考查学生的出勤情况，并随机让学生回答问题。教师可在该应用软件上上传资源，以方便学生及时课前预习、课后复习。教师还可通过该软件定期给学生答疑，也可以为学生提供在线测试。该应用软件还可以自动统计学生的各项学习数据。

（四）采用刻意练习法

课堂教学应与课后练习相结合。除了在每章学习结束后都布置一定量的作业让学生练习外，教师还可通过蓝墨云班课平台，适时发布与课程相配的练习题，让学生随时对基础知识进行复习、巩固。学生答题完毕，便可及时得到答案反馈。学生还可自行重做习题，以反复加深记忆。

在实施了一个学期的改革后，我校理财151班学生的学习效果有了较大的提升。该班人数较多，共有110人。按以往的惯例，大班教学效果较差。但在实施了改革后，该班的期末考试不及格率降到了15%，而80分以上的学生人数则增加到全班总人数的33%。成绩只代表学习效果的一个方面，更重要的是上述方法的运用提高了学生们对税法课程的学习兴趣和积极性，增强了学生们主动学习的意识。在以后的教学中，我也将不断地总结教学中的得失，不断提升教学质量。

参考文献

［1］彭文静. 高等院校教师税法教学改革初探［J］. 经济研究导刊，2014（16）：87-88.

［2］孙杏桃. 浅谈税法的教学改革［J］. 吉林省教育学院学报（上旬），2013（6）：39-40.

［3］梁俊娇. 税法［M］. 北京：中国人民大学出版社，2016.

市场营销学课程教学优化
设计研究

鲍　文①

摘要：一个学科的繁荣既需要伟大的思想者、极负盛名的著作，也需要研究与教育工作者把握学科理论与实践的最新进展，以实现最佳的传播和推广。市场营销学课程对大学生能力的培养具有不可替代性，但其经典教材多源自国外，国内优秀教材照搬痕迹明显。这些都要求市场营销学课程在教学设计中能够根据各个专业的特点和教学要求进行优化设计。本文对市场营销学课程教学的优化设计进行研究，提出市场营销学课程教学优化思路。

关键词：市场营销学；课程教学；优化设计

一、引言

营销管理能力已经成为经济管理专业学生应具备的一种基本素质。这对市场营销学的教学工作提出了更高的要求。市场营销学课程的内容也始终围绕着营销学理论和实践的变化而不断发展进步。教师能否做好市场营销学课程教学工作，直接关系到经济管理专业学生是否能够初步具备营销管理能力所需的理论基础。通过该课程的学习，学生能清楚地理解营销是企业、政府最基本和最重要的管理能力之一。

二、市场营销学课程教学中存在的问题

作为一名市场营销学专业科班出身的教学工作者，笔者长期关注国内知名高校培养方案的设计，并着重关注营销管理能力培养的相关安排。在此过程中，笔者发现国内高校市场营销学的教学设计存在如下问题：

（一）教材编写水平参差不齐

市场营销学教材种类繁多。仅市场营销学权威菲利普·科特勒的作品，在中国就有很多版本，中国人民大学出版社、清华大学出版社、格致出版社、机械工业出版社等诸

---

①　鲍文（1976—），男，博士，成都信息工程大学教授。研究方向：区域经济、市场营销。

多出版社均有出版，书名大致分为"营销管理"和"市场营销"两种，采用中文和英文两种语言。这两种教材的最新版本的优点是内容新颖、案例丰富，适合作为营销专业权威收藏；缺点是翻译痕迹明显，不适合非营销专业的普通学生采用，而且书本很厚，价格偏高。目前，国内教材中能够进入国家级规划教材的市场营销学教材是具有代表意义的好教材，而存在不少错别字的教材绝不是一个有责任心的教师的选择。

（二）教学内容过于丰富

在权威和优秀的市场营销学教材中，课程教学内容存在过于丰富的问题。菲利普·科特勒的中文版教材《营销管理》和《市场营销》的最新版本都在 600 页以上，2015年出版的郭国庆与陈凯的《市场营销学》（第 5 版）经过压缩也有 390 页 20 章。对于财务管理专业而言，各个章节内容的讲授不能像市场营销学专业那样粗略，因为对于市场学营销专业来说，许多章节内容以后会通过专门的课程讲授。这就要求在有限的时间内既要把教材内容讲完，还要有一定的深度。因此，授课教师要对教材内容进行去粗取精，对教学内容重新设计安排。这不仅要花费大量时间和精力，还要求教师加强学习，才能做到适合、适度。

（三）案例陈旧

市场营销学课程是一门应用性极强的学科。该学科的特点是理论非常丰富，同时案例数不胜数。企业的营销实践不是某个时段、某个节点发生的，而是随时随地发生的。陈旧的案例只能在当时的情景下进行分析才具有说服力，学生则更希望采用时新的案例，以更好地借助有关理论来分析和解决某些企业、政府面临的问题。这是学生对教学内容提出的合理要求，是市场营销学课程优化设计需要重点解决的问题。

（四）理论与实践结合不紧密

市场营销学课程将营销活动的范围界定得非常宽，但大体上将营销活动界定为一种管理行为。无论是定价、促销、渠道、产品等企业内部事务的管理，还是公共关系、权力等外部关系的处理，都是如此。但在企业的营销实践中，学生只能从事一些促销、宣传、调研、文案写作及分析等非常基础的工作，似乎很难体现自身价值。学生学习市场营销学的目的是运用基本的营销理论，了解企业营销活动流程，而实践活动可以让学生清楚地了解企业存在的问题并学习到解决问题的方法，以更好地理解营销活动的意义。理论和实践是相辅相成的。

三、市场营销学课程教学优化思路

（一）选取优秀教材给学生，权威参考书给教师

笔者最初选取两本权威教材：一是中国人民大学出版社于 2015 年出版的菲利普·科特勒与加里·阿姆斯特朗的《市场营销：原理与实践》（第 16 版）；二是中国人民大学出版社于 2012 年出版的菲利普·科特勒与凯文·莱恩·凯勒的《营销管理》（第 14版）。两本巨著独到的理论和经典的案例给人印象深刻，令人爱不释手。笔者经过认真拜读，考虑到所讲授的专业为财务管理专业税收筹划方向，而这两本书过于专业和精细，薄的一本有 649 页，厚的有 840 页，定价也偏高，均为 79 元，后又选取一本优秀教材，即中国人民大学出版社 2015 年出版的郭国庆与陈凯的《市场营销学》（第 5 版）。该教材充分借鉴了上述权威著作的理论，又能很好地兼顾国情，同时吸纳了国内外最新

的一些研究成果。其内容经过精心选择且定价为 45 元，较前两本权威著作更适合作为教材使用。这两本权威著作则作为笔者的教学参考书，且英文版本的部分内容也被充实到教学过程中，以便于让学生更好地理解和消化。

（二）精心选取和设计课程内容

课程是人才培养的核心，经过精心设计的课程内容比教材的展现更重要。课程的教学过程是有生命的，而教材的水平参差不齐，也很难根据专业的不同而有所区别。在系统设计培养营销能力的财务管理专业的市场营销学课程时，课程内容的选择要做到精简而不是面面俱到，要选取关键核心内容。此外，教师要将课程教学与培养目标结合。这要求教师基于培养目标的要求施教，并选取好的教材，以帮助学生进一步理解知识。市场营销学课程的精髓是如何在信息不对称条件下实现企业产品或服务与市场需求的有效对接。这是市场经济条件下最困扰企业的问题，故该课程的重要性不言而喻。市场营销学课程内容的选取和设计更要围绕这个中心来开展，凡是那些不着边的内容大可以简略带过。

（三）将理论与案例有机结合

财务管理专业的特点要求学生开展会计业务的实习或实训，而非营销实践，因此，市场营销学理论的讲授主要是让学生能够树立所在部门与营销部门的协同意识，并不需要学生从事营销实践。为解决该问题，教师在课堂上要将理论与案例相结合。理论与案例有机结合的关键在于选取优秀企业的真实案例来阐释理论，最具代表性的无非是世界500 强企业的最新案例。这些企业代表着当今世界最先进的生产力和未来的发展方向，尤其是近年来，入围世界 500 强的中国企业增加，对其营销管理案例的研究与分析既能够让课堂更加生动，也能增强学生的民族自豪感和成就感。世界 500 强企业的排名，能够清晰地表明中国企业在世界各个行业中的表现。商业企业表现不尽人意的事实充分显示了中国这些行业的高级管理人员营销能力的不足。这也为财务管理专业一些具有较强营销能力潜力的同学指出发展方向。

（四）将课程教学在课堂外进行延伸

信息技术手段的更新，推动了市场营销学教学模式的变革，也打破了课堂内外的界限。为了和学生进行实时互动，了解学生学习情况和存在的主要问题，教师需要对教学过程进行调整，如在上课第一次就留下自己的联系方式，方便同学们随时进行咨询和讨论。这种方式让学生很容易就某个问题与任课教师进行深入讨论，时间成本也很低，讨论的内容也可以根据学生的具体想法而不同。一般来说，任课教师都喜欢爱思考、爱提问题的学生，并不觉得提问题是一种添麻烦的行为，非常乐于解答，而同学们也能感觉到教师的关心。这可以实现双方的良性互动，提高课程教学的效果。

参考文献

［1］科特勒，阿姆斯特朗. 市场营销：原理与实践（第 16 版）［M］. 楼尊，译. 北京：中国人民大学出版社，2015.

［2］科特勒，凯勒. 营销管理（第 14 版）［M］. 王永贵，于洪彦，陈荣，等译. 北京：中国人民大学出版社，2012.

[3] 郭国庆，陈凯. 市场营销学（第5版）[M]. 北京：中国人民大学出版社，2015.

[4] 鲍文. 试论国际经济与贸易专业教学效果优化——以世界经贸地理与国际营销双语课程为例 [A]. 曹邦英，戴丽红. 理工高校素质教育与经管专业教育教学改革研究 [C]. 成都：电子科技大学出版社，2013：100-105.

国际市场营销双语课程
教学改革探索

刘侃宁[①]　刘　竞　陈　莹

摘要： 国际市场营销课程是一门非常适合开展双语教学的专业课程。开设该课程的各大高校均结合自身资源和办学特点，为这门课程设立了不同的教学目标。本文总结了我校开设该门课程十年来所遇到的一些问题，结合我校市场营销专业培养应用型人才的定位目标，总结了在新形势下我校国际市场营销双语课程的教学改革方向，并从教学定位、教材案例和教学方法等几个方面提出了具体的教改实施建议。

关键词： 国际市场营销；双语课程；应用型人才培养

一、我国国际市场营销双语课程开设的背景与现状

从 20 世纪 90 年代起，在全球经济一体化进程日益深入的大背景下，中国企业面临着机遇与风险并存的国际市场大环境。一方面，全球经济体紧密合作，中国制造力量崛起，为越来越多的中国企业提供了走向国际市场的机会；另一方面，对国际市场环境不熟悉以及国际营销人才的缺乏，也成为中国企业在国际市场竞争中最大的软肋。因此，各大高校纷纷开设国际市场营销课程，旨在培养具有国际视野与战略眼光的市场营销人才。2001 年，教育部下达《关于加强高等学校本科教学工作提高教学质量的若干意见》（教高〔2001〕4 号），明确要求"高校本科教学要创造条件，使用英语等外语进行公共课和专业课教学"，要求各高校在三年内开设 5~10 门双语课程，并引进原版教材、提高师资水平。国际市场营销课程的特殊性，使其成为开设双语教学最普遍的课程之一。目前，这一课程多面向市场营销专业、国际贸易专业和商务英语专业的学生开设。

我校的市场营销专业从 2007 年开始尝试实施国际市场营销双语授课模式，同时启用外国原文教材并将该课程作为我校市场营销专业的一门专业必修课。该课程主要研究在一个以上国家进行的把企业的产品或服务引导到消费者或用户中去的各种商务活动。它不仅为培养从事国际营销的高素质的理论研究和实践人才提供了理论武器，而且为当

---

①　刘侃宁（1981—），女，成都信息工程大学讲师。研究方向：广告传播。

今企业从事国际营销活动提供必要的指导。其教学目标包括以下几点：帮助学生了解和掌握营销学重要的原理和概念，系统掌握国际营销的基本理论和基础知识及其在实践中的应用，切实树立起正确的现代营销观念，学会国际营销决策的方法、策略和技巧，提高分析问题、解决问题的能力，提高专业英语交流、阅读与写作能力。其中，对学生掌握市场营销英语术语以及用英文进行书面和口头交流的能力更为看重。整个国际市场营销双语课程的教学改革一直在朝此方向努力。

二、我校国际市场营销双语课程教学中存在的问题

从 2007 年我校开设国际市场营销双语课程至今，已有十余年，该课程的总体教学体系已经趋向成熟，但在实践教学中，仍然存在如下问题：

（一）培养目标模糊，课程特色缺乏

国际市场营销双语课程具有理论性与实践性兼备的特点。一方面，需要学生从国内外顾客的需求为研究出发点，结合国际管理定位理论、自我参照准则、罗斯托经济起飞模型、霍夫斯泰德文化五维度理论等经典跨国营销理论，针对不同的国际市场大环境进行综合分析，可以为企业的市场营销制定相应的企业战略决策。另一方面，也要从实践出发，让学生对国际市场的政治、经济、文化等宏观环境有较为直观且全面的认识，同时让学生在实践中进行学习和演练，以更好地理解该门课程。

目前，国内各大高校的市场营销专业都开设了国际市场营销双语课程，同时结合学校和专业自身的办学资源与办学特点，为该门课程设置了较为清晰的课程定位与课程特色。一般来说，综合资源较强的一本院校如中国人民大学等，开设的国际市场营销双语课程定位于让学生掌握国际市场营销的理论与方法，为国际企业发展战略决策服务；而以就业为导向的大专和高职院校，则注重实操能力，课程定位多着眼于互联网模式下或者电商经济背景下的国际市场营销技能培训。

我校的国际市场营销双语课程定位于培养应用型的国际营销双语人才，但由于我校处于西南地区，与一线城市和沿海城市相比，缺乏国际化的教学环境。尽管课程中安排有专门的实践学时，学生也很难获得真正的实践机会。因此，对于这门课程的学习，学生缺乏明确的学习目标，无法体会到国际市场营销双语技能可以给未来工作带来的竞争优势。此外，由于课程特色的缺乏，该门课程对于部分英语基础较差的学生完全失去了吸引力。他们将这门课程作为一门语言能力课看待，学习热情不高。

（二）教学内容与经典市场营销学重复

国际市场营销的理论体系是建立在科特勒的经典市场营销学之上的，其基础结构体系与经典市场营销学几乎一致，包含了从市场营销环境分析到市场营销战略再到市场营销 4P 策略的完整过程。其区别在于以下几点：首先，国际市场营销课程非常注重对国际市场环境的分析，对国际宏观环境这部分内容设置了单独的章节进行讲解，而经典市场营销学课程对宏观环境的分析没有具体到这个程度；其次，与经典市场营销学课程相比，国际市场营销课程的企业战略部分中多出了"国际市场进入战略"的内容，这是面对不同国家市场壁垒所必须考虑的企业战略；最后，无论是在企业战略部分还是在市场营销 4P 策略部分，国际市场营销课程都强调要考虑不同市场环境与不同顾客需求的差别，在不同的市场上进行有差异性的国际市场营销战略与策略制定。

但是从学生的角度出发，由于学生缺乏对国际大环境的充分认识，对各个国家区域市场的差异性体会不够深刻，因此部分学生并不能很好地认识到国际市场营销课程与经典市场营销学课程之间的巨大差异。由于两门课程的理论体系部分有较多重合部分，甚至有学生简单地将国际市场营销双语课程看作用英文将经典市场营销学课程再学习一遍。这不利于国际市场营销双语课程教学工作的开展。

（三）引进版教材的不适应性

双语课程教学只有依托引进版英文教材，才能取得最佳教学效果。同时，教师在课程教学中，也必须使用大量原文案例与学生进行讨论和互动。然而，我国从国外引进的国际市场营销教材的数量并不多。目前，普及率较高的引进版教材有凯特奥拉所著的《国际市场营销学》以及基根与格林所著的《全球营销》。凯特奥拉的《国际市场营销学》具有典型的西方思维特点，发散性较强，各章节之间的结构较为松散，从教学上来说，并不太适合在要求系统思维的中国课堂教学。相比之下，基根与格林所著的《全球营销》各章节之间的结构十分紧密，清晰地展现了国际市场营销的理论体系，更加适合中国学生的学习思维和学习习惯。同时，这本教材不仅有全英文的原文版，还有中文翻译版，能够满足多样的课程教学需求。但其最大的问题是缺少对学生实践能力锻炼的相关内容。引进版教材对快速发展的中国市场经济体缺乏足够的认识和针对性的理论介绍，因此，市面上主流的引进版教材并不能很好地适应我校国际市场营销双语课程的教学需求。

引进版教材中的案例具有国际化程度强的优点，但同时也存在着以国外企业案例为主，缺乏本土化特色的缺点。学生在进行案例分析时有较大的距离感，无法很好地结合现实情景进行深入的分析。此外，引进版教材还存在案例陈旧、理论更新不及时等弊端。学生感兴趣的是与时下营销热点相关联的案例，如大数据营销、"互联网+"等，而不是引进版教材中20世纪末的国外企业案例。

（四）课堂教学方法单一

在双语教学课堂上，由于学生英文表达能力有限，大部分学生处于被动听课的状态。在营销专业课教学中可以使用的互动教学法、情景模拟教学法等教学方法在本课程的实施效果不佳。有一部分学生会尝试用英文和老师进行互动，但是也基本停留在将中文词句翻译成英文的状态，不能进行更深入的思考。

（五）考核机制不够灵活

国际市场营销课程作为一门专业必修课，原则上应当以闭卷考试的方式对学生进行成绩考查。然而从考试实施情况来看，效果并不理想。主要原因在于国际市场营销课程的核心是让学生充分开阔视野，认识到国内国外营销大环境的差异性和多样性，而试卷考试只能反映学生对纯理论知识的把握程度。如果采用双语试卷，由于学生英文能力所限，更加无法考查学生对该门课程知识的实际把握情况。因此，该门课程多采用论文写作考查或者案例分析的方式，但仅凭期末一篇论文，也不能很好地反映学生对国际市场营销知识的掌握和应用情况。

（六）实践平台缺乏，实践环节不够深入

该门课程设置有实践学时，但由于学校处于西南地区，学生平时能够接触到的国际营销平台并不多，更多的是通过网络搜寻信息，并进行案例分析或者做策划方案等。实践环节对于学生来说更像是纸上谈兵。学生体会不到实践环节的意义，很难在实践中得到进一步的学习。

三、我校国际市场营销双语课程教学改革思路

国际市场营销双语课程的设计应当符合国际商务专业人才培养目标。从我校本专业毕业生的具体就业数据来看，大多数毕业生服务于本土中小企业。但在我国西南城市国际化日益深入的大背景下，我们可以预见将来在本土工作的毕业生也会有大量从事国际商务岗位的机会。因此课程改革的目标应当是向培养从事本土国际营销实务工作的精英人才的目标靠拢，运用更多贴近中国国情的案例对学生进行引导，有针对性地加强对学生职业能力的培养，同时提升课堂的趣味性和实用性。

四、我校国际市场营销双语课程教学改革对策

（一）明细课程培养目标，强化课程特色

从本专业人才的培养目标来看，我校国际市场营销双语课程既不能走纯理论培养的学术道路，也不适合完全的职业技能培训模式。最适合的培养目标就是增强学生的国际营销实务能力，将重点放在学生的外语沟通能力和应用能力、国际营销实务策划能力等能力的培养，同时，也要注重拓展学生的国际视野，引导学生有意识地去关注国际市场形势，具备国际战略分析眼光。

（二）突出与传统营销学之间的差异，提升学生主动学习的积极性

在实际教学中，应当弱化经典营销学理论框架的部分，转而强调与经典营销学差异最大的部分，也是学生最有兴趣的部分——国际宏观环境差异分析；着重从政治、经济、文化、技术、自然环境、法律等几个方面举出大量实际对比案例，突出国际市场营销环境的多样性和变化性。在举例时，尤其应当注重和时下的热点话题相结合，如美国总统大选、全球经济危机、文化冲突与文化侵略、3D打印、VR技术等，以充分调动学生的学习兴趣，在开阔学生眼界的同时，激发学生的主观能动性，让他们从被动接受老师灌输的知识转化为主动且有意识地去学习和了解国际市场营销相关知识。

（三）对双语教材去粗取精，开发本土特色案例

鉴于目前市面上很难找到完全适合本课程培养目标的双语教材，教师自编教材也不易实现，最适合的方法是在现有教材的基础上进行缩减工作，使之与我校营销专业本科生的学习能力相匹配。如在使用基根与格林所著的《全球营销》一书的基础之上，提前为学生进行教材缩减工作，重点突出国际环境PESTEL的分析章节，而将国际营销4P的章节部分作为补充学习的内容。同时，教师可在每一章节中勾出应当重点了解的概念和理论，要求学生精读并把握，而对于一些非重点理论，如购买力平价理论，可以要求学有余力的学生阅读学习。这样能够使学习基础有差异的学生根据自身的水平调整学习进程。

另外，在使用原文教材中的案例时，教师也应当通过各种渠道获得更多的本土化案例并对其进行修改、完善。教师通过进行具有中国特色的案例教学帮助学生理解如何在中国特色社会主义市场经济环境下从事国际市场营销的实务工作。

（四）使用多样化的教学手段，提高课堂教学气氛

借鉴其他高校的双语课程教学经验，我校应引入问题驱动法，对每节课的知识点进行设计，通过"业务案例、引入问题、提出知识点、解决方案、总结提高"五个环节对学生进行引导，提升学生学习的兴趣。

在双语能力培养上，目前主流的教育模式有三种——浸入式教学法、过渡式教学法和维持式教学法。结合我校学生的英语水平和教学实施条件，我校应当继续采用维持式教学法，即教学中仍然以中文为主导，以帮助学生更好理解各个知识点，同时，采用纯英文教材和纯英文课件，并要求学生用英文完成作业和考核。在这一过程中，教师应要求学生养成英文思维模式。

（五）设置更多实践环节，灵活安排考核方式

首先，我校需要从专业建设的层面出发，寻求更多校企合作机会，真正建立起学生实习平台。其次，我校应鼓励学生自主寻找实习机会，扩宽看世界的途径。最后，在鼓励增加实践环节的基础上，我校应安排更为灵活的考核方式，进一步扩大平时成绩和实践成绩在期末成绩中所占的比例，更多地从学生的平时表现来考查学生。

参考文献

［1］葛志琼. 国际市场营销教学改革的基本思路［J］. 黑龙江教育，2012（3）：10-12.

［2］李益民. 国际市场营销教学方法改革探析［J］. 南阳师范学院学报，2010（10）：109-110.

［3］任浩. 新形势下的国际市场营销学教学方法探析［J］. 青年与社会，2014（7）：113-114.

［4］张奕文. 国际市场营销学双语教学模式的探索与实践［J］. 教育界，2016（10）：94.

［5］叶淞文. 探究式教学法在"国际市场营销学"教学中的实践与思考［J］. 现代经济信息，2015（15）：398-399.

［6］石寅亮. 浅谈应用型人才培养下的国际市场营销课程教学方法［J］. 高教学刊，2015（15）：63-64.

国际市场营销双语课
实施小班制的思考

刘侃宁[①] 陈 莹 刘 竞

摘要：随着我国高等教育不断普及，我国高校正承担着越来越繁重的教学任务。在这一背景下，大班授课已然成为一种常态。而在国外高校的本科教育中，小班制教学正成为主流趋势，其对教学的提升效果也得到各方面的验证。基于国际市场营销双语课的课程特点，开展小班制教学更能促进学生自主学习，提高学生学习这门课程的兴趣。然而，开展小班制教学也需要各方面资源条件的配合。本文旨在通过学习国内外高校开展小班制教学的经验，结合我校实际情况，对如何开展我校国际市场营销双语课的小班制教学提出一些初步构想。

关键词：小班制教学；国际市场营销；双语课

近年来，我国教育的总体发展水平不断提高，2016 年，我国高等教育毛入学率已经达到 42.7%，在校大学生人数不断增加。日趋大众化的中国高等教育为更多学生提供了相对公平的教育机会，但由于高校师资力量缺乏、教学基础设施不足等原因，大多数高校采取了几十人至上百人合班上大课的教学形式。这种形式对一些专业性和互动性要求较高的课程来说，存在着较大的弊端。如我校的国际市场营销双语课程，不仅是一门专业性较高的必修课，同时也是一门对学生语言能力要求较高的课程。大班教学模式势必引发教师无法针对学生不同的英语基础展开有效教学、学生跟不上教师节奏等多种问题。因此，对部分专业课程进行小班制教学模式改革探索显得尤为必要。

一、小班制教学的内涵与优势

（一）小班制教学的内涵

小班制教学主要是指在现代教育理念的支撑下，通过减少课堂人数、缩小教学规模从而提升教学效率的教学组织形式。一般来说，小班制教学要求将一个教学班级的人数控制在 20~25 人，以便教师将注意力投注到每一位学生身上。同时，教师在小班制的课

---

① 刘侃宁（1981—），女，成都信息工程大学讲师。研究方向：广告传播。

堂中，也往往采用多样化的教学手段，以强调学生的中心地位，提升学生学习的积极性。

（二）小班制教学的优势

小班制教学在国外高校已经开展多年。在全球顶尖高等学府中，小班制几乎是必备的教学组织形式。无论是从国外高校的实践情况还是从教育学界的理论研究来看，小班制教学都拥有大班教学所没有的优势：

（1）小班制教学有利于教师关注到每一个学生。

根据现代教育心理学的研究，教师在课堂教学中的视野覆盖一般不会超过 25 个人。一旦超过这个数量，教师就无法保证关注到每一位学生的学习状况。目前，我国高校的大班课堂人数至少在七八十人。在这样的大班课堂上，教师的注意力往往集中在课堂表现特别积极的学生和听课明显走神的学生上，而忽略掉大部分的中间群体。小班制教学模式就能很好地避免这种现象的发生，确保教师能够在教学中了解到每一位学生的学习进度和学习情况。

（2）小班制教学能更好地实现学生的个性化发展。

当前，我国的教育理念注重以人为本、以学生为中心，提倡针对学生的个体差异，给予最适当的教育。在传统的大班教学模式下，教师必然无法针对学生的个体需求给出差异化较大的教育方案。而在小班制教学模式下，教师有可能针对学生的不同基础，制定不同的培养目标，给予不同的培训计划，使学生的兴趣和需求得到满足，凸显学生在教育过程中的主体地位。

（3）小班制教学有利于教师进行课堂管理，提升教学效率。

在传统的大班教学模式中，由于学生人数众多，学生作为个体的课堂参与感不强，因此教师需要额外花费时间进行课堂纪律维护，使得教师的教学思路和课堂气氛遭到破坏。小班制教学，可以增强每一位学生的参与感，有利于维持课堂秩序。此外，在小班制教学模式中，师生之间可以获得更多的互动交流的机会以及更好的课堂体验感，教学效率也随之提升。

（4）小班制教学能更好地实施多样化的教学方法。

互动式教学法、案例教学法、小组讨论教学法等教学方法在大班课堂上比较难以推广，原因仍然在于学生个体参与感不强、积极性不高，不能主动配合教师进行多元化的教学方法探索。采取小班制教学以后，教师能够更为灵活地根据学生的状况采取多种教学方法相结合的方式，将启发式、提问式、辩论式等多种方法应用在教学过程中，有效提升学生的学习积极性，活跃课堂教学氛围，将师生关系从以往"你说我听的被动关系"转换为"师生共同交流的主动关系"；同时，在教学过程中实施不同教学方法的效果也能及时得到反馈，有助于教师调整接下来的教学方案。

二、国内外高校开展小班制教学的现状

从国内外高校的教育模式来看，小班制教学的优点早已获得共识，小班制教学模式也作为教育改革的大趋势在我国迅速开展开来。

（一）西方高校：小班制教学早已普及，注重激发学生自主性

法国教育界早在 1937 年就开展了小班制教育，要求小学一年级班级人数不得超过

25 人，其他年级不得超过 35 人，而后逐渐将 25 人的限制推广到中等教育和高等教育中。在美国各大高校的课程设置中，有 45% 的课程的学生人数少于 20 人，甚至有部分美国高校开设的少于 20 人的小班课程的比例占本校所有课程的 80% 以上。美国高校针对大学一年级新生也会开设人数较多的基础理论课程，但同时也会针对该门课程单独开设由助教进行指导的小班课堂。在大班课堂上，教授进行理论讲授；在小班课堂上，助教采取互动式和启发式的方法，鼓励学生自主发言、进行交流讨论。这类小班课堂一般会配备可移动的桌椅和多媒体设施，教师混坐在学生之中，营造轻松活泼的课堂讨论氛围。英国高校对于班级的人数控制更为严格，往往要求在 15 人左右。教师在小班课堂上可充分利用分组讨论、课题演讲、案例展示等多种手段，并将课堂主导权交给学生，让学生通过自己的探索来发现学术问题的答案。

（二）我国高校：部分高校积极探索小班制教学，注重与本土特色相结合

目前，国内已经有部分高校，尤其是 985、211 高校在积极探索开展小班制教学模式，其中包括清华大学、北京大学、四川大学、大连理工大学等多所高校。基于我国高等教育正在由精英教育转向大众化教育的现实国情，这些高校的小班制改革均把握了在保证教育公平性的大前提下，充分引导学生发挥自我个性差异的原则。在具体的实施过程中，大体分为以下两种走向：

一种是以清华大学、复旦大学为代表。复旦大学本科生人数少于 30 人的小班教学占其本科课程的比例为 40%。清华大学从 2006 年就开始尝试直接将全部的大班大课划分为 20~30 人一班的小班小课，在教学中融入案例式、讨论式等多种教学方法，创造积极活跃的课堂氛围，以激发学生的主观能动性。这种方法在学生的课堂融入、兴趣激发方面具有非常明显的优势，但其实施的最大障碍在于师资力量和教学基础设施的不足，因此只有在师资力量雄厚、教学基础设施完备的高校才有条件推广。

另一种是以北京大学、四川大学、大连理工大学为代表。其具体操作是采取"大班授课、小班辅导"的大原则，即在大班课堂上按照大纲的要求完成教学进度，注重授课内容的广度和深度，而在小班辅导课上则充分发挥助教制度，安排博士、硕士研究生对学生进行小班课辅导。他们负责引导学生进行案例讨论，并为学生答疑等。这种方法的优势在于弥补了部分高校师资力量不足的缺陷，提升了教学效果，同时也给博士、硕士研究生自我锻炼的机会。

三、我校国际市场营销双语课小班制教学改革思路

国际市场营销双语课是我校市场营销专业学生的一门专业必修课，开设在第六学期，先修课程为大学英语和市场营销学，授课人数一般在 70~100 人。由于学生的英语水平参差不齐，在该门课程的教学目标定位上，学生也存在较大的诉求差异。同时，由于国际市场营销双语课的教学核心在于引导学生深入了解国际市场宏观环境的差异，因此仅通过教师的课堂讲述显然不够，关键是要激发学生的学习积极性，引导他们在课外通过图书馆、互联网等进行主动学习。案例讨论和分析也是国际市场营销双语课中重要的一个环节，但在人数较多的大班课堂上，开展案例讨论，尤其是双语案例讨论的教学效果并不好。综上所述，相比传统的大班教学模式，小班制教学更能满足国际市场营销双语课程的教学需求，在我校开展小班制国际市场营销双语课教学十分必要。

结合我校双语教师师资力量薄弱、多媒体教室较为紧张等实际情况，我校国际市场营销双语课小班制的开展更适合走"大班授课、小班辅导"的路线。我校可以按照学生的英语能力基础将他们划分为若干小组，每组4~6人，将四五个英语水平相当的小组划分为一个小班。在大班课堂授课一周以后，可针对大班课内容对学生开展小班课辅导。教师在每个小班授课中，应根据学生实际英语水平，采取不同的教学方法展开教学。如在英语基础较好的小班中，教师可以直接采用浸入式教学法，为学生建立纯英文的语言环境，强化学生的口头表达能力；在英语基础一般的小班中，教师可采用过渡式教学法，即在双语教学模式下注重对学生英语专业术语的教育，并逐步过渡到纯英文的教学环境；而在英语基础较为薄弱的小班，教师应切合实际，采取维持式教学法，课堂讲述以中文为主，采用英文教材与课件，帮助学生尽可能多地了解国际市场营销的理论知识，同时在一定程度上提升学生的专业英文水平。除了语言教学不同以外，教师在不同的小班课堂上还应当根据学生的专业水平和基础能力的不同，灵活采用小组课题演讲、小组课堂讨论等多种教学方法，鼓励每个学生都能在小班课堂上自主发言，并在课后主动对自己有兴趣的知识点进行进一步的探析。

四、对我校国际市场营销双语课小班制实施的建议

（一）壮大双语教师队伍，提升教师素养

开展小班制教学的主要障碍之一就是师资力量的不足。双语课小班制教学不仅对教师数量有要求，还对教师的专业素养有要求。小班制教学意味着教师要转变传统教学观念，学习先进的教学方法，切实做到将学生作为教学活动的主体。双语课小班制对教师的外语能力也提出了更高要求。目前，我校经管类专业能够承担双语课教学的师资力量有限，仅靠现有师资力量不足以满足开展小班制教学的需求。我校可以通过聘请经管类博士、硕士研究生担任助教来解决师资力量不足的问题。同时，我校应当加大双语师资引进力度，并展开教学技能培训工作，建立一支人员充足、分工合理的双语小班制教学师资队伍。

（二）加大教学基础设施建设，提供良好的小班制教学环境

目前，我校大部分教室都是可容纳几十人至上百人的多媒体大教室，且各多媒体教室的使用情况也十分紧张。开展小班制教学，势必会增加目前教室排班的负荷，而传统固定座位的多媒体教室也不太符合小班教学较为灵活多变的课堂氛围。从长远来看，学校应当重视教室的建设，为小班教学提供更为开放的教学环境。在短期内，我校可以通过改造现有教室和其他公共教学空间的方式缓解这一问题。

（三）优化教学管理流程，支持灵活的教学考核方式

小班制教学模式要求启发学生的多元思维，培养学生的自主思维能力，因此，在该模式下对学生进行成绩评定的方式也变得更加灵活。传统的重视结果的教学评定和成绩评定模式显然不适合小班制教学模式。这也要求教学管理部门针对小班制教学的特点，制定更加有弹性的教学管理制度和成绩考核标准。

（四）加强教学资源平台建设，推动互联网教学模式

国际市场营销双语小班课的教学主要目标之一是促使学生自主自发地进行国际市场宏观环境探索。学生在实际探索中往往会遇到可利用资源有限的困境。对此，学校应加

强相关教学资源平台的建设力度，如丰富图书馆馆藏书籍和电子资源等，为学生提供一个更加广泛的求知天地。此外，学校也可采用互联网教学模式，为教师和学生搭建更为专业的教学互动平台，增加师生互动沟通的渠道，进一步提升小班制教学的效率。

参考文献

［1］刘径言. 高校实行小班化教学的构想与可能途径［J］. 江西科技师范大学学报，2013（4）：119-123.

［2］吕军莉. 我国高校实施小班化教学现状分析与发展策略［J］. 青海师范大学学报（哲学社会科学版），2015（1）：161-164.

［3］柳德荣. 我国本科高校小班教学开展现状、制约因素及对策研究［J］. 创新与创业教育，2016（2）：111-114.

［4］万洪丹，施伟华，李培丽. 光电子器件双语课程中创新型人才培养的方法探究——以小班化教学为视角［J］. 课程教育研究，2015（28）：223-224.

［5］陈婷，胡素芬，杨朝燕. 高校跨文化交际课程中的小班化教学［J］. 设计艺术研究，2010（2）：142-144.

［6］孔晨旭. 中加高校大小班化课堂教学比较与启示［J］. 青年学报，2012（1）：38-40.

［7］肖英，王秀梅. "互联网+"背景下小班化线上线下双语课堂教学改革探讨［J］. 中国教育信息化，2017（8）：120-121.

个人理财实务课程教学思考

罗　爽[①]

摘要：本文以个人理财实务课程为例，探讨了课程教学中存在的主要问题，提出了解决问题的思路，即重点开展案例教学，辅之游戏教学和模拟教学，引入互联网金融，推进"线下+线上"模式，将课堂教学手段与网络教学手段相结合，以提高学生的自主学习能力，丰富个人理财实务课程的内涵和外延。

关键词：个人理财实务；案例；互联网金融

对我校这种理工类的普通本科院校而言，培养素质性人才至关重要。在人才培养定位的要求下，教师们应采取丰富多样的教学方法和手段，力求培养出适应社会需要的应用型管理人才。对财务管理专业的学生而言，实践能力的培养尤其重要。个人理财实务课程自 2009 年开设以来，受到学生的普遍欢迎。个人理财实务课程是一门实务性很强的课程，尤其是投资这部分重点内容，学生若没有参与真实交易，很难真正将知识掌握。因此，在教学过程中，为了把学生培养成素质性和综合性人才，笔者试图采用案例化教学模式，使用研讨式、启发式、案例式及参与式教学方法，以促使学生把所学的内容与实践联系起来，从实际项目中巩固所学的知识，用所学的理论与方法去分析、解决模拟投资交易中所遇到的实际问题。

一、课程教学中存在的主要问题

（一）教材缺乏系统性

目前，市面上关于个人理财实务的教材比较少，关于理财的书籍非常多，但都是讲述一些理财思想和致富之路，缺乏理论和系统性。学生学习完后很容易遗忘，在后续的理财规划案例分析中，常常不知道如何运用所学理财知识对个人或者家庭进行理财规划。此外，由于学生没有从事投资理财的经验，大多数案例对于他们来说，还是过于抽象化，难以理解。

[①]　罗爽（1977—），女，成都信息工程大学讲师。研究方向：公司理财、个人理财。

（二）缺乏可操作性

大多数教材上的理财知识和理财案例只是描述性分析，对学习者来说只有借鉴意义。由于没有进行过投资理财，学生体会不到投资的风险，所做的理财分析往往都是纸上谈兵，在网上收集到的资料也是千篇一律，最后分析的结果都是大同小异。

（三）背景资料分析较少

在个人理财实务的教学过程中，尤其是在分析个人或者家庭的保险规划、投资决策时，离不开当时的宏观背景、市场环境、个人或者家庭的理财目标和风险偏好等。这些将影响理财规划师的投资理财决策。但是，在现有的理财教学过程中，这部分背景资料的分析比较少。

二、如何展开个人理财实务的案例教学

个人理财实务课是一门偏重于实务性的课程，需要大量的投资理财实践活动反复验证其理财知识的有效性。如果仍然沿用"教师一人讲授，学生在课堂上记笔记"的传统教学方式，学生只是在讲堂下面被动听讲，被动记课堂教学重点内容，缺乏主动参与和主动思考，最终会导致学生学习的主动性和积极性不够。因此，教师在教学中可以在课堂上用案例引导学生学习相关理财知识，然后在课后布置相关案例（案例要与学生自身结合，比如现金和消费规划、警惕校园贷陷阱），并让学生运用课堂所学知识进行理财规划。

（一）以小组为单位进行案例教学

案例教学方式如果单纯依靠学生一人独立完成，几乎不太可能；同时，为了培养学生未来的职业竞争能力，我们在教学过程中采用小组的形式开展课后讨论和案例分析。在多年的教学实践中，笔者发现小组人数不宜太多，一般6人最好。此外，不能让学生自由组合分组，应在第一节课按照学生的座位采用随机分组的方式分组。这种分组方式有利于团队的组合，更有利于学生人际关系的培养，可以锻炼学生协调人际关系的能力。当然，每组的组长还是由小组成员自由选择。

在课后的小组讨论中，学生可发表自己对案例的看法、认识及对问题的见解。在讨论过程中，如果出现不同的见解、不同的纷争或者一些合理的建议，学生可以将其记录下来，对于难以定夺的问题，可以寻求教师的帮助。在实践教学中，很多小组都建立了QQ群、微信群，教师可以加入这些群，在学生讨论过程中给予指导意见。当然，每一组的组长应组织小组成员通过讨论达成共同意见而最终形成案例分析报告，并派出代表在课堂上进行演讲。

（二）课堂情景展示

由于案例教学内容是让学生模拟理财规划师对个人或者家庭进行理财规划分析，因此教师在实践教学过程中，可以安排适当的课程，让学生以小组为单位开展圆桌会议。教师则在旁边观察，根据小组讨论的情况给每组成员打分（应在小组讨论前公布评分标准）。这样，每个小组成员都能积极参与讨论，避免个别小组成员浑水摸鱼。

在情景案例教学中，教师一般只选派两组进行课堂演讲，让其他组旁听，并给这两组打分。评价内容包括三个方面：案例内容、案例呈现情况、案例回答情况。每个方面都设定了相应的评分标准。教师应让其他组同学投票表决哪一组最优。这个案例展示的过程引入了竞争机制，可以提高学生的学习积极性；幻灯片演示可以让学生更好地掌握幻灯片制作技术；演讲人发言、小组成员回答问题，可以锻炼学生的应变能力和口头表达能力。由于在模拟案例过程中，学生需要花费大量的时间和精力，因此小组成员需要通力合作，才能实现预定目标。这也在无形中培养了学生的人际交往和团队合作能力。

（三）案例点评

教师的案例点评非常重要，主要原因在于：第一，肯定了学生，激发了学生的学习热情；第二，总结案例，加深了学生对案例的理解；第三，提出不足，让学生明白自己还需要提高的部分，并在下一次的案例分析中加以改进。

三、个人理财实务的其他教学方式

（一）游戏教学和模拟教学

除了案例教学方式以外，教师在上个人理财实务的理论知识课时，也可以适当地穿插一些与理财有关的游戏，寓教于乐。同时，每一章节讲完，教师可让学生进行自我理财规划设计，上完"现金规划与消费信贷"这一章，就可以让学生结合自己每个月的生活费进行消费记账、现金预算以及现金规划，真正把课堂所学知识运用到实际生活中。另外，教师可以让学生在课堂上进行场景模拟，设计一些初次会见客户（由学生扮演）的场景，让学生扮演理财规划师，对"客户"进行理财知识宣讲，给予"客户"理财建议，并设计与执行理财方案。通过场景模拟，学生能够学以致用。

（二）推进"线下+线上"模式，将课堂教学手段与网络教学手段相结合

近几年，随着互联网金融的兴起，在"互联网+"背景下，新的理财手段和理财工具层出不穷，人们的理财观念、理财习惯，甚至理财需求也随之发生变化。个人理财实务课程应将理论与实践紧密结合，其教学不能只停留在书本之上，而是应当与时俱进。教师应在个人理财教学中贯穿互联网金融知识，推广"线上产品"，一方面让学生认识到互联网相关的金融产品，另一方面让学生知晓如何通过互联网实现投资理财。例如，在教授投资规划时，教师应分析互联网背景下投资者需求的改变，让学生学会在互联网背景下帮助客户甄别、选择和应用投资工具。

除了在线下的课堂教学中引入互联网金融知识，在课堂外，教师可以安排学生依托互联网，利用碎片化的时间，根据自己的实际情况进行学习。学生可以从开放性的慕课、微课、百度文库、国家精品课等途径更全面深入地学习个人理财。

总之，随着金融理财市场的不断变化发展，人们的思维方式、行为习惯、选择范围、盈利模式、风险控制等都发生着变化。个人理财实务作为一门理论与实践高度结合的课程，其本身的内涵和外延也应当不断丰富、与时俱进。教师应减少书本与市场的距离，让学生所学能尽快适应社会需求。因此，个人理财课程的教学目的、教学设计、教学理念和教学手段也应当做相应调整，以提高学生的自主学习能力。

参考文献

［1］丁春丽.《个人理财》课程教学方法的研究［J］. 时代金融, 2014（10）：203-204.

［2］孙怡. 浅析个人理财课程的情景化教学设计［J］. 天津职业院校联合学报, 2016（8）：89-93.

［3］李艳玲. 应用型本科教育个人理财课程教学改革探讨［J］. 中国培训, 2016（12）：85.

第三篇
教学方法篇

论大学课堂教学互动模式
多元化的创新

李来儿①

摘要：大学教学物理环境、社会环境以及规范环境等的变迁，对大学教学方式和方法提出新的具体的要求。在此背景下，充分利用先进信息技术，最大程度地吸收和继承原有的课堂教学优点，在充分考虑教师主客观因素的基础上，从主体、内容、方式、时间及空间等方面进行大学课堂教学互动模式多元化创新，一定会取得良好的效果。

关键词：大学课堂；多元互动；教学模式

随着信息和网络技术的高速发展，传统的教学环境和手段正在发生改变。在此背景下，我们应充分利用先进信息技术，最大程度地吸收和继承原有的课堂教学优点，使得大学课堂教学更加容易从以教师为中心转向以学生为中心。在"大、智、移、云"发展的今天，将大学课堂互动向外延伸，能实现学生与计算机互动、学生与学生互动、学生与教师互动、学生与学习内容互动。互动的方向可以是一对一、一对多的，也可以是多对多的"多元互动"。这提供了师生共同建构教与学的最佳环境，是未来教育模式的主流。为此，本文从大学经管类课堂教学的多元互动功能出发，探讨以课堂教学模式为主，以多媒体网络个别化教育为辅，以课外丰富的多元化互动为教与学的延伸的课堂教学多元化互动模式。

一、传统大学课堂教学互动模式的分类

所谓课堂互动是指在课堂教学情景中，教师与学生之间、学生与学生之间围绕一定的知识专题等发生的相互影响、相互作用。对课堂教学互动模式问题，中外专家、学者从课堂互动的主体、目的与内容、效果、媒介等角度做了不同的分类。

（一）按课堂互动主体分类的模式

程晓樵等人认为，参与课堂互动的主体主要是教师个体、学生个体和学生群体，将

---

① 李来儿（1964—），男，成都信息工程大学教授，博士，硕士生导师，中国会计学会高级会员，四川省教育厅会计专业教学指导委员会委员，四川省财政厅管理会计咨询委员会委员。研究方向：财务成本管理、管理会计。

这三种主体进行组合，可以得到五种课堂互动类型——教师个体与学生个体、教师个体与学生群体、学生个体与学生个体、学生个体与学生群体及学生群体与学生群体。其中，学生群体又可分为学生小组和学生全体，则上述五种类型还可做进一步划分。

艾雪黎等学者根据师生关系划分出教师中心式（师生间是控制与服从的关系）、学生中心式（师生间是主体与主体的关系）、知识中心式（师生间是为了达成共同目标而结成的特殊伙伴关系）三种类型。

利比特与怀特等人把教师在课堂上的领导行为分为权威式、民主式、放任式三类，由此形成教师命令式、师生协商式、师生互不干涉式三种互动类型。

勒温根据教师行为作风模式将课堂教学互动模式划分为专制型、放任型和民主型三类。

（二）按课堂互动目的与内容分类的模式

蔡楠荣根据课堂互动的目的与内容，将课堂互动划分成关于知识的互动、关于情感的互动和关于行动的互动。具体到学科领域，曹一鸣在做数学课堂实证系列研究时，根据互动的内容，将课堂互动划分为关于数学知识的互动、关于数学体验的互动和关于解决问题的互动三类。程晓堂在做英语教师课堂话语分析时，认为课堂互动根据互动目的可以分为四种情况：以提高课堂参与度为目的的互动、以建构知识为目的的互动、以语言输入为目的的互动、组织课堂活动中的互动。

（三）按课堂互动效果分类的模式

该种划分方法的特点是关注课堂互动的最后结果。如马丁·布伯在研究对话时，曾提出三种类型的对话——装扮成对话的独白、技术型对话、真正的对话。以此为基础，曹一鸣划分出课堂互动的三个层次——形式互动层次、操作互动层次、理性互动层次。

林格伦根据互动效果，将课堂互动分为单向互动（教师跟全班学生仅保持单向交流）、双向互动（教师与全班部分学生建立起互动式的交往）、简单的多向互动（教师与全班学生保持双向交往，也允许学生之间有双向交往）、复杂的多向互动（教师融入班集体中，鼓励所有成员来回的互动）。[①] 在四种模式中，后一种效果比前一种效果好。

（四）按课堂互动媒介分类的模式

蔡楠荣提出按照课堂互动的媒介来划分，大学课堂教学互动传统模式大致可以分为言语互动和非言语互动两大类。言语互动模式主要有问答、讨论、讲听、要求和评价这几种基本形式。非言语互动模式包括通过身体或手势进行的非言语互动和利用各种材料进行的无言语互动两种形式。

本文所指的课堂互动模式创新没有具体针对以上某一种模式，而是认为，随着社会的进步和发展，大学课堂教学生态发生着日新月异的变化，每一种模式都有创新的空间。

二、传统大学课堂教学互动模式的不适应性

总体来看，传统的大学教学模式追求还原性、预定性、程序性、秩序性与确定性的

---

① 林格伦. 课堂教育心理学［M］. 章志光，译. 昆明：云南人民出版社，1983：363.

教学思维和实践原则，将以"知识、能力与素质"为特征的三维目标压缩为认知目标，脱离了具体实践，导致大学教学在目标确定、课程选择、教学方法上表现出一定的封闭性。

与新的教学模式相比，传统的教学模式在许多方面有局限性，主要表现在：

第一，教学思想方面。传统教学模式主要以教师传授、灌输，学生被动接受为主；而新的教学模式的特点是教师起指导、帮助、促进作用，学生进行自主、合作、探究学习，是探索者、认知主体。

第二，教学目标方面。传统教学模式以大纲和教材规定的目标为目标。目标单一，重知识掌握、轻思考启发，难以实现学生学习多样化与教学环境规范化之间的有效平衡。而新的教学模式下的教学目标则更加多样，注重学生综合能力的提高，考虑了不同的学生所具有的不同学习需求、学习风格与学习方式。

第三，教学程序方面。传统教学模式通常按照课前备好的教案中的程序进行操作，程式化、机械化严重。传统教学模式强调教学过程的秩序性、教学效果的确定性、知识传递的单向性，教师的教学方法单一且相对僵化，在一定程度上弱化了教师的教学设计智慧与创新教学的意识，同时，也削弱了学生学习的自主性、思想性与创造性，不利于师生主体性的形成与发挥。而新的教学模式特别注意对教学程序的适时调整，以不断适应形势的变化。

第四，教学主体方面。传统教学模式以教师为主。在传统教学模式中，教师虽然把学生作为主体来接受，但又把学生作为客体来认识，教师的教学方法仍为单向的讲授、演示或灌输，使学生习惯于被动接受而缺乏主动思考。新的教学模式则以学生为主。

第五，教学手段方面。传统教学模式下，教学手段单一、陈旧，学生学习兴趣不高；而新的教学模式下，现代化教育技术和教学手段使知识更形象、直观、逼真，学生学习兴趣和学习效率高。

第六，教学原则方面。传统教学模式强调知识的严密性、系统性、完整性和逻辑性，忽视知识的实用性和时代性；而新的教学模式强调知识与生产实践和科学技术的紧密结合。

三、大学教学生态环境的变化对课堂教学的新要求

对于大学教学生态环境，专家学者们也有不同的看法。比如，吴鼎福认为，大学教学生态环境是"以高等教育为中心，对高等教育的产生、存在和发展起着制约和控制作用的多维空间和多元的环境，包括自然环境、社会环境和规范环境"。[①] 还有人认为，大学教学生态环境是由物理环境、社会环境和规范环境三个要素构成。其中，大学教学的物理环境主要是由教学活动所需的硬件设施和软件资源要素组成，包括教学场所、教学设施、教学信息等内容。大学教学的社会环境一般是指由教师、学生和教学管理人员组成的教学共同体及其相互关系的总称。社会环境对大学生职业生涯乃至对人的形成和发展进化起着重要作用。文学教学的规范环境则是由教学管理与服务制度、教学组织形式、教学模式以及教学理念、态度与习惯等要素组成。它们是在教学主体和教学环境相

---

① 吴鼎福. 教育生态学 [M]. 南京：江苏教育出版社，2000：19.

互作用的过程中形成的，对学习氛围和教学秩序起着维护的作用。物理环境、社会环境和规范环境三个要素相互独立、相互联系，共同构成了大学教学的生态环境。也有人认为，大学教学生态环境应该包括宏观环境、中观环境和微观环境。

无论是大学教学生态环境的物理环境，还是社会环境、规范环境，其具体内容具有动态的性质，在不同的时期有不同的具体内容，从教育产生至今，在不断发生着变迁，进而影响到课堂教学的方方面面，对教学方式和方法提出新的具体的要求。比如：在如今的课堂教学上，教师授课就应该由教师单边互动向师生多边互动转变，引导学生由教材向学科拓展，促进课堂内互动向课堂外互动延伸，实现个体"孤军奋战"向团队合作式学习过渡。同时，教师必须利用信息化过程中的新成果，不断进行课堂教学延伸互动模式多元化的实践探索，充分利用诸如网络教学平台、网中网会计实训平台、蓝墨云软件课堂教学互动平台、课堂派教学软件互动平台、手机短信和微信互动、电子邮件互动、课堂教学中的分组案例讨论等，解决传统课堂互动的简单化、形式化和教条化问题，将课堂延伸到课外，从而打通课堂内外，补充课堂相对有限的教学内容。实践证明，与时俱进的教学模式一定会受到广大大学生的欢迎，其显著的便捷性、交流的高时效性和推送内容的丰富性与高精确性具有无可比拟的优势。

四、大学课堂互动模式多元化的创新内容

如上所述，大学课堂互动模式是随着大学教学环境的变化而不断变化的，其创新方式也是多种多样的。在充分考虑主客观因素的基础上，教师可从主体、内容、时间及空间方式四个方面对大学课堂互动模式进行创新。

（一）互动主体的创新——由教师单边互动转向师生多边互动

实践证明，传统的课堂教学是以教师为主体的单边互动模式，难以最大程度激发学生的学习激情，课堂效率往往达不到预期效果。课堂互动主体的创新是将以教师为主体的单边互动模式转向师生多边互动模式，以尽可能激发学生的学习兴趣。该模式有许多优点：在课前预习环节，教师将各章的课件发布在资料栏中，让学生可以提前做好预习；在上课时，教师注重与学生之间的轻松互动，并做好课堂答问记录；在布置课后作业环节，教师可以让学生写下自己的思考；等等。

（二）互动内容的创新——由以教材为主的课堂互动转向学科拓展互动

教师通过各种平台的结合使用，使课堂外的互动内容丰富多彩。除了学习教材外，学生还可以在课前阅读更多的文献，扩大阅读面，使自己具备与教师互动的学科基础，更能跟上教师的教学步伐。由"事不关己"的教学内容变为学科间互动，有助于学生利用已有知识掌握新知识，提高学生理解问题的能力，培养学生科学的思维方法，帮助学生构建整体的知识体系，提高学生认识世界、改造世界的能力。

（三）互动时间和空间的创新——由传统的课堂内互动向课堂外互动延伸

教师可充分发挥互联网的作用，构建网络师生互动平台，如 QQ 群、班级邮箱、网上博客等，利用网络平台进行师生之间的信息交流。教师可通过展开网上答疑解惑、共享资料等解决学生的实际问题。因此，应该拓展、延伸课堂师生互动空间，建立网上师生互动制度，把网上师生互动这一教学环节看作整个教学工作的重要组成部分。

（四）互动方式的创新——从个体"孤军奋战"向团队合作式学习过渡

合作式学习是一种以小组或团队的形式组织学生进行学习的策略，强调学习者的创造性、自主性和互动性，主张将教学内容活化为不同的任务，分配到各小组。各组组员之间分工协作，共享信息与资源，共负责任、共担荣辱，共同完成任务。

五、大学课堂互动模式多元化的创新途径

（一）充分掌握并利用信息技术与互联网新成果

"大、智、移、云"的快速发展，为课堂互动模式多元化提供了可能。目前，在市面上流行的蓝墨云班课软件和课堂派教学软件均提供免费使用服务。教师在任何移动设备或个人计算机上，都可以轻松管理自己的班课，如发送通知、分享资源、布置和批改作业、组织讨论答疑、开展教学互动等。在任何普通教室的课堂现场或课外，教师都可以在这些平台上随即开展投票问卷、头脑风暴、作品分享、计时答题等互动教学活动并实现即刻反馈、即刻点评。教师发布的所有课程信息、学习要求、课件、微视频等都可以即时传递到学生的移动设备上，从而让学生的移动设备变成学习工具。配套的移动交互式数字教材，可以实现对每位学生学习进度的跟踪和学习成效的评价。在学期末，教师可以得到每位学生的数字教材学习评估报告。移动互联网和应用软件是我们教育信息化的重大机遇，既能激发学生内在的学习动力，又能激发一线教师的应用激情。教师利用网络分享前沿的教学资源和素材，可提高学生的参与度，让学生真正成为学习的主体，主动学习。在这个过程中，教师只起到引导和答疑解惑的作用，使得教学不再乏味，寓教于乐。信息技术虽不能代替教育，但可以推动教育的改良和创新。移动智慧教育和大数据服务教学是时代发展的必然趋势。

（二）注重对教师综合素质的培养

大学课堂互动模式多元化对教师的要求比较高。这主要体现在以下几个方面：

首先，教师要有高度的工作热情。学校对课堂外互动没有具体要求，一切活动的过程都靠老师把握。老师作为活动的发起者与领导者，如果缺乏足够的工作热情，必然会使互动效果大打折扣。

其次，教师要有较为广博的知识。互动式教学会涉及多方面知识，因此教师要做到随机应变，不能总是被一些意想不到的问题难住。这就要求教师不仅要熟悉和掌握本门课程的内容和知识体系，还要熟悉相关课程的内容和知识体系；不仅要有系统的理论知识，还要有丰富的实践经验；不仅要有扎实的专业知识，还要有计算机、社会热点等学生熟悉的知识。

最后，教师要精心准备，在互动过程中把握主动权，使教学活动按有利于学生学习的正确方向进行。

（三）丰富教学内容

丰富教学内容要做到以下四点：一是突出一个主线，即以应用型人才培养为主线；二是坚持两个统一，即理论与实务、知识与能力的统一；三是强调三个优先，即内容的实用性优先于系统性、实务内容优先于理论内容、应用技能优先于知识教学；四是实现四个结合，即教与学、学与练、课内教学与课外教学、校内与校外相结合。

（四）注重过程细节，把控质量

1. 课前准备

上课前，教师和学生先将班课应用软件下载至手机上，创建并加入班课。教师将课程中的一些教学资源，如教案、授课计划、PPT、录制的微课，以及与课程相关的图片、视频传至软件的资源库内，供学生课前预习，并可通过"通知"功能，提前给学生布置学习任务。

2. 课堂使用

应用软件在课堂上主要用于点名、提问以及知识点检测。其中，在课堂点名环节，利用应用软件点名比传统的使用花名册点名更简单、方便，也增加了课堂的趣味性。在课堂提问环节，教师可使用摇一摇功能，随机点名。这增强了课堂的趣味性和神秘感，也能有效集中学生的注意力。待学生回答完问题后，软件给同学加上相应的经验值，增加了学生的自信心，也调动起学生的积极性。此外，在每一章节的内容学习结束后，教师可从事先上传好的题库中随机抽提组卷，进行测试。在应用软件上，测试的成绩及做题所用时间都能被迅速统计出来，且准确无误，相较于传统的考试，大大缩减了时间，也不需要人工改卷统分这些环节，大大减少了教师的工作量。题库可以重复使用，可谓一劳永逸。

3. 课后复习及评教评学

在课后，教师可以通过班课软件将作业发布至网上。学生们可以通过手机查看作业，并使用手机提交作业，还可以上传文字、图片、音频、视频等。教师可以利用空闲时间在手机上批改作业，给予学生经验值的奖励。而提交作业后，同学们也可以进行相互评价或分组评价。这实现了多元的评价方式，使学生的参与积极性大大提高。为了加强学生们对重要知识点的记忆，教师也可以通过头脑风暴这一功能，对学生进行提问。学生们在回答问题的时候，是看不到其他人的答案的，只有在教师结束活动后才能看到别人的答案。头脑风暴功能可以激发学生的创新能力，有利于学生对重点知识的复习。课后，学生们还可以通过答疑讨论区，和教师交流还未掌握的知识点。教师还可以通过投票问卷功能，进行调研，了解学生们对所学知识点的掌握情况，便于对今后教学工作的改进。此外，教师可以自行设计调查问卷，开展相关的课题调研，调研结果可直接得出，不需要再用统计软件进行统计，方便实用。

（五）注重教学资源与案例素材的积累

适时完善和更新课程负责人情况、教学队伍情况、课程描述、教学大纲、授课教案、讲课录像、网络课程（课件）、实训指导、作业习题、参考资料、课程案例、相关文章和课程网站等教学资源在互动教学中至关重要。教师应多参与实践活动，使自己对理论的认识得到升华。更重要的是，这样做可以使教师获得丰富的案例素材，讲课时更游刃有余。

六、结语

新兴的信息传播平台因拥有众多优势，如操作简单、方便灵活、交流快、普及率高以及较高的兼容性等，受到了越来越多人尤其是大学生的喜爱。目前，利用这些信息传播平台扩展教学内容、延伸教学过程的条件已经成熟。教师可以将文本、图片、音频、视频等多种适合移动学习的材料通过平台发给学生；学生则可以利用碎片化的时间，随时学习自己想学的知识。

近年来，在教学实践中，笔者及团队成员将创新成果在教学中推广应用，完全实现了根据学生具体情况随时提供答疑。学生到课率和学生满意度明显提升，课堂教学互动模式多元化的创新在推广过程中取得了良好效果。

参考文献

［1］程晓樵，吴康宁，吴永军. 课堂教学中的社会互动［J］. 教育评论，1994（2）：37.

［2］刘家访. 互动教学［M］. 福州：福建教育出版社，2005：27-29.

［3］佐斌. 师生互动论：课堂师生互动的心理学研究［M］. 武汉：华中师范大学出版社，2002：23.

［4］蔡楠荣. 互动-生成教学［M］. 上海：上海三联书店，2004：24.

［5］曹一鸣. 数学课堂教学实证系列研究［M］. 南宁：广西教育出版社，2009：20.

［6］程晓堂. 英语教师课堂话语分析［M］. 上海：上海外语教育出版社，2009：30.

［7］布伯. 人与人［M］. 张健，韦海英，译. 北京：作家出版社，1992：31.

［8］林格伦. 课堂教育心理学［M］. 章志光，译. 昆明：云南人民出版社，1983：363.

［9］吴鼎福. 教育生态学［M］. 南京：江苏教育出版社，2000：19.

移动环境下财务管理
互动教学模式的探讨

李绚丽[①]

摘要：互动教学模式能有效提高学生课堂注意力，激发学生学习兴趣，活跃课堂气氛，增强师生交流，从而获得良好的学习效果。传统的财务管理教学模式欠缺良好的课堂互动，课堂氛围往往比较沉闷，学生容易感到枯燥乏味，缺乏学习兴趣。互联网时代提供的移动互联技术为财务管理课程探索引入有效的互动教学模式提供了良好的条件，本文结合笔者的亲身实践探讨了如何构建移动环境下的财务管理互动教学模式及其面临的主要问题。

关键词：移动环境；财务管理；互动教学

财务管理是财会专业的核心课程，其教学内容多，重难点多，要求有较好的数学基础。但从教学实践来看，一方面由于财会学生中文科学生占比较高，对数学知识掌握不扎实，对该门课程容易产生乏味感、挫折感，进而影响教学效果；另一方面在财务管理教学过程中，教师为了让学生领会掌握重要的知识点，往往需要进行大量讲解，因而会不自觉地陷入"满堂灌"的教学模式，疏于与学生交流互动，不仅无法及时掌握学生学习情况，而且课堂气氛沉闷，很难激发学生课堂学习的浓厚兴趣，学习效果往往不佳。因此，传统的教学模式已经无法满足财务管理教学的需求，怎样有效激发学生学习兴趣，提高学生学习的主动性和学习效果成为财务管理教学改革研究中重点关注的问题。本文认为解决这一问题的关键在于结合学生特点，充分尊重学生主动性，以师生互动学习为中心，通过互动教学，营造愉悦的教学氛围，让学生健康而快乐地接受教育，进而激发出学生学习的内在需求。移动互联技术在加强人与人之间的互动和联系方面有着先天优势，随着这一技术的发展，将之用于互动教学改革成为一种趋势。因此，探讨在移动环境下，如何利用移动技术，在财务管理教学中方便有效地开展互动教学具有很强的现实意义，十分必要。

---

① 李绚丽（1975—），女，成都信息工程大学副教授。研究方向：财务管理、会计信息化。

一、互动教学的作用

所谓互动教学就是将学生作为主体，教师以引导的方式启发学生学习，使学生和教师共同参与到课程的教与学当中。互动教学的作用主要体现在以下两个方面：

（一）激发学生的学习兴趣

学习活动中，学习能力和学习兴趣从不同角度对学生学习活动产生重要的影响。如果没有兴趣，学习活动既不能发生也难以持久。兴趣在学习活动中的作用在许多情况下甚至超过学习能力。教师在互动中不仅可以通过良好的个人谈吐和人格魅力去博得学生的喜爱，同时可以通过事前进行的教学设计营造宽松和谐的互动课堂氛围，激发起学生浓厚的学习兴趣。

（二）激发学生学习的主动性

互动教学模式的理论依据是交际教学法。它强调教学应以人为本，课堂组织应以学生为主，教师的责任是给学生提供交际情景、场合，帮助学生创造性地、自由地表达，交流自己的意念和思想。从这个意义来说，互动不只是传递信息的过程，更是理解信息和加工信息的过程。真正的互动信息走向应该是多维的，即从教师到学生，从学生到教师，从学生到学生等。互动教学模式不仅具有反馈和双向互动的特点，学生甚至可能直接获取老师没有讲授的外部信息。因此，学生学习的主动性就得以充分激发。

二、移动环境下财务管理互动教学模式的构建

当今世界已经跨入移动互联时代，智能手机、平板电脑、笔记本电脑已经在人们身边普及，借助这些移动设备和移动 APP 可以构建起移动环境下的财务管理互动教学模式，不仅能解决教室中没有开展课堂互动反馈的设施的困境，又能实现即时的沟通分享，使教学更轻松、自由、有趣。

移动环境下财务管理互动教学模式的构建应包括以下内容：

（一）明确互动教学目标

互动式教学的目标就是要注重学生对于实践的体验，从而提高学生发现并解决问题的能力，激发学生学习的兴趣和主动性，取得良好的学习效果。因此，教师应该把日常的生活带入课堂。在财务管理课程教学中，教师应该更加注意课程设计的实用性和仿真性，使学生能够积极地参与进来，并且有一种真实的体验感。这可以利用移动环境下的移动终端设备及移动 APP 应用，采用教学课件和教辅资料手机端共享，调查问卷手机端作答，手机端实时搜索最新利率、汇率及股票行情等多种方式实现互动教学目标。另外，还应引导学生在课后进行财务管理课程的学习和实际应用。例如，让学生分小组收集商品房按揭贷款偿还的等额本息方式和等额本金方式的相关资料，运用所学财务管理知识用 EXCEL 计算各期偿还额并分析两种方式下各期偿还额差异的原因，最后上传调研报告并由教师通过手机端进行批阅和点评，使财务管理知识在实践中得以应用。

（二）选择合适的互动教学移动工具

在移动互联时代，可供选择的移动工具包括移动终端设备和移动应用两方面。常用的移动终端设备有智能手机、平板电脑、笔记本电脑等。根据学生的具体情况，上课时方便随身携带的主要是智能手机，因此课堂上通常以智能手机为主要开展互动教学的移

动终端设备。从可应用于课堂互动教学的移动应用来说，笔者选择的主要是课堂派。之所以选择它，一是因为它采用微信公众号形式，不需要额外安装 APP，使用方便；二是它的互动功能可以使得互动教学方法之一的课堂竞赛抢答得以真正实现。教师可以预先将要进行课堂抢答的问题在课堂派的互动功能中设置好，在课堂教学的适当时机于大屏幕展示抢答的问题，学生则在手机端作答，答题学生的姓名及其答案会按照其答题的速度顺序展现在大屏幕上，教师在终止抢答后即可以对学生的答案进行点评并现场给予奖励。这种方式活跃了课堂气氛，极大地激发了学生学习的兴趣，调动了学生的学习积极性，甚至有的学生为了能在抢答时获得先机主动进行课程内容的预习，很好地实现了互动教学的目标。而在之前，没有课堂派的帮助，课堂抢答是以学生举手的方式实现，但教师很难准确分辨几乎同时举手的学生抢答的先后顺序，也很难完全记住抢答的学生，因此几乎无法做到公正。

除课堂派外，笔者还选择了蓝墨云班课 APP 作为辅助互动教学的移动工具。它主要应用在考勤、作业提交及答疑等方面。就考勤而言，过去的考勤速度既慢又存在替签问题，蓝墨云班课的手机签到及允许学生设置头像功能很好地解决了这些问题，而且通过头像和学生在班课中的表现可以增进老师对学生的了解。在作业提交方面，过去，教师必须将沉重的作业本抱来抱去，并且无法随时随地批改；现在，学生作业可以拍照上传至班课中，教师不用再收发沉重的作业本并且可以在手机端随时随地批改，提高了工作效率。对每一份上交的作业，教师除了可以打分，还可以进行评论，学生也可以回复教师的评论，增加了师生的互动。蓝墨云班课中的答疑区不仅允许学生提问和教师回答，而且允许学生回答他人的问题，教师可以对学生的回答进行分值奖励，极大地促进了师生及学生之间的互动。

（三）认真进行移动环境下的互动教学设计

移动环境下的互动教学设计主要包括以下几方面：第一，教学内容设计。教师应该根据财务管理教学大纲，对财务管理的重点教学内容实行互动教学设计，主要是提炼教学过程中学生易出错或不易理解的问题。例如，针对学生不易掌握、较易出错的递延年金现值及终值的计算设计与学生实际生活有关的购买苹果手机分期付款方式选择的案例。同时为提炼出的问题设计适合的互动教学方式，如采用上述的课堂派互动功能，这样的教学设计既可以激发学生的兴趣，又可以检验学生对这一难点的掌握程度。第二，互动教学方式设计。在财务管理课程教学中，教师应该采取多种互动教学方式。例如，课堂竞赛抢答、分组讨论、分组收集资料作答、分组进行调研并进行 PPT 展示和答辩、引导学生参加网上炒股大赛等。不同的教学内容可以使用不同的互动教学方式。这些教学方式均可以结合移动环境具体开展。

三、移动环境下财务管理互动教学中存在的问题

尽管移动环境下财务管理互动教学模式具有很多优势，但在实际应用中仍然存在以下问题：

（一）受网络状况的影响很大

移动环境下财务管理的互动教学的开展需要学生在手机端能顺利登录教师指定的移动应用。如果学校不能提供无线网络，就只能依靠学生手机的上网功能了。但由于学生

手机通信服务商的不同，网速各有差异，或者学生手机通信套餐中不含有流量，往往会有少数学生无法参与互动教学。

（二）十分依赖移动终端设备

移动环境下的互动教学要求学生必须拥有一个移动终端设备。尽管现在绝大部分学生都能满足这一要求，但也可能会有学生因为种种原因在课堂上没有移动终端设备，无法参与互动教学。

（三）移动应用功能还不够完善

移动应用是开展互动教学的有利工具。但从笔者选用的两款移动应用来看，尽管它们的功能基本上能满足教学需求，但仍然不能完全满足教师的需要。例如，课堂派的互动功能虽能用于课堂抢答，但却没有提供对抢答学生进行即时评分的功能；蓝墨云班课虽能实现作业的移动评分和评论，但却不能在手机端对作业进行传统的对错符号批注，只能靠在评论中写明学生错误来替代，不能直观反映作业质量，在一定程度上减弱了师生的互动。

总之，随着移动互联技术的不断发展和应用的普及，移动工具虽然还存在种种不足，但是优势明显，在财务管理课程的互动教学中有用武之地。上述存在的问题今后会随着技术的不断进步和软件应用的不断完善得以解决，从而在教学中得到更加广泛的运用。

参考文献

［1］杨道衡. 大班环境下互动式教学的财务管理教学改革研究［J］. 企业改革与管理，2016（1）：136.

［2］盛锦春. 信息技术与财务管理教学整合探析［J］. 中国管理信息化，2011（2）：70-71.

［3］陈玉珍. 基于大数据与云计算的财务管理教学改革探究［J］. 中国乡镇企业会计，2016（4）：263-264.

浅析辩论式教学法在财务管理课堂教学中的应用

吴　娓[①]　乔培峰

摘要： 财务管理课程是一门理论与实践结合非常紧密的学科，财务管理领域存在较多富有争议的话题，不同的人对其有着不同的解读。在传统的教学方式下，老师是主讲者，学生是倾听者。知识由老师传授给学生，学生被动接受老师灌输的知识，学生很少进行独立思考，学习的主动性较差。将辩论引入财务管理课堂，有利于激发学生学习的积极性，培养学生的独立思考能力，提高学生的语言表达能力。

关键词： 辩论式教学法；财务管理；独立思考能力；语言表达能力

一、引言

在考试导向型教育模式下，学生习惯于接受老师灌输的知识，不愿意进行独立思考，学生喜欢寻找问题的标准答案并将其牢牢记下以便顺利通过考试。可是，财务管理领域的诸多问题并不存在所谓的"标准答案"。例如，企业对于专业化与多元化经营战略应如何做出选择？重资产与轻资产经营模式到底孰优孰劣？对于这些问题，目前并没有形成一致的看法。因此财务管理课堂教学不应成为老师的"一言堂"，学生也应有自己的独特见解，并能够将其清楚流利地表达出来。但是，在传统教学模式下，老师是主讲者，学生是倾听者。知识由老师传授给学生，学生只是被动接受老师输入的知识，学生对老师较为依赖，学生的自主学习能力较差，学生的语言表达能力也有待提高。在传统教学模式下培养出来的学生较为缺乏独立思考能力，也不愿意发表自己的看法。

当今社会，沟通能力已成为大学生必须掌握的技能之一。如果不能将自己的想法直接明了地表达出来，将失去很多展示自己才华的机会；相反，如果很乐于表达，讲话滔滔不绝，盛气凌人，即使讲话者所说的观点是正确的，听众也难以接受其所阐述的观点。因此，教师应重视培养学生的口头表达能力。互联网的快速发展使得知识的获取已变得相当便捷，学生只需点点鼠标，即可获得丰富的知识、海量的信息。在互联网时

---

①　吴娓（1974—），女，博士，成都信息工程大学讲师。研究方向：财务管理。

代，教师的教学重点不应再是传授知识，而应是培养学生发现问题、分析问题和解决问题的能力，即教师应从简单的知识传授者转变为思维能力的培养者。那么，应如何培养学生的独立思考能力和语言表达能力呢？

二、辩论式教学法的作用及其实施

（一）在课堂中引入辩论的作用

"辩论"是指在综合考虑了众多观点后做出判断的过程，它不仅适用于个人，也适用于团体，个人借助辩论来做出决定，团体利用辩论来说服他人同意自己的观点（Kennedy，2007）。将辩论引入财务管理课堂教学是培养学生进行独立思考的有效途径。辩论可以帮助学生学习如何提出清晰、准确、富有逻辑的论点。这是一项较为复杂的任务，因为它需要对信息进行研究、分析、综合、组织和评价。在辩论中，学生经常援引现实中的真实例子来支撑他们的论点，以赢得听众的支持。因此，辩论有助于提高学生灵活应用知识的能力。辩论的参与各方需要从各个角度审视对方提出的论据，揭示对方论点中的谬误，因此，辩论有助于提高学生的评价能力与独立思考能力。

研究显示，辩论能使平时在课堂上沉默寡言的学生也积极参与到课堂中来。因为面对对方辩友咄咄逼人的攻击，即使是一位性格内向的辩论者，他也会主动进行反击。

对于那些准备不足的学生，在辩论过程中，可能会被对方辩友驳斥得无言以对。对于那些准备充分的学生，辩论为其提供了尽情展示自己的舞台。因此，辩论有助于培养学生的自主学习能力。通过辩论前的精心准备，学生能够更彻底地掌握重点内容。更重要的是，学生不再满足于对基本知识的获取，而是更注重培养自身的批判性思维能力。

辩论者必须对所获得的知识进行分析、综合和评价，以便做出有利的选择。辩论者必须结合课程提出一些能被老师和同学所理解的论据来支撑自己的观点，这一过程提高了辩论者的语言表达能力。同时，辩论者为了进行有效反驳，必须认真听完对方辩友的陈述，因此辩论锻炼了学生的倾听能力。

尽管辩论有诸多好处，但也有学者反对将辩论引入课堂。例如，Tumposky 教授就对课堂中使用辩论进行了批判。第一，辩论会将学生对问题的看法导向二元论。二元论的意思是把复杂的事物简单化处理，即非好即坏、非对即错。把辩论引入课堂将引导学生在面对复杂问题的时候，不是从多个角度进行思考，而是简单地只考虑正反两方面的影响。因此，Tumposky 教授指出，辩论会使知识被简化甚至被歪曲地理解。第二，辩论将使学生的关注点集中在输赢胜负上。对于老师所提的问题，学生不是去寻找解决问题的最佳方法，而是选择把重点放在能有效支撑所提论点的各个方面。为了赢得辩论，辩论者往往会拒绝做出让步，最终使得辩论变成毫无意义的争吵。第三，在辩论过程中，辩论双方需要用大量的数据与材料来证实自己所持观点的正确性，但在现实中，有些问题并不能从正反两方面进行讨论。第四，辩论使课堂气氛对立。辩论可能会使学生之间的关系变得紧张。获胜的一方虽赢得了掌声却有可能输掉友谊。

辩论虽存在许多的缺点，但其本身所具有的优点是无法抹杀的，通过认真筹划和精心准备，可以在发挥其有利作用的同时，尽量克服其可能存在的缺陷。例如，关于二元论一说，可以通过引入四角辩（Four Corner Debate）来避免对问题的简单化处理。关于辩论将使学生过分关注胜负输赢一说，也可以通过不分胜负来解决。关于第三点批评，可以通过设置合适的辩题来解决。关于课堂气氛对立问题，可以借助预先制定好辩论的规则来予以消除。在缓和气氛上，老师可以发挥较大的作用，老师一旦发现双方由于意见分歧而僵持不下时，可以抛出一些问题来化解争执，将辩论引向更高层次。

（二）辩论式教学法的实施

对于每场辩论，学生需要按以下几个步骤进行准备。第一步，弄清辩题，提出问题；第二步，选择辩题；第三步，围绕着问题搜集和整理有关数据和信息；第四步，评估论据的准确性和适用性；第五步，正反双方进行辩论。下面将对上述五步进行详细阐述。

第一步，要求学生对老师给出的所有辩题进行讨论，就辩题提出问题。例如，以"轻资产公司与重资产公司孰优孰劣"这个辩题为例，学生们经过充分讨论，提出了以下两个问题：如何界定一家公司是轻资产公司还是重资产公司？优劣的判断标准是什么？

第二步是对学生进行分组，八名学生构成一组，四名学生为正方，四名学生为反方。每一组就一个辩题展开辩论。老师可以多给出几个辩题，让学生结合自己的兴趣选择辩论题目。

选定辩题后，学生就需要围绕着辩题搜集和整理有关数据和信息。学生不仅需要搜集数据与材料来支持所提出的观点，而且需要猜测对方辩友可能提出的观点，并做好反击准备。此时，老师需要指导学生利用互联网和学校的电子图书馆搜集辩论所需的材料与数据，向学生讲解如何从资料中提取论据来支撑自己的论点。学生需要从搜集的信息与数据中提炼出几个强有力的论据。

第四步，学生应评估论据的可靠性和证明力。为避免根据表面现象得出结论，老师要提醒学生对一切持怀疑态度。需要从论据的来源及其时效两个角度对论据的质量进行评价。可以根据以下问题对论据进行评估：论据来自于真实事例还是专家意见？有没有获得充分的数据支持？数据是最新发布的吗？来源渠道是否正规？

第五步是正反两方就该辩题展开辩论。首先由正方一辩和反方一辩发言，在两方一辩发言后，二辩开始发言，二辩可以对一辩的陈词进行反驳。双方二辩发言后，即进入质问阶段，对于三辩所提问题，对方辩友必须予以回答。最后由四辩总结陈词。

辩论结束后，老师需要对辩论双方的整体表现进行点评，老师应对辩题做进一步拓展，在更高、更深层面上对辩论进行总结与评价，提出进一步研究的思路与方法；老师既要对辩手表现精彩之处进行表扬，也要指出存在的问题。既要对辩论双方所持观点进行评价，也要对辩论双方所使用的辩论技巧进行评析，老师的评价必须客观公正，不能偏向一方。

（三）实施辩论式教学法应注意的问题

综上所述，为了培养学生的口头表达能力和独立思考能力，在课堂中引入辩论是非常有必要的。但是，要使辩论达到提升学生口头表达能力和思维能力的作用，需要注意以下三个问题。

第一，要选好辩题。辩题既要与时俱进，具有时代特征，又要与企业的财务管理活动密切相关。辩题要反映在当前企业财务管理活动实践中颇有争议的话题。例如，可以要求学生辩论高送转是陷阱还是馅饼？债转股利大于弊还是弊大于利？此外，辩题还需要具有一定的深度，不能明显地偏于一方。

第二，要防止只论不辩。辩论是辩与论的统一体，只有论没有辩就不是辩论。在辩论过程中，要防止出现双方辩手各说各的，没有观点的碰撞，没有针锋相对的争论。之所以出现这种只论不辩的情况，是因为辩论者未能认真听取对方辩友的发言，因而无法抓住对方言论中的漏洞，无法进行有力反驳。要避免出现只论不辩，可以要求学生在正式辩论前先在组内进行辩论，并互换角色进行演练。

第三，老师要有掌控场面的能力。当出现冷场时，老师要用诙谐幽默的语言打破冷场的局面；当场面失控时，老师要缓和气氛，稳定辩论双方的情绪，避免出现人身攻击，将辩论变为吵架。

三、结论

虽然有学者反对将辩论引入课堂，但辩论在培养学生的独立思考能力及口头表达能力方面确实能发挥巨大的作用。通过审慎选择辩题，认真做好前期准备工作，创新辩论模式，预先定好辩论规则和老师的适时介入等方式可以使辩论带来的问题得以减轻。因此，有必要将辩论引入课堂。在笔者读书期间，我的老师曾将辩论式教学法运用于财务理论研究课程的教学，并取得了非同寻常的效果。鉴于该方法的独特魅力，笔者在教学过程中也使用了辩论式教学法，总体来看，该方法在活跃课堂气氛、培养学生的思辨能力等方面确实有着不可替代的作用。

参考文献

［1］于海淼. 辩论式教学在劳动经济学课堂中的应用分析［J］. 湖北科技学院学报，2016（4）：78-80.

［2］RUTH KENNEDY. In-Class Debates：Fertile Ground for Active Learning and the Cultivation of Critical Thinking and Oral Communication Skills［J］. International Journal of Teaching and Learning in Higher Education. 2007（2）：183-190.

［3］AVDEYEVA, MARIYA Y. Omelichevaand Olga, and A. O. Avdeyeva. Teaching With Lecture or Debate? Testing the Effectiveness of Traditional Versus Active Learning Methods of Instruction［J］. Ps Political Science & Politics. 2008（3）：603-607.

［4］TUMPOSKY N. The debate debate［J］. Clearing House，2004（2）：52-55.

［5］DAVID REAR. A Systematic Approach to Teaching Critical Thinking through Debate［EB/OL］.（2010-02-19）［2017-11-30］. http://blog.nus.edu.sg/eltwo/2010/02/19/a-systematic-approach-to-teaching-critical-thinking-through-debate/.

项目教学法在财务会计综合实习课程教学中的应用

马慧知①

摘要： 经济和社会的发展为会计专业的发展提供了良好的契机，同时也对会计专业的教育提出了新要求，用人单位的用人要求和学校培养的会计专业人才质量之间也存在差距。为缩小这种差距，教师应从教学方法方面对已有的教学模式加以调整，由原来传统的重理论、重体系的学科教学模式向重实践、重技能的模块教学模式转变。文章分析了会计专业教学方法的现状，提出教学方法改革方向，探讨了适用会计专业的教学方法。

关键词： 会计专业；教学方法；改革

经济和社会的发展离不开会计人员的工作，对会计人才特别是掌握现代核算手段的应用型会计专业人才的需求，助推了会计专业的发展。虽然对会计专业毕业生的需求一直处于较稳定的状况，但是会计专业的毕业生在就业时仍会面临重重困难。一个很重要的原因就是用人单位的用人要求和学校培养的会计专业人才质量之间的差距。这种错位导致了学生就不了业和单位招不到人现象的并存。反思这一现象，会计专业教学中存在的问题急待解决，特别是在教学方法方面。为适应当代经济发展对高素质会计的要求，必须对已有的教学模式加以调整，由原来传统的重理论、重体系的学科教学模式向重实践、重技能的模块教学模式转变。而项目教学法便是能适应这种要求的一种教学方法。

一、会计专业教学方法现状

（一）教学理念较落后

教学理念指导着教学方法的选择与运用，有什么样的教学理念必然有相应的教学方法。从我校目前情况来看，会计专业课程教学中普遍存在的一个问题是，教师的教学理念依然滞后，跟不上时代的发展和教育本身的发展。仍有部分教师固守着教师和学生之间单向传递信息的教学模式，认为这样向学生传授了课本知识即完成了教学。这样的教学方法使得学生被动地接受知识，没有真正参与到课堂教学活动中去。长此以往，学生

---

① 马慧知（1978—），女，成都信息工程大学讲师。研究方向：财务会计理论与实务、审计理论与实务。

对课程的学习兴趣会降低。反过来，学生不愿听，老师讲课的积极性也随之降低。结果是形成恶性循环，学生更加不愿意听，最终的结果是课堂教学效果大打折扣，教师和学生之间的关系紧张。因此，教学理念的落后会直接影响教学效果。

（二）教学方法单一

会计专业教学方法中还存在的一个问题就是教学方法单一，没有将行之有效的教学方法引入到课堂教育中，并灵活地加以运用。在传统教学条件下，知识讲授是最为常用的教学方法。但是，各个课堂到底采用什么样的教学方法是一个与专业特点、讲授内容、教学目标、学生特点以及时代特征等都有密切关系的问题。因此，应该是综合考虑各方面因素之后采用相对较为合理的方法才能达到理想的教学效果。目前的会计专业教学，部分教师仍然是只使用某种教学方法，特别是只使用知识讲授法，而对能够有效增强会计课堂教学效果的案例教学法、情景教学法、项目教学法等方法使用较少。造成这种现象的原因有可能是教师觉得采用新方法太麻烦，要改变原有的教学设计。当然，会计专业的课程教学本身就内容繁琐，再加上单一的教学方法，教学效果当然会打折扣。

二、项目教学法概述

项目教学法是指将教学大纲中规定的教学内容和要求按照职业需要转化成若干个教学项目，交给学生去完成，整个课程的教学活动将围绕着项目来组织和开展，使学生在完成项目的整个过程中掌握专业理论知识和培养综合能力的一种教学方法。本文以财务会计综合实习课程教学为例，来探讨项目教学法在会计专业教学中的应用。

（一）项目教学的构成要素

项目教学主要由内容、活动、情景和结果4大要素构成。

1. 内容

项目教学是以真实的工作世界为基础挖掘课程资源，其主要内容来自于真实的工作情景中的典型职业工作任务，而不是在学科知识的逻辑中建构课程内容。内容应该与企业实际生产过程或现实商业活动有直接的关系（如采购材料、生产产品），学生有独立进行计划工作的机会，在一定时间范围内可以自行组织、安排自己的学习行为，有利于培养创造能力。

2. 活动

项目教学的活动主要指学生采用一定的工作方法解决所面临的工作任务时所采取的探究行动。在项目教学中，学生不是在教室里被动地接受教师传递的知识，而是着重于实践，在完成任务的过程中获得知识、技能。

活动有如下特点：一是活动具有一定的挑战性。在项目教学中，所完成的任务具有一定难度，不仅是已有知识、技能的应用，而且要求学生在一定范围内学习新知识、新技能，解决过去从未遇到过的实际问题，通过解决问题提高自身的理论知识与实践能力。二是活动具有建构性。在项目教学中，活动给学生提供发挥自身潜力的空间，学生在经历中亲身体验知识的产生，并建构自身的知识。这样学到的知识将是最深刻的，而不是被动灌输的知识。

3. 情景

情景是指支持学生进行探究学习的环境，这种环境可以是真实的工作环境，也可以是借助信息技术条件所形成的工作环境的模拟。

情景有如下特点：一是情景能够促进学生之间的合作。在项目教学中，根据项目主题，学生从信息的收集、方案的制订、项目的完成到成果的评估，主要采取小组的工作方式进行学习，为了最终完成项目任务，他们相互依赖、共同合作。二是情景有利于学生掌握实践知识、工作过程知识。实践知识与工作过程知识的特性决定了这类知识的掌握依赖于工作情景的再现。情景为学生职业能力的获得提供了一种理想的环境，并能拓展学生的能力，为他们走向实际工作做好准备。

4. 结果

结果是指在学习过程中或学习结束时，学生通过探究行动所学会的职业知识、职业技能和职业态度等，如实践知识、合作能力、创新能力等。

（二）项目教学的基本特征

项目教学与传统的教学相比较有着自己的显著特征，具体表现为：

1. 教学内容以工作任务为依托

项目教学是围绕教学任务或单元，设计出一个个学习环境及其活动，一个个项目、技术及其方法。它的一个重要价值为消除了传统的学科教学造成的诸多弊端。在项目教学中，组织教学内容通常以教学项目的方式对教学内容进行整合，而教学项目往往是从典型的职业工作任务中开发出来的，教学内容突破了传统的学科界限，是以项目为核心，按照工作过程逻辑建构教学内容。以典型的职业工作任务为依托建构学习内容，有效地解决了传统教学中理论与实践相脱离、远离工作实践的弊端。

2. 目标指向的多重性

对于学生，通过转变学习方式，在主动积极的学习环境中，激发学生的好奇心和创造力，培养分析和解决实际问题的能力。对于教师，通过对学生的指导，转变教育观念和教学方式，从单纯的知识传递者变为学生学习的促进者、组织者和指导者。对于学校，建立全新的课程理念，提升学校的办学思想和办学目标，通过项目教学法的实施，探索组织形式、活动内容、管理特点、考核评价、支撑条件等的革新，逐步完善和重新整合学校课程体系。

3. 注重理论与实践相结合

理论教学内容与实践教学内容通过项目或者是工作任务紧密地结合在一起。通过典型的职业工作任务，学生可以概括性地了解他所学的职业的主要工作内容是什么。同时学生还可以了解自己所从事的工作在整个工作过程中所起的作用，并能够在一个整体性的工作情景中认识他们自己能够胜任有价值的工作。要完成一个项目，必然涉及如何做的问题。这就要求学生从原理开始入手，结合原理分析项目、制订解决措施。而实践所得的结果又值得学生反思：是否是这样？是否与书上讲的一样？通过理论与实践相结合的方式能够锻炼学生动脑、动手的能力。

（三）项目教学法的实施步骤

项目教学法一般可按照下面 4 个教学步骤进行：

1. 确定项目任务

通常由教师提出一个或几个项目任务设想，然后由同学一起讨论，最终确定项目的目标和任务。

2. 制订计划

由学生制订项目工作计划，确定工作步骤和程序，并最终得到教师的认可。

3. 实施计划

学生明确各自在小组的分工以及小组成员合作的形式，之后按照已确立的工作步骤和程序工作。

4. 检查评估

先由学生自己进行自我评估，之后再由教师对项目工作成绩进行检查评分。师生共同讨论、评判在项目工作中出现的问题、学生解决处理问题的方法以及学生的学习行为特征等。通过对比师生的评价结果，找出造成评价结果差异的原因。

三、项目教学法在财务会计综合实习课程中的应用

具体在财务会计综合实习课程中应用项目教学法时，从以下方面组织实施：

（一）项目教学法在财务会计综合实习课程实施的一般步骤

首先，学生需要在学校学习和掌握深厚的财务会计基础知识、专业理论知识和技能。具体来说，需要先修会计学原理、中级财务会计、高级财务会计、成本会计、税法等课程。在此阶段要注意所传授的知识技能要与学生日后的就业情况和职业需求紧密结合，使学习内容与学生的学习需要和学习兴趣相联系，注意内容的实用性，所授内容必须反映理论知识的发展现状与趋势。同时注意培养学生的知识迁移能力、应用和应变能力、实际动手操作能力。

其次，学生在掌握了较为扎实的理论知识和专业技能后，在模拟企业财会部门现场工作环境中从事会计实务处理，解决理论和实践中存在的会计专业技术问题，锻炼从事职业工作的实际技能。

最后，让学生针对实践中发现的问题和存在的不足进行总结、反思，以促进进一步的理论学习。经过了模拟训练后，学生将认识到自身在专业知识和技能方面存在的问题和不足。这时，学校应为学生提供深化学习的机会，使学生可以有意识地查漏补缺。学生锻炼成效的高低也可以检验学校专业设置的优劣及专业内容的科学性、可用性程度，从而为学校应用型人才培养质量的提高提供借鉴。

（二）项目教学法在财务会计综合实习中的具体实施

1. 确定项目任务

确定项目任务，如表1所示。

表1 财务会计综合实习项目计划表

项目序号	项目名称	项目内容	项目学时	项目类型	每组人数	备注
1	实习动员	讲解实习要求及发放实习用品	2		1	
2	熟悉模拟企业基本情况	模拟企业的基本情况、会计制度	2		1	
2	期初建账	将模拟企业期初余额登记到相关账簿	2	验证	1	规范化书写

项目序号	项目名称	项目内容	项目学时	项目类型	每组人数	备注
3	填制和审核会计凭证	根据模拟企业的原始凭证填制完成记账凭证并审核会计凭证	8	验证	1	凭证正确和规范
4	登记日记账	登记现金和银行存款日记账	2	验证	1	账簿正确和规范
5	成本计算	成本计算	2	验证	1	计算正确和规范
6	结转本年利润	结转本年利润并进行利润分配	2	验证	1	账簿正确和规范
7	登记明细账	登记有关明细账	8	验证	1	凭证正确和规范
8	编制科目汇总表	试算平衡并编制科目汇总表	4	验证	1	账簿正确和规范
9	登记总分类账并结账	登记总分类账并结账	2	验证	1	正确和规范
10	核对账目	核对账目	2	验证	1	正确和规范
11	编制会计报表	编制会计报表	4	验证	1	方法正确和规范
12	填写纳税申报表	填写纳税申报表	2	验证	1	规范
13	整理会计资料	装订凭证、账簿并整理	2		1	规范
14	实习总结	撰写实习总结	4		1	规范化书写

2. 制订计划

由学生按照项目计划表制定项目工作计划，确定具体的工作步骤和程序。

3. 实施计划

任课教师可以将学生按照 3~5 人一个小组进行分组。一个小组即是一个财务部，让学生明确各自在模拟财务部的岗位及职责，然后按照已确立的工作步骤和程序开展工作。在实际开展项目工作的过程中，要求学生及时发现、及时解决出现的问题，遇到困难可由任课教师给予适当的指导。

4. 检查考评

在实施过程中，任课教师要注意对每次实训进行考评。考评的内容包括：项目完成情况、学生的分工合作情况、工作态度、工作能力等，特别是解决实务问题的能力。

项目教学法是以真实的或模拟的工作任务为基点，让学生利用各种所学的专业知识及自身的经验，采取"做中学"的方式，通过完成工作任务来获得知识与技能。项目教学法能够很好地锻炼学生的实践动手能力、解决问题的能力。

参考文献

［1］朱淑梅. 会计专业教学方法改革探析［J］. 中国外资，2013（1）：42-43.

［2］徐涵. 项目教学的理论基础、基本特征及对教师的要求［J］. 职教论坛，2007（6）：35-35.

基于蓝墨云班课的税法课程教学改革研究与实践

宋　靖①

摘要：教育教学改革是一个持续的过程。税法课程有其自身的特点，如何让学生"爱学习、能学习、必须学习"是教育教学改革的目标。教师在实际中逐步构建起一个循序渐进的"三个层次"的教学体系，运用信息化的教学手段并结合混合教学方式的运用，增强反馈和过程考核，让学生的专业能力、创新能力、创业能力得到大幅度的提升。

关键词：互联网；蓝墨云班课；教学改革

一、教学改革的背景

（一）时代发展的必然要求

当前，我国教育与社会需求不能有效契合的问题仍十分突出。一方面，随着产业结构调整步伐的加快，社会对高层次应用型人才的需求更加迫切；另一方面，随着高等教育规模的不断发展，财经类院校实践教学原有的教育理念、教学内容、教学环节已经严重影响到其在培养应用型人才方面的重要作用。随着网络技术的不断发展，社会信息环境促使教学的交流方式和手段都发生了变化。采用先进的信息技术和数字内容与服务来建立高校信息化资源库，从而提高教学质量，提升教育服务水平，成为学校内涵建设与教学改革的首要任务。

（二）课程教学的客观需要

税法课程是一门既有税法规定条款，又有企业实践应用，并与会计紧密结合的课程。课程涉及现行十八个税种的法律规定及其征收管理政策，内容繁杂枯燥。该课程要求学生既要熟悉税种的纳税人、征税范围和税目、税率以及税收优惠等税收实体要素的规定，又要掌握纳税申报步骤和网上纳税申报表的计算及填列。税法是一门知识点多、记忆量大、重实用、重业务能力培养的学科。目前，大多数的税法教学重视理论讲解加

---

①　宋靖（1973—），女，成都信息工程大学副教授。研究方向：财务管理、纳税筹划。

案例分析，大部分学生只能记住规定条款，会进行某个税种的例题计算，能应付学校的理论考试，但毕业以后很难胜任企业复杂综合的涉税业务。如何在有限的课时中最大限度地打牢理论基础、提升实践能力是教学改革的根本目标。

（三）传统教学中存在的主要问题

在传统的高校教学中，学生不爱学习是许多老师共同的烦恼。一方面，单纯的的教材学习让学生觉得枯燥乏味、也缺乏老师的有效指导督促。课堂中满堂灌的教学方式让学生容易疲倦，课程的互动也受到限制；尤其是在大课教学中，老师能够关注到的人非常少，对"默默无闻"的学生根本无法给予必要的关注。另一方面，课后布置作业的形式也较为落后，老师批改工作量大，学生中抄袭现象也无法避免，无法有效地通过练习达到巩固知识的目的。

二、税法教学改革的主要内容

基于以上背景，让学生"爱学习、能学习、必须学习"是税法课程教学改革的目标。为此我们做了以下 5 个方面的改革。

（一）建立"三层次"的课程知识递进体系

要让学生毕业后能胜任企业综合复杂的涉税工作，课程必须培养学生岗位适应能力及职业判断能力。要掌握这些能力，学生必须有扎实的理论基础以及理论与实践相结合的能力。而学生对知识的掌握是一个循序渐进的过程。为此，根据新修订的税法教学大纲，税法课程设定了三个层次的知识体系。

第一层次为理论知识。老师主要围绕税收实体法的基本条款，对税种要素中的基本规定以及重点难点进行反复讲解，以讲授为主，务必使学生正确理解税收具体规定及其税法精神。

第二层次为税种计算。在学生掌握基本规定的基础上，学会将税收的规范文字规定"还原"为现实的实际案例，熟悉税种计算并提高计算的熟练程度。

第三层次为纳税实务。通过现有实训平台，学生将计算的技能转换为网上申报的能力；学生通过实训模拟现实企业的实际申报，逐步熟悉主要税种的纳税申报表的项目、主附表的勾稽关系、计算过程在申报表中的体现及缩短和实际的差异。

上述三个层次的教学是交替进行的。通过理论教学—真实案例—软件实训三段式递进模式，实现教学环节向工作岗位的转移。

（二）在传统教学中引入混合式教学模式

为了让学生回归到教材学习，让学生喜欢课堂、翻转课堂以及引入混合教学，都是为了更好地保证最终的学习效果。

第一步：新课程讲解前 1~2 周，教师将教学资源上传至蓝墨云班课并创建教学活动，学生通过蓝墨云班课进行在线学习，并完成教学活动。

第二步：讲解新税种时，课前以多种方式促进学生的主动学习。学生以手机完成少量、简单的堂前测试，或者发布课堂小知识点讨论的方式检验学生自学情况，督促学生提前预习，跟进学习进度；课后通过测试了解学生知识掌握的情况，更有利于进行线下辅导、及时进行知识的再次梳理，解决学生出现的学习困难，避免学生因跟不上学习进度而消极应对。

第三步：线下的计算辅助练习。由于税法学习是一个熟能生巧的过程，所以必要的课后练习是学习税法的关键。发现计算练习出现的问题，教师再进行针对指导和知识的再次巩固。

第四步：线上实训平台的使用。课程以良好的实训软件为支撑，利用虚拟的网上报税系统让学生真正感受报税的业务流程，突出实践能力和应用能力。

通过实施"四步多元"的混合式教学模式，教学内容被前置后移，课内课外、线上线下有机结合，最终实现课程教学和学生学习的可持续性。

（三）引入了"互联网+"时代信息化教学手段，快速组建即时反馈的互动网络

通过蓝墨云网络平台和手机APP，课程可以实现随时发送通知给全部班课学生，随时推送课件、微课、资料，最新的税法新闻和视频链接也都可以及时发送给学生。非客观题作业在手机上就能完成，系统自动生成成绩。学生在读教材、上课或课外，随时可以通过手机或者电脑在"答疑区"发起提问，老师或学生可以马上给予协助。同时，线上固定时间的"统一"答疑也让老师对学生的辅导不再受"地理位置"的困扰。学生的学习态度、学习进度、学习结果、学习疑问都通过互联网技术得到了即时反馈。以"学生"为中心的教学在"交互"中得到了更好地实现。

（四）采用了"多元化+智能化"的课程过程考核方法（图1）

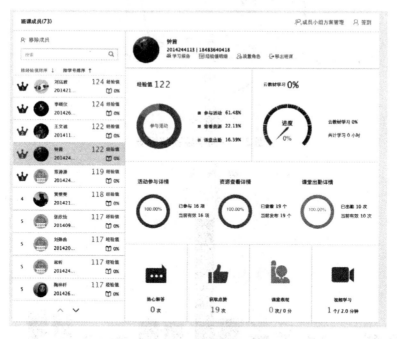

图1　课程过程考核图

首先，教师通过蓝墨云班课创建教学活动；其次，蓝墨云班课记录学生学习过程，并自动给分；第三步，教师通过后台下载原始数据，自动导入事先设计好的Excel模板，生成平时成绩表；最后，对模板中7个维度成绩进行整合，自动转换成教务版成绩表，上传教务系统。课程考核由过去简单考核到从日常出勤、资源学习、堂测成绩、讨论答

疑、课后作业、税收小课件和上机实训成绩 7 个维度进行考核，考核内容多元化，考核由注重结果向注重过程转变，考核结果更客观、更公平；考核手段也由过去的手工评价向移动智能转变，通过蓝墨云班课和 Excel 将学生学习的过程记录下来并自动转化为课程成绩表，直接上传教务系统，课程考核更便捷、高效。

（五）推行了"大数据+课程"的教学诊断手段

课程借助蓝墨云班课，采集课程教学"大数据"，进行课程教学诊断，形成辅助教学的诊断报告（见图 2 和图 3），即教师教学分析报告和学生学习分析报告，让课堂教学诊断贯穿整个教学过程。

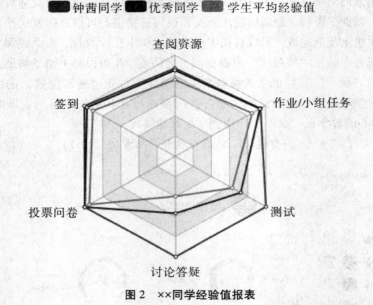

图 2　××同学经验值报表

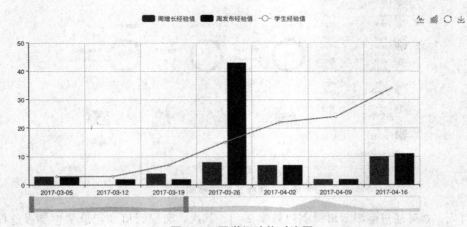

图 3　××同学经验值对比图

教育教学改革是一个持续的过程。在不断的探索和实践中，税法课程已经建立起一套完整的教学体系。该课程累计发布教学资源、视频和信息 118 条，参与课程的学生人数累计 602 人，发布活动 100 次，已经建立起完整的税法题库资源。学生学习的出勤率平均达到 95.33%，越来越多的学生更加关注平时的学习。学生参加 2017 年税务技能竞赛获得了省级二等奖，相信学生的专业能力、创新能力、创业能力会随着教改的不断深入得到更大幅度的提升。

参考文献

［1］涂申请. 企业实用型税务人才培养的专业课程设计［J］. 黄冈职业技术学院学报，2016（10）：38-40.

［2］戴振华. 高职院校经管类专业的实践教学改革研究——以 ERP 沙盘课程实践教学为例［J］. 科技经济市场，2016（4）：231.

［3］常晓素. 本科税收学专业实践教学创新路径选择——以安徽财经大学为例［J］. 高校实验室工作研究，2016（10）：25-27.

基于应用型人才培养的
审计案例教学改革探索

陈文寿[①]

摘要： 审计学是我国高等院校工商管理类专业的主干专业课，它是一门集综合性、实践性和应用性于一体的核心课程。在当前审计案例教学中存在"满堂灌"教学、"填鸭式"教学、审计案例与培养目标和课程目标不匹配、审计教师缺乏实践经验、审计案例的选取与实际脱节等问题。解决这些问题，有利于提高提高学生学习审计学的学习兴趣和积极性，有利于学生分析实际问题和解决实际问题的能力。为此，我们可以考虑全面构建审计案例库，鼓励审计专业教师与社会对接，提高审计教师实践能力，改变成绩考核方式，提高学生积极性，完善课堂案例教学实施步骤等培养应用型人才的审计案例教学改革措施。

关键词： 审计教学；审计案例；实践教学

审计学是我国高等院校工商管理类专业的主干专业课，它是一门集综合性、实践性和应用性于一体的核心课程。如果高校培养的学生缺乏实践能力、缺乏判断力，无论其理论知识多么完善，也可能在实践中犯错误。因此在高校审计教学过程中，除传统基本理论知识外，老师还应该利用案例教学，充分引导学生根据实际情况做出正确的专业判断。而专业判断能力的培养很大程度上依赖案例教学，因而案例教学应成为高校审计教学的重要内容。

一、当前审计学案例教学现状

（一）审计教学"满堂灌""填鸭式"模式难以适应应用型人才培养的需求

传统审计教学以应试教育为主导，特点是以教师和教材为中心，重理论轻实践，教师依据教材传授知识，课堂教学采用"满堂灌""填鸭式"教学。部分教师将案例教学变为宣读案例，在整个教学过程中，始终以教师为主体，学生被动学习，教与学很难融为一体。这种"重理论讲授、轻实践操作""教为主、学为辅"的教学模式，使学生在

---

① 陈文寿（1971—），男，成都信息工程大学副教授。研究方向：审计理论与事务、企业内部控制、公司治理。

审计学课堂上的分析讨论不够积极，甚至极少数学生对该门课程产生了厌烦情绪。这既限制了学生对专业理论知识的理解力，又严重影响了其动手能力、分析能力和综合素质的提升，不利于激发学生的创造性和全面可持续发展，忽视了学生学习的主动性和积极性，不利于培养学生独立思考、分析判断以及解决问题的能力，使审计案例教学流于形式。这既不能满足审计工作的需要，也不能适应时代发展的需要。

（二）审计教学案例与培养目标和课程目标不匹配

审计教学案例应与其培养目标和课程目标相匹配，它既与 MBA 教育不同，也与高职教育不同。纵观目前国内高校，本科审计教学案例的选用有许多不令人满意的方面，有的选用国外的 MBA 案例，大多篇幅较长，脱离中国国情；有的选用国内的案例，而这些案例中有些是编者有意设置的错误会计账务处理，然后让学生进行审计调整，审计案例变成了会计实务，缺乏真实性和吸引力；有些是先虚构一个背景资料，然后完全按照审计实务的步骤编写，这样的审计案例缺乏引导性和启发性。而来自证券市场上活生生的例子，如银广夏、郑百文等大多是审计失败的案例，不一定能满足教学的要求，缺乏针对性。

（三）审计教师缺乏审计实践经验、动手能力差

由于审计课程的专业性、综合性和实践性都非常强，其对教师的整体素质要求颇高。审计学教师除了要具备扎实、丰富的专业理论知识，还需熟悉行业、企业实际情况，具备一定的审计实务操作技能。

目前我国大部分任课教师是从学校毕业后直接走上讲台，大部分没有亲自参加审计的经历，审计专业教师的动手能力不强，缺乏实际的审计工作经验。有审计师或注册会计师资格的"双师型"教师更是寥寥无几，使得审计学案例教学存在先天不足。目前我国高等院校审计学教师中"双师型"教师平均仅 3% 左右。发达国家高校教育十分重视教师实践操作能力，无论是专业理论教师还是实训教师，一般都具有"双师型"或专业执业经历。相比之下我国审计专业的教师与国外同专业的教师存在着较大差距。

而且，教师任教后，由于教学、科研任务繁重，又缺少后续实践，必然导致理论有余而实践不足。教师上课时仅局限于照本宣科，引用的案例陈旧且偏向习题化，抽象的理论知识难以与实际审计工作过程相结合，导致学生的学习兴趣不足，课堂教学枯燥，教学效果欠佳。

（四）审计案例的选取与实际脱节

我国审计实践发展较缓慢且保密性较强，审计教师不易获得第一手的审计实践材料，造成教师主观上虽然想采用案例教学，但由于缺乏实际案例资料，只好闭门造车。目前，高职院校教师在实施审计案例教学时，获取案例的渠道主要包括：教师参加审计工作获取的实务资料、参考审计案例教材、通过网络媒介、根据会计审计理论自行设计案例等。其中，通过查阅相关的审计案例教材是获得审计案例最主要的方式。

然而，这些审计案例大多不能满足高校审计教学目标的需要。究其原因：一是审计案例多取材于国外，脱离我国的审计环境，不能满足国内审计教学的需要，尤其是高职院校审计课程教学的需要。二是案例的编排或是对审计实务的翻版，或是对审计过程及结果的叙述，并非结合案例教学的要求及规律来设计，缺乏系统性和引导性，无法满足审计教学的需要。三是大多数案例过于理论化，与实际相脱节。

而且，许多高校在教学计划中都会开设审计学（或分拆为审计基础与审计实务）课程、审计案例分析课程、审计实训课程，在不同的学期进行学习，从而形成割裂，造成脱节，对教学效果也会产生不利影响。

（五）实践性教学环节薄弱，教学效果欠佳

近几年，虽然高校普遍认识到了实践教学在整个审计教学中的重要性，并开始尝试运用审计案例教学、审计模拟实训等实践性教学新手段，但其效果并不理想。多数院校对实践教学环节管理力度不够，缺乏科学完整的教学规划，导致理论教学与实践教学的逻辑关系不够合理，理论性教学课时比例偏高，实践性教学课时太少。一方面，审计案例教学缺乏系统性和实际性强的案例支撑。现有案例大多是针对某一知识点设计，偏习题化，难以将审计从计划到实施再到报告的全过程完整地呈现给学生。案例教学基本上以教师讲授为主，仅局限于课堂内的纸上谈兵，无实际操作过程，学生参与度不高，缺乏相互间的交流，从而导致整体教学效果下降。另一方面，部分高职院校对审计模拟实验室和审计软件的资金投入严重不足。审计模拟实训由于缺少完整的审计实验资料和数据支撑，增大了设计的难度和实施成本。实训环节所需资料涉及的知识面广、时间跨度大、技术性强，而高职院校缺乏既具有丰富的会计、审计理论知识与实践经验又熟悉电算化会计与计算机审计操作技能的复合型人才，无法为审计模拟实训教学提供有力的技术支持。

二、审计案例教学改革的必要性

审计案例教学是审计专业教师以案例为基本素材，提炼和采用审计实践中的一些典型例子，对原理、理论和道理进行解释，将审计理论知识描述以案例的形式呈现给学生，让学生进入审计情景现场，通过学生的实际操作，从理论到实践，再从实践到理论，突破教学中的难点，提高学生发现问题、分析问题、解决问题的能力的一种专门技术方法。案例教学主要不是研讨理论本身，而是运用理论知识来解决实践问题，它要求学生实现从理论学习到实践体验的飞跃，它不仅使学生能够获得知识，而且在运用知识解决问题的过程中受到多方面的锻炼，它适合培养审计专业学生实践能力、应用能力。

案例教学法（Case Study）起源于 20 世纪 20 年代的美国哈佛大学商学院。在哈佛商学院，每个学生在学习期间要分析 800~1 000 个案例，每天平均分析 2~3 个案例。案例教学法在哈佛 MBA 教育中获得巨大成功。其教育的成功不仅在于其培养目标定位、课程结构内容设立的成功，而且还在于将教学重点从学习知识转向训练综合技能，强调对学生能力的培养。案例教学是以学生为中心，对现实问题和某一特定事例进行互动式探索的过程。在哈佛，纯知识或纯技术性的内容极少出现在课堂上，对于这些内容，教师们设计并录制精良的网上课程讲解，要求学生在课前自我学习掌握，课堂时间则由老师引导着，运用这些知识来讨论一个又一个的案例。活生生的案例不仅巩固了学生的知识，更开启了心智，扩大了视野，激发了潜能。教学实践证明，案例教学法作为一种启发式教学方法，是实证研究在教学中的运用，是培养学生思维能力的有效方法。

我国于 20 世纪 80 年代初引入案例教学法，经过多年的实践与探索，案例教学逐渐受到重视并已在一部分高校中得到应用。

具体来说，其必要性在于：

（一）有利于提高学生学习的主动性

兴趣是最好的老师。对一门课程有无兴趣是学生学好这门课程的关键。学生只有对所学的课程产生浓厚的兴趣，才可能比较轻松地学好并掌握它。传统的教学方法枯燥无味，而案例教学以真实生动的审计案例为线索，让学生成为主角，真实感受实战训练，这样可以使学生感觉到实用性，学生的兴趣和主动性大大调动起来。

（二）有利于提高学生分析问题与解决问题的能力

课堂讲授的教学方法往往会使理论脱离实际，难以达到学以致用，而案例教学中的审计案例是教师通过审计实践或其他渠道收集的真实案例，能为理论提供具体生动的感性认识，可以使学生明白如何把所学理论知识应用于实际的案例分析中，这样就可以有效地提高学生分析和解决问题的能力。

三、审计案例教学改革探索

（一）全面构建审计案例库

1. 审计案例库的构建原则

本科审计教学案例的选择要与培养目标和课程目标匹配，它既不同于 MBA 教育要求较高的综合性，也不同高职教学仅注重岗位的技能训练。

案例的真实性：即案例取材于工作、生活中的实际，不是凭个人的想象力和创造力杜撰出来的，应该说明案例的时间、地点、历史等信息。

案例的完整性：案例的描述要全面。案例构成要素包括：标题；内容提要，总结案例内容，不做评论分析；背景介绍，主要介绍案例所在行业、公司、相关人物、事件等相关背景，内容翔实充分，能有效辅助案例课堂的讨论分析；案情本身，案例的叙述要有一个从开始到结束的完整情节；案例使用说明：包括教学目的与用途、启发思考题、分析思路、理论依据、课堂计划、相关附件，如图表等。

案例的典型性：即案例具有一定代表性的典型事例，代表着某一类事物或现象的本质属性，概括和辐射许多理论知识，包括学生在实践中可能会遇到的问题，从而使学生不仅掌握有关的原理和方法，而且也为他们将这些理论和方法运用于实践奠定了一定的基础。

案例的启发性：即教学中所选择的案例是为一定的教学目的服务的。每一案例都应能够引人深思，启迪思路，进而深化理解教学内容，着眼于培养学生解决问题的能力。

2. 审计案例资源的获取途径与整合

获取丰富的审计案例资源是一个长期而又艰巨的团队任务，本人认为审计教学团队成员可以从以下三个渠道挖掘审计案例。

（1）从审计案例书籍中获取审计案例

如葛长银教授编著的《审计经典案例评析》、马春静主编的《审计模拟实训教程》、颜晓燕等主编的《注册会计师审计经典案例教程》、刘华主编的《审计案例研究》等，这些书籍中有些经典的案例可以直接拿来使用，还有些案例是编者依据现实资源形成的较为成熟的案例，我们可以进行二次加工。

（2）从会计师事务所或企事业单位获取审计案例

通过会计师事务所或企事业单位获得一手的会计资料，经过整理加工生成多套案例，结合事务所的审计工作底稿模式等设置现实版的审计工具，然后引导组织学生进行审计案例分析。这类案例真实程度强、内容较丰富，而且教师经过一系列的加工整理，对案例更熟悉、把握更深刻，学生在审计操作过程中有能力解决能出现的系列问题，不仅有利于教学的灵活处理，更有助于学生深入提高实践动手能力，更好地推动审计案例教学。

（3）深度关注一些具有特殊情况的公司，寻求热点及特殊事件审计素材

通过长期连续关注巨潮网站、上海证券交易所、中国证券业协会、中国证券报、上海证券报、证券时报、证券日报和证券之星等上市公司官网和中国证监会以及交易所指定网站，跟踪连续亏损但最近一年扭亏为盈的上市公司，跟踪被出具非标意见审计报告的上市公司，跟踪最近三年审计报告意见类型变化的上市公司，跟踪最近三年财务报表不断打补丁的上市公司，跟踪证监会或其他职能部门正在立案调查或最近一年受到处罚的上市公司，跟踪最近一年分析人士或有关人员对报表有质疑的上市公司，跟踪最近一年重组兼并的公司，跟踪最近一年频繁有重大资产交易的公司，跟踪热点事件（报纸杂志、日常生活、政治经济活动中）等，寻找合适的经济事件，促使审计案例形成。

（二）鼓励审计专业教师与社会对接，提高审计教师实践能力

教师是案例教学的组织和引导者，如果教师缺乏审计实践经验，会影响审计案例教学的开展。审计案例课程的理论性、实践性、渗透性特征对教师的理论研究能力、实务操作能力和对相关学科的融会贯通能力等提出了更高的要求。

为此，审计专业教师应该主动地走出去，到审计机关、会计师事务所等实践单位进修学习，在实践中不断提升自己，实现与社会的对接。例如，取得地方审计机关、部分会计师事务所以及企业单位的支持，安排学生到审计机关、会计师事务所、企业内部审计部门等观摩学习，听取实际审计工作情况的经验介绍，与从事审计业务工作的专业人员进行沟通交流等。

高校要鼓励教师积极参加审计职业界的各类培训和后续教育。例如，中注协在注册会计师的后续教育中已采用案例教学，组织教师参加这类培训，既提高了实践能力，又可收集适用的教学案例，可谓一举两得。学校还可以聘请具有丰富实践经验的审计专家或注册会计师为兼职教师，弥补校内教师的不足，开拓学生的视野。针对目前审计老师普遍缺乏审计实践经验这一现状，学校也应将审计师资队伍的实践性培养纳入审计学专业教师的未来发展规划。

（三）改变成绩考核方式，提高学生积极性

高校考试制度目前普遍存在"侧重理论知识考核，忽略创新能力培养，重记忆，轻操作"的问题。审计课程考核基本上还是沿用闭卷方式，考察的内容偏理论化，这并不利于学生职业能力的培养，难以达到全面提高学生综合素质的教育目标，同时也桎梏着课程改革的发展。

审计课程的考核应以各项目的学习目标为依据，从专业能力、技能和综合素质能力三方面对学生的学习效果进行综合考核与评价，坚持理论考核与实践考核相结合，结果性评价与过程性评价互为补充，重视对学生分析问题能力和主动学习能力的考量，体现评价的科学性、完整性、连续性和互动性。成绩考核是学习的指挥棒，如果学生参与案例讨论后不考核、不算成绩，学生就没有积极性，如果这部分成绩占总成绩的比例太

小，也不能保证学生的学习热情和投入程度，从而发挥不了案例教学的应有作用。因此，应根据案例课的课时比重，合理确定其成绩占总成绩的比重。对案例课进行评分时，要综合考虑案例研究小组的整体表现和学生个人的表现。

为加强实践教学，高校应建立和完善审计实验室和实践基地。审计案例教学应当与这些实践教学环节有机结合，以期取得更好的教学效果。例如，为增加学生的感性认识、提高学生的分析和解决问题能力，分析性和操作性案例可以在实验室进行。利用审计网络模拟实训平台资料或虚拟企业案例，模拟现实场景，进行巩固练习和技能训练，确保审计过程的完整性、操作的规范性、环境的真实性，实现模拟条件下的"工学结合"。在审计课程全部内容学习完成后，一次完整的模拟实习的综合性案例可以在实践基地进行。

（四）完善课堂案例教学实施步骤

1. 课前导入

课前导入是指运用承上启下的引导和典型案例的引导，让学生的思维自然而然进入课程。例如，当教师在该课程的授课时讲到"库存现金审计案例"时，让学生回忆"货币资金的规范"，经过承上启下的引导，让学生了解教材的体系和审计活动的进程。同时，教师再借助典型的"库存现金审计案例"激起学生的学习欲望，让学生从典型案例中悟出库存现金审计的知识内涵。

2. 课中设疑

设疑着眼于培养学生思考问题的能力和解决问题的能力，表现为"设疑提问—探究分析—发现关键—解决问题"的学习过程。设疑提问就是通过教师提出问题，创设一种问题情境，是正式开展课堂教学的前奏；探究分析是教师将与所提问题相关的背景材料、涉及的知识点、相关的审计准则等提供给学生，引导学生在看、想、论中主动思考；发现关键是让学生通过分析思考发现关键因素，从而解决实际问题。这种教学形式，可以有效激起学生的学习兴趣，而问题的解决又让学生不断地体验到成功的快乐，不断增强其学习的自信心。

具体来讲它可以分为以下四个步骤：

第一步，引出要讲解的理论知识的中心，采用"设问"的方式。

例如，在讲"注册会计师的法律责任"一章时，可以首先设问：审计的责任是什么？在我国，为什么注册会计师被卷入法律诉讼的案件越来越多？在讲"审计证据"时，可以首先设问：什么样的证据更有效？在讲"内部控制及评审"时，可以首先设问：对被审计单位实施审计时为什么首先评价被审计单位的内部控制制度呢？

在讲"审计报告"一章时，可以首先设问：对被审计单位实施审计后应发表什么样的审计意见？在讲"销售与收款循环审计"时，可以首先设问：被审计单位的销售收入和应收账款会发生哪些错报、漏报和舞弊行为？如何查出来……这样，既引出了讲解分析的中心点，又突出了讲授重点，引起学生注意。这一步要求老师要做到设问准确，中心突出。

第二步，教师提出案例。

这一步要求老师选择案例时要注重案例的恰当性，与所要讲解的理论知识紧密相联，要充分体现和说明理论的中心，并且案情不要太复杂，要便于阐述。案例数量可以是一个，也可以是两个。举出案例后，可以让学生初步进行分析判断。此时学生一般不能得出肯定、准确的结论。例如，承第一步中的"注册会计师法律责任"例子，可以先提出"银广厦舞弊案"，把案例内容介绍一下，并强调案例的结尾部分，即"真相大白之后，银广厦集团进入 PT 公司的行列。中天勤会计师事务所信誉全失，已经解体。签字注册会计师刘加荣、徐林文被吊销注册会计师资格；事务所的执业资格被吊销，其证券、期货相关业务许可证被吊销；证监会已经依法将李有强等 7 人移送公安机关追究刑事责任"。此时如果让学生分析"其结果为什么会是这样"？可能同学们各有不同的想法，原因是未将第一步提出的知识点弄懂。这样学生就产生了疑问，会主动学习理论知识，在实践中运用理论知识解决上述问题。

第三步，教师讲解理论。

这一阶段是最重要的阶段，要求老师详细讲解理论，突出重点，突破难点，得出准确结论。一方面，老师层层推进，讲解理论知识。由于审计离不开会计知识，所以讲解中还要联系或简要复习一下涉及的会计知识，这样便于学生对审计知识进行理解和掌握。另一方面，学生弄懂了理论知识后，之前产生的疑问就逐渐解决了。

如前例，老师对审计理论知识进行讲解，学生明白注册会计师的职业责任和法律责任等知识之后，一般都能得出初步结论，但还不能确定是否与别人的想法一致，想尽快知道，于是学生带着这种急切的心情进入第四步。

第四步，讨论分析案例。

这一步重点解决的是先前第二步举出的案例，由老师组织学生对上述案例进行讨论、辨析。因为有理论知识作为基础，又经过了一段时间的思考和分析，学生对案例有自己的看法。因此在讨论时，学生一般会踊跃发言，且有理有据。最重要的是同学们的意见不一定是统一的，最后老师可以对案例做简要的分析。

3. 在课堂讨论结束后做好总结工作

在审计案例教学过程中，课堂讨论结束后老师的总结是非常重要的一环。教师在案例讨论结束后要对学生的讨论做出恰如其分的评价，点评案例分析中的重点和难点问题，进一步引起学生的重视，同时指出他们在讨论过程中的缺点和不足，便于他们在以后进行改进。例如，对于购货和销货业务循环方面的案例讨论，学生的考虑一般都不会很全面，教师可以在总结的时候指出他们的不足，告诉他们哪几个方面考虑得不周全，以便他们在今后的学习中能够注意。对于他们在讨论中展现出的闪光点和提出的新观点，教师要及时予以肯定，这会激励他们在以后的案例讨论中更加努力地准备和更加积极地参与。与此同时，教师还可以提出需要进一步思考的问题，促使他们考虑更深层次的问题，指出案例可以进一步挖掘的方向，拓宽他们的思路，引导他们养成勤于思考、善于思考的习惯。有时也可以布置一些课后作业，要求学生课后进行广泛的调查和研究，将理论知识应用于实际，达到学以致用、融会贯通的目的。

教师在课后一定要对学生的课堂讨论情况进行打分，打分时应当综合考虑学生的参与程度和表现，并且将该成绩作为最终成绩的一部分，以此来提高学生参与案例讨论的积极性。

参考文献

［1］李丽新.本科审计案例教学的现状及改进建议［J］.中国乡镇企业会计，2012（6）：204-205.

［2］李惠萍.对会计与审计专业实践教学的思考［J］.乌鲁木齐职业大学学报，2010（1）：55-57.

［3］王爱玲.关于高职院校审计实务课程教学改革的思考［J］.会计师，2016（11）：74-75.

［4］王如燕.关于审计教学案例选编的研究［J］.科技信息，2009（7）：31，97.

［5］杨琪.基于应用型人才培养的高职审计教学改革探索［J］.中国成人教育，2014（8）：137-139.

［6］刘杰.计算机环境下的审计专业实验教学改革研究［J］.亚太教育，2015（23）：07-10.

［7］蒋乐仁.论案例教学法在高校审计教学中的应用［J］.经济研究导刊，2009（2）：226-227.

［8］许杰慧，陈晨.审计教学案例库生成模式探讨［J］.中小企业管理与科技，2014（9）：293-294.

［9］甄丽明.《审计学》案例教学改革的理论与实践［J］.金融经济，2014（14）：121-123.

［10］史雅洁.《审计学》课程教学改革研究——基于培养应用型人才的需求导向［J］.现代商贸工业，2015（16）：155-157.

［11］张颖萍.用"案例引导教学法"提高审计课教学的有效性［J］.会计之友，2007（11）：85-86.

审计实务翻转教学实践及思考

张　乐[①]

摘要： 传统教学主要以教师讲授为主，学生的主体地位被忽视，针对这一问题可以开展翻转教学的实践活动，本文通过总结审计实务翻转教学实践的经验与不足，提出了翻转课堂的教学建议：调整期末成绩的组成比例，争取自建慕课平台，加紧题库建设进度，关注重点学习群体，等等。

关键词： 审计实务；翻转课堂；教学实践；教学建议

翻转课堂（Flipped Classroom 或 Inverted Classroom）也可译为"颠倒课堂"，是对传统教学模式的颠覆，被大众认为是信息化条件下的一次教育革命。它是指重新调整课堂内外的时间，将学习的决定权从教师转移给学生。在这种教学模式下，教师不再占用课堂的时间来讲授信息，这些信息需要学生在课前完成自主学习，他们可以依托于慕课、电子书，或者在网络上与别的同学交流讨论来获取相关信息，教师也能有更多的时间与每位学生进行交流。在课后，学生采用自主规划学习内容、学习节奏、学习风格和呈现知识的方式，教师则采用讲授法和协作法相结合来满足学生的需要和促成他们的个性化学习，其目标是为了让学习更加灵活、主动，让学生的参与度更强。翻转课堂式教学是对基于印刷术的传统课堂教学结构与教学流程的彻底颠覆，由此将引发教师角色、课程模式、管理模式等一系列的变革。其以现代多媒体技术为基础，重在"教"与"学"流程的翻转、"做学"与"听学"方式的翻转。笔者通过总结审计实务课程翻转教学的实践，提出了改进建议。

一、审计实务翻转教学实践

审计实务是经管类专业的核心课程，该课程实践性较强，而学生大多数没有相关的工作实践，故对知识点的理解性较弱。如何在保证课程基础知识的系统性的基础上，既照顾学生没有相关工作经验的特点，又能充分调动学生学习的积极性，是该课程教学改革的主要目标。从2015—2016学年第2学期开始，笔者在所在学校商学院审计实务课程上尝试推进课堂翻转教学改革，试图破解这一难题。

---

① 张乐（1988—），女，成都信息工程大学助教。研究方向：审计、国际会计。

（一）蓝墨云为依托

随着移动互联网时代的到来，学生们对手机的利用率和依赖程度越来越高，学生上课带手机甚至玩手机都是现今无法避免的问题，而蓝墨云班课将手机这一移动终端与教学合理地结合起来。蓝墨云是利用移动智能设备开展课堂内外即时反馈互动教学的云服务平台，改变了传统的教学模式和方法，使得教师与学生的沟通更顺畅。

翻转教学模式也可以很好地依托蓝墨云班课平台，使教学变得轻松、有序、简单、高效。首先，教师通过蓝墨云班课的"通知"功能提醒学生查看并预习已经上传的教学资源，如教案、PPT、微课等，提前给学生布置学习任务。例如，针对审计实务，可以提前将审计案例上传到蓝墨云平台，并及时检查学生的完成情况，促进学生课前思考。第二，在课堂上利用软件的签到功能替代传统花名册进行点名，能有效掌握学生的到课率，减少缺勤人数，保证审计实务整体的教学质量。第三，在提问环节可以利用软件的"摇一摇"等功能进行提问，有助于增强课堂的趣味性和神秘感，也能有效集中学生的注意力；在回答完问题后，教师给学生加上相应的经验值，增强学生的自信心，提高学生独立思考的能力，调动学生的积极性。第四，在课后利用答疑和私聊的功能，开展延续的答疑讨论；教师及时收集分析学生的学习效果和状态，为下次的学习任务的设计做准备。第五，利用平台批改学生的课后作业，并进行点评，及时反馈给学生，增强学生学习的信心。

（二）慕课辅助教学

审计实务作为审计学的分支，也作为CPA考试的重要组成科目之一，我们可以在网络上找到大量的相关精品课程的视频，通过慕课的方式辅助审计实务课程教学。我们建议学生利用课余时间观看由老师推荐的视频课程，若是在观看视频的过程中遇到疑难问题，学生需要及时给予反馈，可以通过线上讨论或者借助蓝墨云班课的平台进行讨论，老师在收到学生的反馈后会及时调整教学内容和授课计划，以此来增强课堂教学的针对性，以此做到"教"与"学"的翻转。实践发现，使用慕课辅助教学后，学生的学习兴趣明显增强，平时传统教学中较难理解的审计案例也在学生的主动学习中变得更好理解和掌握，很多学生还能在某些问题上提出自己独到的看法和观点，很好地训练了学生的独立思考能力，减少了学生学习的畏难情绪。

（三）翻转教学资源设计

笔者从2015—2016学年第2学期（2016年3月）开始，在审计实务的课堂上进行了翻转教学的实践。一般在翻转课堂教学中，在分析学生学习特点、厘清学生学习目标后，教师在课前需要为学生精心准备教学资源。教师课前为学生准备的学习资源必须以能提高学生的学习兴趣，激发学生的学习动力为目的。审计对于有审计经验的注册会计师而言就是工作经验的总结，但对于没有工作经验的学生而言，就是一堆难以理解的枯燥的文字，而学生对于这种学科都会有抵触。为了让学生更确切地理解审计，笔者在课前准备学习资源时，特意节选了我国的电视剧《国家审计》以及日本的电视剧《审计风云》的片段作为引子，使学生们首先对审计有一个初步的认识与了解，这两部电视剧都展现了审计与我们的生活是息息相关的，从而激发学生对学习审计的兴趣。在后续的学习过程中，不断地为学生提供一些审计的经典案例，让学生在课前根据自己的情况自选时间研究并分析某些实例，再展开分组讨论。鉴于开展教学实践的对象是大二学生，已经具备较强自主学习能力，所以教师也鼓励学生更多地借助图书、网络资源对审计相关知识进行自主学习。除此之外，还准备有大量的课后习题、章节小测验等，学生的资源的利用程度是平时成绩的重要组成部分。

（四）翻转教学活动设计

1. 确定问题

教师通过分析、整理学生课前学习反馈的问题后，确定出有意义、有探究价值的问题，供学生进行讨论和研究。

2. 小组协作学习为主，教师个别指导为辅

以教师确定的问题为指导，小组成员结合自主学习中的学习成果，协作解决问题。一般以不超过 6 个同学为一组，以教师给出的审计案例为依托，共同探讨并提出解决问题的方案。

3. 展示学习成果

学生学习、小组讨论结束后，以小组为单位，展示学习成果。一般以 PPT 的形式在课堂上进行展示，展示完后有现场同学或老师提问的环节，以此来锻炼学生的临场应变能力。

4. 教师总结

教师对学生的学习情况和案例分析结果进行客观的点评，对于学生学习中不到位的地方，及时给予指导。

（五）翻转教学实践评价

1. 利用观察法分析翻转课堂教学中的问题

课前教师要求学生以教师提供的教学资源为指导，自主学习审计实务。但是学生学习的主动性并不高，多数学生缺乏课前自主学习的习惯。尽管有少数学生课前自主学习了审计实务的相关知识，但也只是做了简单了解，没有进行深入、有意义的学习；自主学习中遇到问题时，也很少与同学讨论。最重要的是多数学生不经过认真思考，就直接把问题反馈给老师。个别小组展示学习成果时，没有很好地形成一个整体，还只是单纯地讲解自己负责的部分；对案例理解的深度有欠缺，同学间也没有形成一个很好的互动。

2. 利用访谈法分析翻转课堂教学中的问题

通过与学生的交谈、蓝墨云平台上的私聊和答疑以及学生在老师 QQ 和邮箱里的留言，可以发现，通过本次教学实践，多数学生还是喜欢这样的学习方式。学生认为，课上通过与同学们进行讨论，对于一些知识点的理解更为全面，也增强了学习动力和自主学习的能力；这样的教学方式使他们的学习不再局限于课堂，也能随时得到老师的指导。

从大部分学生的看法中得知，翻转课堂给予了学生新的学习感受，学生之间以及学生与教师之间的交流增多，这样能使得学生更全面地了解自己的学习情况，有利于学生学习兴趣的培养以及未来的发展。

3. 利用问卷分析翻转课堂教学中的问题

教学实践结束后，笔者对 2013 级注册会计师专业 5 个班共 209 名学生做了无记名投票式的问卷调查，一共回收 201 份问卷，通过分析问卷调查结果发现，教学实践中存在

以下问题：

有 60.56% 的学生在自主学习时认为学习目标不是特别清楚。这反映了教师在进行翻转教学的尝试时制定的学习任务单还不够详细，故需要在下一轮的实践中进行调整，让更多的学生清楚本次教学实践自主学习的目标，做到有针对性地学习。另外，教师还需要及时地干预学生的课前学习，对学生的学习进行必要的指导。

只有 15.22% 的学生很赞同本次教学内容的安排，大多数同学认为本次教学的任务太重，没有时间完成。可见这次教学实践的内容安排并非完全恰当，教师需要与学生多交流，照顾学生的学习特点，合理分配时间，安排的教学内容应尽可能符合学生的需求。

二、翻转课堂教学建议

（一）调整期末成绩的组成比例

期末成绩的组成比例都是由教务处确定的，审计实务的期末总成绩中期末考试占80%，而平时成绩只占有 20%。正因为平时成绩占有的比例过低，很多同学认为只用好好准备期末考试就可以，所以对平时的学习以及老师布置的任务没有引起足够的重视，不利于翻转课堂的教学实践，也很难达到翻转课堂的目的。

鉴于这种情况，笔者建议期末成绩考核的比例调整为平时成绩和期末考试成绩各占50%，其中平时成绩由线下平时成绩（出勤、课堂交流、案例研究成果展示等）20% 和线上平时成绩 30% 组成。线上平时成绩的考核是翻转课堂有效实施的重要保证，为了突出观看视频和阅读案例的基础性作用，为课堂讨论打好基础，线上成绩的考核按观看视频和阅读案例 60%、小测验 20%、线上讨论 10%、访问次数 10% 计算，蓝墨云班课平台上的经验值可以作为参考标准，进而全程引导学生掌握课程知识。

（二）争取自建慕课平台

虽然市面上有很多平台提供慕课，但如果要用于翻转课堂的教学实践，就必须用到慕课的后台管理程序，方便老师根据学生的反馈及时编辑和更新视频及题库。实际上市面上的慕课基本上不可能向授课教师开放后台管理，鉴于此，我认为学校应该组建自己的慕课平台。学校拥有自己的慕课平台后有利于教师根据听课对象设置课程线上考核的观测点及权重，方便教师根据平台上反馈的大数据（如访问次数、访问时长、访问时点、发起提问次数、解答线上提问次数、任务完成进度等）进行分析，做到因材施教，真正体现翻转课堂的教学主旨。

（三）加紧题库建设进度

翻转课堂需要配有足够的习题库，一方面考查学生对知识的掌握程度，另一方面加深学生对知识的记忆，学生答题情况的反馈也能成为翻转课堂的素材，是组织教学资料的参考。目前课程的题库建设相对滞后，教师可选的题型和题量都相对受限，希望教研室能组织工作组进行题库建设，答题既是知识构建和巩固的过程，也能侦测学生的薄弱环节、厘清模糊认识、促进学生举一反三。

（四）关注困难学习群体

学生的专业基础参差不齐，自学能力也各不相同，教师要仔细了解每个学生的基本情况，给予困难学生更多的关注和引导，注意学生学习情绪的变化，避免使某些学生成为翻转课堂上的"低头族"。另外，由于学生接触翻转课堂教学方式并不多，这种教学方式与以往的传统教学方式不同，学生需要改变学习方式。因此，教师在课程中应该渐进式地运用翻转课堂，使学生逐步适应这种教学方式，以保证教学活动的有序开展。很重要的一点在于，教学内容要与社会热点相结合，教师要善于关注学生的兴趣点，鼓励所有同学都参与到翻转课堂的实践中来，最终达到"做学"与"听学"的翻转。

参考文献

[1] 李永楠."翻转课堂"在教学实践中的思考 [J]. 课程教育研究：新教师教学，2016（34）.

[2] 夏庆利.《财务管理》翻转教学实践及思考 [J]. 财务与会计，2017（3）：46-47.

[3] 刘晓欧，魏艳华. 基于"翻转课堂"理念下审计实务课程教学的改革实践探索 [J]. 黑龙江科学，2017（11）：78-79.

浅谈案例教学法
在国际会计课中的应用

张　乐[①]

摘要： 案例教学法是把理论与实践有机联系起来的一种教学方法，摆脱了传统教学法的桎梏，能有效提高学生分析并解决实际问题的能力，本文通过国际会计课堂上的实践分析了一些在实际应用教学法时不容忽视的难点和问题，并提出了一些改进建议。

关键词： 案例教学法；国际会计；建议

案例教学法是指一种以案例为基础的教学法（Case-based Teaching），案例法教学本质上提出了一种教育中的两难情景，没有特定的解决之道，在此种教学方法中，教师在教学中扮演着设计者和激励者的角色，鼓励学生积极参与讨论。案例教学法起源于19世纪20年代，由美国的哈佛商学院提出，当时是采取一种很独特的案例形式的教学，这些案例都是来自于商业管理的真实情景或事件，通过此种方式促使学生主动参与课堂讨论，实施之后，颇具效果。笔者在国际会计课堂上针对大四学生实施案例教学法，总结了案例教学法的优缺点，并提出了一些展望和建议。

一、案例教学法的意义

国际会计课程的开设有一个很明确的目的，那就是引领学生进入会计、财务报告和财务控制的国际视角。学生将要在一个被全球经营和跨境投资所主导的世界中开展职业生涯。由于这些活动要求依赖财务数据做出决策，因此，国际会计知识对于他们在外部和内部财务沟通中所做出正确的理解至关重要。而学生们在未来复杂多变的环境中工作，经常必须要在不具备可靠的完备信息的前提下，做出判断并采取行动。如果仅通过查阅相关原则、理论和事实的有关记录就做出判断，则不能出色地完成工作，我们需要培养学生如何利用有限的信息去正确做出判断并采取行动的能力。笔者在国际会计教学中采用的案例教学法比以老师为中心、学生被动接收的传统的授课型教学法更加有效地提升学生的思维、判断和行动的能力。案例教学方法是对传统教学方法的一种突破，通

---

① 　张乐（1988—），女，成都信息工程大学助教。研究方向：审计、国际会计。

过对具体事件的分析来促进学习。案例教学方法最突出的优点是学生在学习过程中扮演了更为积极主动的角色。这种方式从归纳的角度而不是从演绎的角度展开某一专题的学习，学习过程中让学生高度投入事先安排好的一系列精巧设计的案例讨论之中，从而达到更好的学习效果。

二、案例教学法的实践

笔者从 2015—2016 学年第一学期（2015 年 9 月）开始，在我校 2012 级注册会计师专业班级讲授的国际会计课堂上实施了案例教学法，收效良好。

（一）展示案例，启发思考

首先，在开学的第一堂课上给学生布置了需要进行案例分析的任务，任务分小组完成，根据任务的难易度，由 4~6 人组成一个小组，组成工作小组的学习形式不仅可以锻炼学生主动思考的能力，也可以锻炼学生们相互协作的精神。其次，给学生讲解案例分析的指导思想与框架。以国际会计为例，教师要求每组学生选择 2 个业务相似的跨国企业（最好为世界 500 强）进行对比分析，目的是通过全方位的比较分析，发现学生认为各方面比较好的一家公司，得出结论并提出建议。分析的内容一般包括公司所处国家之间的比较（宏观经济环境、政策因素、市场因素等）、所处行业之间的比较、财务报表分析等。最后，教师把提前准备好的案例以恰当的方式并选择适当的时机对学生进行展示，吸引学生的注意力，激发学生自己去选择并探究案例的热情，有助于学生带着问题去探讨并学习国际会计中的理论知识，为学习理论知识打开思路的大门。

（二）讨论案例，做出决策

案例教学法的关键就是组织学生带着问题对案例进行讨论。每个小组在教师的帮助下选定自己要研究的案例（跨国企业）。学生间要进行分工协作，并通过各种途径（书籍、网络、查看报表、请教专家等）获得解决该案例所需要的信息。通过获得的信息以及在教材中学习的理论知识等对案例展开自主探究、分析及讨论，最后得出结论。学生还需要准备各种可能的解决方案（改进措施），并讨论各种方案的优缺点，最终确定方案。在这个阶段中教师不能给学生提供答案，只能提供解决问题的线索。

（三）展示案例，总结点评

每组同学在规定的时间内准备好案例分析，并以 PPT 形式进行成果展示，然后每组同学都上讲台来宣讲自己小组的研究成果。展示时要求每组同学的宣讲时间为不超过 30 分钟为宜，每个同学都必须展示自己负责的部分，最后由一位同学做总结，小组中每一位同学的展示时间为 5 分钟。在展示完后，该小组会有 20 分钟时间接受其他小组与老师针对该案例的提问，小组成员必须现场作答。在问答环节结束后，需要教师对每个小组的案例分析进行点评。教师的总结点评是案例教学法的归宿，教师要及时总结评价学生案例展示中的优缺点，比如是否对案例进行了深入的、有针对性的分析。在点评中对学生案例分析中暴露出的问题进行有针对性的点拨，教师要教会学生从不同角度、用不同方法来探究解决案例问题，和学生一起总结出解决问题的最佳方案，教会学生有效地运用所学的知识来解决案例或实际问题。教师在总结点评中要有目的地指导学生怎样才能更加有效地运用理论知识，并且让学生能够运用所学的知识解决社会热点、时政焦点及自身实际问题，把学到的理论知识延伸、应用，内化为自己的具体行动，最终达到案例教学的目的。

三、案例教学法的问题

（一）案例选择质量不高

在目前高校的教学中，虽然教师们已经认识到了案例教学的重要性，同时在很多课堂上都采用了案例教学法。但是，很多教学经典案例是已经用过多年的，很多已经过时，不再适应当前的大环境，甚至不能解决当前的新会计问题。另外，在国际会计课堂上，教师要求学生选择一个或两个跨国公司进行案例分析，学生自己选择的案例也可能存在与课堂所授理论知识不匹配的问题，达不到案例教学法最好的效果。

（二）学生积极性不够

案例教学法运用的目的就是鼓励学生积极参与，改被动学习为主动探索，根据教师提出的问题，由表及里，由浅入深，层层深入，步步推理，使学生在繁杂的思绪中豁然开朗，融会贯通，从而达到锻炼学生实践能力、思维能力和协作能力。但是在实际案例教学法的运用过程中，有很多时候并没有激发起学生的学习欲望，很多学生还是没有以主动的方式加入到学习当中，导致他们在国际会计的学习中不能很好地掌握知识，学得不牢固、不扎实。笔者通过调查发现主要有以下几点原因：第一，平时成绩的比例在期末总成绩中所占的份额较低，学生认为不用心进行案例研究，只要用心准备期末考试也能过关；第二，进行国际会计课程学习的都是大四的学生，很多同学都面临着就业或继续深造的问题，因此没有心思将大量时间花费在案例的研究上；第三，案例本身对学生的吸引力不够，激发不了他们的研究热情。

（三）研究案例较"耗时"

"耗时"包括三个方面：一是教师选材耗时。在这样一个信息大爆炸的时代，每天都有很多信息充斥着我们的大脑和眼睛，需要进行收集、筛选、整理，找出适合学生和切合教学实际的案例，这是一个庞大的工程；二是学生进行案例分析耗时。按照国际会计课堂教学的要求，学生需要根据自己所选择的案例，通过各种途径收集各种信息，并进行小组讨论（学生找不准问题和教学的切合点，小组讨论的时间比较长），最终得出结论，从而达到案例分析的要求，整个过程需要耗费大量的时间；三是上课时进行案例展示比较耗时，在一节只有45分钟的课上，如果每个同学都需要上讲台来进行讲解自己完成的部分，那么一节课只能完成一个小组的PPT展示，这样就大量缩减了老师讲授理论知识的时间，学生学到的新知识就显得非常有限。

四、案例教学法的改进建议

案例教学法的实施有利有弊，有问题是难免的，但是，教师一定要及时发现问题，并及时地加以改正，使案例教学法真正运用到实处，有效提高学生的学习效率，加强他们遇到实际问题时的分析能力和决策能力。针对第三部分提出的案例教学法在实施过程中存在的问题，笔者在此提出了几点改进办法。

（一）努力挖掘案例资源

国际会计是一门需要将进入大学以来所学的专业知识进行融会贯通的一门课程。教师可以运用和挖掘的资源其实有很多，如若想要得到一个切合所学理论知识和当今世界经济发展的案例，就需要老师做一个有心人，愿意花时间去收集并进行加工处理各种有用信息，结合学生的兴趣去制作案例。我们所使用的案例，可以从社会的热点经济问题中筛选出来，也可以在调研过程中挖掘经典的案例，把自己的案例库不断更新，与时俱进。另外，在学生选择案例的过程中教师要加以指导，管控选择案例的整个过程，尽量做到使学生选择的案例与所学的知识的契合度高，难度适中，同时又能使学生选上符合自己兴趣的案例。例如，在国际会计的案例选择上，有些男同学对电子产品（手机、电脑）感兴趣，那么就可以引导学生去研究"苹果"或者"华为"这样的电子产品生产商；有些女同学对零售业比较感兴趣，那么就可以引导他们去研究"沃尔玛"或"家乐福"这样的零售业巨头。

（二）正确引导学生分析案例

想要学生真正参与到案例分析中，达到案例教学法的目的，首先就要提高学生对案例分析的兴趣。笔者认为，要提高学生兴趣需要做到以下两点：第一，提高平时成绩的比例，使案例分析的小组工作至少占到总成绩的30%。否则教师给学生讲再多案例分析的重要性都不及考试分数来得实在。如果平时成绩只占有20%，很多同学都觉得只要好好准备期末考试就能完成任务，这样的成绩构成不利于案例教学法的实施。因此，建议修改期末总成绩的组成比例，即提高平时成绩比例到50%（案例分析的成绩占平时成绩的60%），压缩期末考试的比例为50%，从实际操作中提高平时成绩的重要性，使更多的学生真正参与到案例教学中来。第二，许多同学做不好案例分析是因为基础知识不过关，在课堂上对经典案例进行生硬的讲解，学生一时难以听懂。因此，在课前让学生对所讲的经典案例进行预习，列出涉及的相关理论知识，再进行讲解，学生就很容易听懂，下课后，要求学生对所讲的案例进行复习加以巩固。这样，案例教学法在课堂上的运用才能达到预期目的。其次，针对案例分析在收集资料、小组讨论和展示研究成果比较耗时的问题，笔者认为可以从以下几个方面加以改进：第一，在小组成员收集资料和信息的过程中加以指导，比如给学生一些网址和书目等一些方向性的建议，缩短学生收集信息的时间；第二，由于小组讨论耗时较多，所以讨论环节都是在课下自行完成，不会占用教师讲授课本知识的时间，但讨论中如若出现分歧和问题可以向教师寻求帮助，教师不会直接给出答案，但会给出方向性的建议；第三，建议小班教学，每次教学班的人数不要太多，以40个学生左右为宜，方便教师对每个学生的学习情况和每个小组的案例分析进程加以管控，并适时地加以指导。

（三）提高老师的业务能力

教师的业务水平与授课质量对教学效率起到了很大的作用，为了提高教师们运用案例教学法的能力，应该定时或不定时对教师进行培训或者加强教育，防止案例教学法运用不当问题的发生。首先，规定专职教师进行听课学习，就自己在授课过程中遇到的问题以及自己的案例运用技巧与其他教师进行交流；第二，学校要定期或者不定期地邀请专家到本校做报告，或者把优秀的老师派出去学习，再回来与大家一起分享学习；第三，每年组织一到两次调研活动，到案例教学法实施较好的高校和学院进行学习并分享调研成果。

五、结语

国内外的教学实践证明，案例教学是一种行之有效的教学方法，它既有利于提高学生分析问题、解决问题、理论联系实际的能力，也有利于弥补传统教学方法的不足。但案例教学在我国高等院校的教学实践中，也存在着一些不容忽视的问题。这些问题制约了案例教学效果的发挥，不利于案例教学方法的实施和改进。要想达到案例教学法的最佳效果，需要高校管理者、一线教师群体、学生、社会等多方面的共同努力。

参考文献

[1] 周肖冰. 浅谈案例教学法在会计教学中的运用 [J]. 吉林省教育学院学报：学科版，2008（5）：41.

[2] 蒋德权. 案例教学法在特许公认会计师课程（ACCA）的应用探究——以《财务报告》（F7）教学为例 [J]. 教育教学论坛，2016（41）：196-197.

[3] 魏娟. 财会专业英语案例教学法研究 [J]. 知识经济，2013（20）：166.

财务会计课程教学
引入蓝墨云教学的思考

唐　玲[①]

摘要： 随着互联网的发展，运用客户端、云资源的教学改革浪潮来袭。因为财务会计教学存在难度大、专业性强、实践要求高等特点，所以很有必要对传统的教学模式进行创新和改革。在财务会计课堂中引入蓝墨云后，其课程设计、评价体系都随之进行了改革，在一定程度上实现了财务会计的翻转课堂。本文分析了蓝墨云引入财务会计课堂后的情况。文章首先分析了蓝墨云班课的特点和作用，然后分析了蓝墨云引入财务会计课堂后的优势。同时，文章分析了想要借助蓝墨云改革会计教学的挑战和存在的问题，并给出了建议。

关键词： 财务会计；教学；蓝墨云；翻转课堂

随着互联网时代的来临，客户端、网络、云资源已成为当今社会中工作、生活的主要媒介和工具。在学校教育中，小学教育、中等教育都越来越多地使用移动资源，如一起作业网、来了作业、作业帮等。而在高等教育阶段，学生们使用手机的频率远超中小学生，但借助手机来完成学习的情况落后于基础教育阶段。究其原因，主要在于高等教育的学科专业性、分散性阻断了外部企业针对专业内容的集中开发。教学改革一直是高校教育的重要课题，翻转课堂、移动课堂、云课堂都是大学教育研究的方向。

在大学课程中财务会计因其难度高、专业性强、实践要求高，很适合翻转课堂。但云资源、慕课等资源匮乏以及学生的理解程度和自主学习的能力差异限制了其翻转课堂的发展。蓝墨云班课、课堂派等平台的使用和推广为财务会计课堂的改革，实现翻转化、学生主导化提供了工具和平台。

本文通过对蓝墨云班课在财务会计教学中的应用来分析蓝墨云平台给财务会计教学带来的改革和挑战以及存在的问题。

中级财务会计和高级财务会计课程是会计专业的核心专业课程，从专业设置、学生核心专业竞争能力来看，其重要程度都不言而喻。近年来，课程组教师一直致力于提升

---

① 唐玲（1979—），女，成都信息工程大学讲师。研究方向：财务会计。

学生主动学习的能力。在面向课程化考核、增强课程趣味性的课程教学改革研究中，教师力争提高财务会计的教学效果。笔者认为，引用蓝墨云班课进行教学，实现财务会计课程的翻转课堂可以提升学生的学习主动性，一定程度上实现过程评价，同时也能增强课堂的趣味性。

一、蓝墨云平台在财务会计教学中的应用

（一）蓝墨云概述

蓝墨云（即蓝墨云班课，以下简称蓝墨云）主要是指蓝墨科技推出的一款移动教学助手 APP，以移动网络环境和云服务平台为依托，利用移动智能设备来组织课堂教学，实现课堂内外的即时反馈与互动。教师在教学中可以借助云端创建班课空间，为学生提供一系列服务，如资料、视频、作业、消息推动和课程订阅等。通常蓝墨云包括以下五个主要模块：班课详情，主要是班级的邀请码、总安排、学习要求等总括性内容；通知模块，可以发布各项通知；班课资源，包括各种学习资料，如视频、课件等；班课活动，涵盖投票／问卷、头脑风暴、答疑／讨论、测试等内容；班课成员信息，反映学生的学习频率和深度，记录课堂表现等。

（二）蓝墨云在财务会计教学中的应用

1. 课堂应用

蓝墨云在课堂上可以实现点名、提问、讨论等多种作用，较之传统课堂效率更高、形式更丰富。第一，点名。在大学教育中，考勤对于学生的平时成绩是一项重要的标准。因此，各个高校为了点名，推出了包括指纹打卡、面部识别等各种手段，就是希望能如实反映学生的出勤情况，进而如实反映学生在平时学习中的状态。蓝墨云在考勤的功能方面有一键签到和手势签到两种，10 秒即可签到完成。同时还会反映签到时与老师的距离和人工再确认。这都在较大程度上加强了考勤的真实性和便利性。第二，课堂表现。在财务会计的课堂中，经常需要通过随堂提问来提升学生的专注力，同时也帮助学生理解，启发学生的思维。在这个环节中，蓝墨云通过摇一摇的方式来增加神秘性从而提高学生的兴趣。摇一摇的随机性决定了其全面性考察，每个学生都有可能被抽中，因此对于平时积极性不高的学生有鞭策作用。同时，蓝墨云还有抢答、举手环节设置，紧张刺激，给主动学习的学生展现自我提供了机会。第三，随堂检测。蓝墨云可以利用老师上传的题库定期进行检测并给出学生的完成时间和成绩。一方面减少了老师的批阅工作量，另一方面也对学生的情况进行了全面的记录，对于易错题有反映，便于老师更全面地了解学生掌握知识的情况。

2. 课后应用

蓝墨云在参与教学的过程中利用手机客户端和云资源的结合，使得学生能够更方便地学习，不受时空的限制。同时，蓝墨云可以设计问卷、讨论等形式来反映学生对课程的希望、掌握情况等方面信息。第一，课后学习。蓝墨云可以在资源里上传课件、视频、资料等各种素材，学生在课后时间可以根据自己的情况灵活选择时间进行复习、预习。同时，蓝墨云还有答疑板块，学生既可以私下向老师询问咨询也可以在答疑活动中集体讨论；这样，不仅可以答复个别的疑问，对于共性的问题大家还可以共同探讨，互补长短。第二，课程评价。对于问卷等板块的应用，蓝墨云可以更快捷地收集信息，从

而评价课堂和了解学生掌握的情况，便于老师改进教学。第三，数据记录和分析。蓝墨云对于学生学习过程有详细的数据记录，能够生成报告，既可以对学生个体的学习进程进行分析也可以进行横向比较。

二、蓝墨云在财务会计教学应用中的优势

传统教学模式以讲授为主，以教师为主导，教师按照学生认识活动规律，有计划、有目的地组织和控制教学过程，目的在于使学生掌握系统的基础知识和基本技能。财务会计一般是按照讲授内容—训练巩固—答疑辅导—实验提高的步骤来安排教学。随着手机的普及和通信设备的普遍使用，学生随时随地可以用手机上网，新的教学模式应运而生。现在备受推崇的翻转课堂教学模式是以学生课后通过媒体学习和教师课堂组织讨论学习相结合的学习方式，教师把需要学习的内容和知识点以各种方式放在网络上，学生可以随时随地地学习。蓝墨云为实现翻转课堂提供了平台和工具。相对于传统教学模式，蓝墨云通过其各个板块发挥作用，具有独特的优势。

（一）轻松管理班课

蓝墨云可以轻松管理班课、管理学生、发送通知、分享资源、布置批改作业、组织讨论答疑、开展教学互动。任何普通教室的课堂现场或课外都可以随即开展投票问卷、头脑风暴等互动教学活动，并且能即刻反馈，即刻点评。

（二）激发学生学习兴趣

学生可以随时随地地学习老师发布的各项教学资料信息，由于在课堂上设计了抢答、举手、摇一摇等环节，也激发了学生参与课堂的热情。同时，蓝墨云也遵循了现代人面对客户端比直接举手更有勇气的特征。在实践中可以看到，运用蓝墨云举手功能，参与的学生比直接举手的人数更多；而摇一摇的环节中，学生能明显感觉到神秘和刺激，从而提高专注度。

（三）面向过程的评价体系

在使用蓝墨云的过程中，教师上传每一份资料时都可以相应地设置其经验值，通过学生下载学习的情况可以了解学生平时对学科的关注程度。签到能获得学生的考勤记录，从而分析其学习的态度和状态。课堂表现通过举手、抢答、摇一摇和老师筛选结合，记录学生的表现。课堂检测可以通过学生答题分析答题时间和成绩。这在很大程度上反映了学生在学习过程中的变现情况，对这个过程进行记录并相应地给予分值，在学期末可以针对每个学生生成评价报告，这种面向学生学习过程的评价是现代高等教育追求的最科学的评价体系。

（四）使用便捷和成本低廉

蓝墨云的使用需要老师和学生都下载 APP，同时需要移动网络，除此以外不需要更多的投入和成本，因此使用便捷，成本低廉。同时，蓝墨云使用过程中的所有记录都可以生成报告并轻松导出，并自动完成分析。这些都使得蓝墨云引入课堂变成方便可行的一种方式。

三、蓝墨云在教学中应用的挑战

2000 年，美国学者 MaureenLage、Glenn Platt、Michael Treglia 在论文 "Inverting the

Classroom：A Gateway to Creating an Inclusive Learning Environment"中介绍了他们在美国迈阿密大学教授"经济学入门"时采用"翻转教学"的模式以及取得的成绩。2000 年，J. Wesley Baker 在第 11 届大学教学国际会议上发表了论文"The Classroom Flip：Using Web Course Management Tools to Become the Guide by the Side"。随后，翻转式课堂在美国的中小学课堂被推广开来，并随着互联网的发展快速发展。

我们已经达成共识的是翻转课堂并不仅仅是网络课程、视频课程，它是从根本上推翻传统教学模式的一个体系。从理念到设计到执行，翻转课堂都是对教师的挑战，也是对学生的挑战。而全方位运用蓝墨云，实际上就是从根本上改革财务会计的整个教学环节，而不是仅仅利用其签到、抽问。

（一）课程设计的全面革新——对老师提出新要求

蓝墨云班课介入财务会计的课堂后，财务会计课程在一定程度上实现了翻转。因此，在课程设计上，需要老师按照翻转课堂的环节来进行改革。典型的翻转课堂思维如图 1 所示。

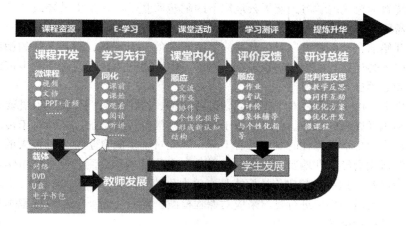

图 1　翻转课堂模型①

1. 课前资源先行、讨论先行

根据图 1 模型，教师课前把课件、视频、网址链接等资源通过手机或 PC 传到蓝墨云里供学生课外学习。教师还可以针对部分疑难内容录制微课，为了让学生愿意在没有教师监督的情况下学习，微课应尽量有趣易懂。另外，也可以上传一些学习资料以及有用的网址链接，方便学生在学习过程中遇到不懂的问题时及时查阅。教师通过蓝墨云平台发送通知，提醒学生对上传的资源进行学习。通过对资源设置经验值，教师可以清楚地看到哪些学生已经学习了资料哪些还没有进行学习。教师可以采取相应的方式如再次发送通知、课堂提醒等对没有学习的学生进行督促。教师还可以在课前设置讨论活动，对于自主学习中典型的问题可以通过讨论来深入思考，以便于教师在课堂上有的放矢地讲解。

2. 课中疑难分析、讨论深化

在上课前，学生已经进行了比较深入的学习，带着问题走进课堂。因此老师的讲授

---

① 图片资料来源于 360 图书馆。

比例应当适当减少，增加交流、讨论等多种模式的学习。老师还可以通过课前预习测试进一步掌握学生预习的情况。对于普遍存在的疑难问题，教师应该详细讲解并增加案例分析等环节来帮助学生掌握。

3. 常态检测分析、教学回馈

在课堂中以及课后，老师应当及时设置测评内容，及时了解学生的掌握情况，并增设集中答疑和个别答疑以便及时掌握和解决疑难点。教师可以每期在开始、中期和结束都展开问卷调查，及时掌握学生对课程设计、教师授课的评价和建议，不断改进每个环节。

通过对上述环节的梳理，可以看到运用蓝墨云来实现财务会计的教学翻转，无论课前、课中还是课后，都对老师提出了很高的要求。老师需要提供更多的资源，需要在传统教学备课的基础上录制微课、设置问卷、开设并参与讨论、引入案例，同时还需要保持对蓝墨云的关注以了解学生的信息。这些都对老师提出了巨大的挑战。

（二）全面自主地思考学习——对学生提出新要求

从传统教学模式的学习到蓝墨云运用下的翻转课堂学习，学生需要改变的更多。首先，学生需要从被动学习转变到主动学习。

课程开始前，学生就可以通过蓝墨云下载相关的学习资料，观看老师的微课，从而自主学习财务会计课程的相关知识。在自主学习中，遇到的疑难问题，学生可以在讨论区与同学和老师进行交流讨论。

在课堂上，由于老师针对学生的问题进行讲解、讨论和案例分析，也需要学生保持高度专注和积极思考的状态。并且，由于讨论和案例分析的增加，老师对于传统知识点的讲解会适当减少，但课程的要求没有下降，因此对学生的自学能力是极大的考验。同时蓝墨云的课堂会经常性地要求学生参与讨论、头脑风暴和检测，没有自主学习的学生平时成绩会很差（这种差相比传统模式具有放大化的效果）。

在课后，还需要学生进行复习来应对课程检测。同时还需要学生对课程本身和老师授课的环节进行积极的参与评价。

以上各项无疑可以增强学生对于财务会计课程的学习效果，但同时对学生的精力、时间都是一项考验。

四、蓝墨云在教学应用中存在的问题及建议

财务会计（中级财务会计、高级财务会计）课程难度比较高，内容多，长期以来存在课时不足不够的情况。蓝墨云的运用一方面增加了课程的趣味性，对学生平时的学习评价较准确，能够督促学生学习。但是，在蓝墨云引入财务会计课堂时，也存在以下的问题。

（一）蓝墨云在财务会计教学应用中存在的问题

1. 外部环境落后

蓝墨云的运用需要依赖网络条件，在我校教室上课，有时网络极不稳定，这在客观条件上限制了蓝墨云的使用。简单的签到、举手等还可以顺利进行，但资料、图片的传输就很难在课堂上实现。

同时，引入蓝墨云实现财务会计的翻转需要大量的云资源：慕课、微课、数字教材，这些资源耗费巨大，没有平台和学校的支持与参与，一个教研组的老师几乎无法完成。

2. 课时不足和资源不够

财务会计作为财会专业的核心课程，内容量极大，难度高。很大一部分内容依靠学生自学无法达到效果，教师讲授的内容不能减少。教师需要进行必要的讲解，还需要进行案例分析，这就大大减少了课堂讨论的时间。从传统模式向翻转模式的转型尚未完成，因此财务会计的课程设计上还没有完全实现革新。现行状态下，蓝墨云完全处于辅助地位，甚至有时候使用蓝墨云会打断课堂的进程。这也造成了在财务会计课堂上，蓝墨云使用的途径比较少甚至沦为鸡肋。财务会计的数字教材资源缺失和微课缺乏也使得蓝墨云的使用效果大打折扣。

（二）对于蓝墨云应用的建议

以蓝墨云作为平台实现财务会计课堂的移动化、网络化、翻转化，对于财务会计课程教学有着极大的促进作用。对于学生、教师、学校以及平台，都需要不断创新以优化课程教学。

在这个过程中，教师首先要改变课程的设计，使蓝墨云的资源丰富化，有效使用蓝墨云各个板块来完善教学的各个环节。同时改变学生所期望的讲授——接受模式的课堂文化。在蓝墨云的使用过程中，有学生表示对其不习惯、不适应，这一方面反映了 APP 设计上还有一些缺陷但同时也反映了学生对于这种教学模式的不适应，对于自主学习的不适应。教师应多与学生沟通，可以通过下发任务单的形式帮助学生了解和掌握课程的要求和需要完成的任务（见图2）。

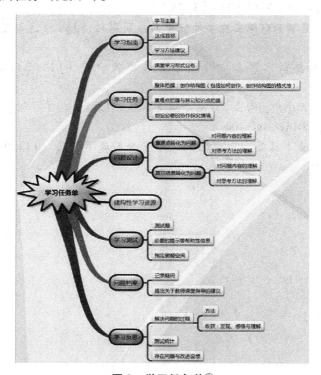

图2　学习任务单①

---

① 图片资料来源于360图书馆。

学校应当了解蓝墨云使用的特点，积极维护教室网络环境的良好运行，而不是屏蔽网络；学校可组织教师进行相关的内容培训，提高教师的课程设计能力；同时提供支持发展慕课、微课等资源。而蓝墨云平台也需要实时更新，提供更友好的服务，尤其是专业类电子教材的整理、共享迫在眉睫。

只有老师、学生、学校、平台相关各方共同努力，才能真正实现财务会计的教学改革，也才能真正发挥蓝墨云平台在教学中的作用。

在财务会计课程中引入蓝墨云教学，可以实现课程的翻转，提高学生的自主学习能力并实现过程化评价，是一个很好的发展方向。但是蓝墨云教学的翻转课堂也给教师和学生提出了空前的挑战和压力，为了能够更好地应对这种挑战，我们教师应该引导学生进行调整，同时呼吁相关各方提供更完善的外部环境，共同实现财务会计教学改革的创新。

参考文献

[1] 孟婷婷. 关于蓝墨云班课在教学过程中应用的几点思考 [J]. 职业教育，2016（1）：114.

[2] 张茵茵，牛彦敏. 移动教学平台在高等教育教学中的应用——以蓝墨云班课平台为例 [J]. 教育技术，2017（2）：23-24.

[3] 祁爱萍. 蓝墨云班课在教学过程中的应用探讨 [J]. 信息与电脑，2016（2）：207-208.

[4] 于琳. 蓝墨云班课在翻转课堂中的应用研究 [J]. 现代教育技术，2017（6）：21.

[5] 杨艳雯，王小根，陶鑫荣. 基于蓝墨云班课的混合式学习研究与设计 [J]. 中国信息技术教育，2016：106-109.

[6] 谭春兰. 基于蓝墨云班课的翻转课堂教学改革实践 [J]. 物流工程与管理，2016（6）：219-220.

关于审计案例互动型教学模式的探讨与思考

曾　琰[①]

摘要：在审计案例中引入互动型教学模式，旨在建立课前铺垫与引导、课内小组讨论、教师点评和归纳总结、学生提交心得体会一系列过程，在案例分析的过程中建立充分沟通、交流和反馈的平台，解决传统教学模式中大多数学生处于被动状态、缺乏能动性，案例的答案过于单一标准化，案例的选取缺乏综合性，教师忽视课外对学生的引导等问题。

关键词：审计案例；互动教学模式；小组讨论

审计是一门集理论性、实践性于一体的专业核心课程，在教学过程中常会遇到学生们难理解、难掌握、难运用的问题。近年来，越来越多的课堂教学借鉴了西方案例教学模式，在审计教学中引入了案例教学。与传统教学方式相比，案例教学通过生动的场景再现、案例重演、分析推理，将枯燥的理论知识点进行串联后与审计实务相结合，更容易达到较好的教学目标。在审计案例中注重互动型教学，旨在培养以学生为思考主体的模式，打破以教师为主导的传统课堂教学模式，更大程度地启发和培养学生的思维方式、逻辑推演能力，真正让学生成为课堂的主体。

一、审计案例教学现状分析

（一）大多数学生处于被动状态，缺乏能动性

在案例教学的一般模式中，学生通常被分成若干讨论小组，在教师的组织下在课堂上进行案例讨论。但在有限的课堂时间里，小组间或老师总结式的讨论发言往往不如人意。案例分析最应该花时间的应当是课前的资料收集、对案例的思考和推理以及学生自己对案例的理解和与理论知识点的链接，而不是依靠在课堂上短时间的交流和老师的归纳从而去被动地接受观点。

而且，案例教学在学生人数较多的班级中进行的难度更大。这种情况下，要么讨论

---

① 曾琰（1982—），女，成都信息工程大学商学院讲师。研究方向：审计学、公司治理、财务管理。

小组数量较多，要么每组学生人数较多，发言的学生人数毕竟是少数，而大多数不发言的学生就会产生"反正不发言，就无须充分准备"的侥幸心态，只用听听发言的同学陈述和老师的串讲就好。这样的案例教学，大多数学生又能学到什么？

（二）案例的答案过于单一标准化

审计案例的教学不同于会计账务处理类科目的教学，会计账务处理类科目的案例教学往往可以有标准化的答案，毕竟会计处理有企业会计准则规定的统一标准，数字和科目都没有变化的空间。而审计准则规定的是处理的原则和思想，审计的案例教学如果只有过于单一的答案，反而会让思维方式被圈禁在一个狭小的空间里，不利于逻辑的推演和发散。

审计案例的分析方式应该是多样化的，在运用审计原理的过程中会出现不同的推理方法，不同的视角下分析的思路也有所差别。如果教师用一个呆板的标准答案去限定，一方面会让学生们觉得一旦和标准答案有一点差别便是所谓的"错"，陷入"越学越死板"的误区，与案例分析原本应该打开思维模式、跳出教条主义的初衷背道而驰。另一方面会让学生们活跃的思维方式受到自己的质疑，打击自信心，影响课堂的活跃气氛和案例教学的开放型教学效果。

（三）案例的选取缺乏综合性

在审计教学过程中，因为课程的实践性较强，需要以案例中情景再现的方式引导学生身临其境地去分析，而这也给案例的选取增加了难度。如果只是简单地选取涉及的一两个知识点的案例，往往还没深入分析就能看出问题所在，这样的案例即便是进行小组讨论，得到的收获也很少。综合性强的案例虽然会比较复杂，初看案例甚至会不知从何入手，但学生们通过对多个知识点的串联、课前的多角度资料收集、课堂中有分歧的小组讨论后，从中获得较大的提高。

综合性的案例往往具有如下的特点：第一，代表性。审计案例的代表性体现在它能够反映当前社会与经济的现实与热点问题，学生们通过这样的案例能够紧跟社会与经济发展趋势；第二，实务性。审计案例的引入宗旨在于将课本枯燥的理论知识与实践相结合，如果只是简单地编写教条性的案例是不能达到教学目标的，案例应该选取现实社会中发生的、与理论知识紧密结合的案例，使学生们在分析之后能更深刻体会课本中的知识点，做到举一反三；第三，复杂性。简单的案例会让人一目了然地看出问题所在，没有了观点的不同，就没有小组间的争论与思维碰撞，这样就失去小组讨论的意义。错综复杂的案例虽然有难度，但通过这样的案例分析后，更能训练同学们从纷繁多变的情况中去找出关键问题所在，培养学生们排除干扰因素、抓住重点问题的能力，而且复杂的案例使学生们在小组讨论的过程中产生不同的视角分析，通过相互间的争论使事实越辩越明，越讨论越清晰，印象更深刻。

（四）教师忽视课外对学生的引导

传统的课堂教学过于注重课堂内的教学效果，而案例教学往往更注重课外的资料收集汇总、信息的分析处理，而这些课外的时间比起课堂内短暂的小组讨论时间多出了好几倍。如果只是注重课堂内的教学内容，而忽视课外对学生的引导，这样的案例教学达不到理想的教学目标。例如，在资料收集过程中，学生们出现了方向性的错误而没有得到老师的纠正，进而在分析案例时完全"跑偏"，虽然在小组讨论的过程中，学生最终会发现自己之前所犯的错误，但为时已晚，没有时间再进行正确的材料收集和分析了，同时也会使同学们产生"之前的工作都白做了"的挫败感。但如果教师能在第一阶段收集信息时就给予适当的引导，那么第二阶段课堂小组讨论就能有序地顺利进行，这样也更好地把课内和课外的教学模式结合起来，两者相辅相成互相促进，更好地实现了教学目标。

二、互动性案例教学模式的建立

（一）课前铺垫与引导

案例教学之前，教师应当在课堂中详尽地讲解完都已审计的理论基础知识点，并且通过作业、提问等方式确认学生们能基本理解并掌握，这样便于学生熟练运用所学的知识点与案例进行理论与实务的对接。在布置好案例分析时，教师向学生公布案例讨论的具体程序：可以选取两组学生，要求他们在课堂上以报告的形式向其他同学展示其分析的过程和结果，然后由其他组的同学分别展开小组讨论。让学生们了解案例分析的基本步骤，做到心里有数。

在学生们课外进行案例分析的过程中，教师可以给予一定方向性的引导和答疑，确保学生们不做无用功，激发学生们进行案例分析的兴趣和热情。在案例分析的整个阶段中，学生们的课前准备时间实际占据了一大半，这个阶段能有效地锻炼学生们独立学习、收集资料和逻辑分析的能力。教师如何适当地引导学生们独立思考，需要在实践中长期摸索。

（二）课堂内小组讨论

在教师引导下以及学生们进行充分的课外准备的前提下，由两组学生进行比赛型的案例分析报告，要求他们将分析的具体过程、思考的方法、得出的结论展示给全班其他同学，这种比赛型的分析报告相比单一的报告，更能激发学生的好胜心及学习热情。之后由其他同学通过教师设计的投票通道如手机软件等进行匿名投票，其他同学觉得这两组哪一组分析得更深入更准确更有说服力。一方面，这种小组投票的展示方式使其他小组更专心地聆听报告小组的发言，避免了台上小组在报告、台下小组不认真听的状况，让每个小组在报告展示阶段都能切实地参与其中；另一方面，对于台上展示的小组报告成员也是对其口头表达能力、逻辑分析能力的综合性锻炼，并且每次案例分析轮换小组进行，确保每位同学都有上讲台向全班同学分析报告的机会。

在小组报告展示结束，其他同学匿名投票选出优胜组后，其他小组便开展轮流发言及自由发言。在讨论的过程中，教师既要担任主持人身份，也要担任引导人身份，保证讨论时学生们的言辞保持在就事论事的基础上，争论时避免人身攻击等过激行为的出现，维持讨论的正常氛围，即允许充分发表各自不同的意见，又要彼此尊重对方的言论。

（三）教师点评和归纳总结

在小组讨论结束后，教师需要对前两个阶段学生们的准备情况、报告情况、发言情况以及小组讨论情况进行点评和归纳总结。通过点评，让学生们了解自己在第一阶段准备时资料收集的渠道和方式有何不足、应该如何改进、推理的角度和方法有无误区、和审计准则是否完全相符、能否抓住案例的主要及重点内容、得出的结论是否具有典型性等；在第二阶段课堂的报告展示时，发言的内容是否紧贴案例、与理论知识点是否结合、语言表达的逻辑是否顺畅、语态是否生动形象，在小组间轮流发言和自由发言时，是否能就问题的本质进行适当的阐述、是否在其他同学发言时积极思考、发现问题，当发现与其他同学观点不同时，是否敢于主动提出异议并与之辩论，辩论时能否做到运用所学理论知识点条理清晰、有理有据、逻辑清楚地阐明自己的观点并有效反驳他人论点，在争论的过程中保持方寸不乱、头脑清晰、坚持自我观点等。

（四）学生提交心得体会

在教师点评和归纳总结后，并不代表案例分析过程就此结束了，最后这个阶段也是必不可少的一个阶段：学生通过提交心得体会的报告反思自己在这次的案例分析过程的收获、不足、经验与教训。有些学生觉得这个阶段是多此一举，既然前面我们已经做了那么充分的准备工作，在课堂上也对审计案例进行了相互的交流、讨论和分析，之后老师还对我们的所有工作进行了点评，还需要自我的反思吗？答案是必要的。教师在第三阶段的点评和归纳总结毕竟是针对全班同学的整体表现，特别是对于一些班级人数较多的情况，更是无法顾及每一位小组成员的具体表现，而且，自我的反思被证明是最有效提高自身能力的方式，学生们更加清楚自己在此次的案例分析过程中做了什么、思考了什么、有什么收获、有什么疑惑等，这都是其他人所不能替代的感受。因此，完成最后阶段里的自我总结并提交心得体会报告就显得尤为重要。同时，通过前面三阶段的学习与参与，每个同学的表现与参与程度不同，性格不同，感受也有所不同，或许有些同学还有些建议不好意思直接告知老师，于是通过这种文字传递的方式就有了沟通的桥梁。同时，教师在接收到同学们的心得体会报告时，也可以对这次的案例分析过程有更全面的把握，在此基础上进行经验和教训总结，在下一次的案例分析中加以改进提高，并针对同学们的疑惑有针对性地进行反馈和必要的个别指导。

三、互动型审计案例教学模式的反思

互动型审计案例教学模式要以学生为课堂主体，以教师为引导，在课堂内外都搭建起充分沟通交流的平台，并不是传统的"你讲我听"或者"只管课堂内，课堂外就不归我管"。重视互动型的教学模式，教师要依靠长期的课堂经验和与学生的交流来建立，并不是一蹴而就的。对于审计案例教学来说，每一次的过程应该围绕着案例分析来展开互动，整个阶段的沟通伴随着学生课外收集资料的辅导、思维建立的引导，课堂内小组发言、学生投票、小组讨论活动的主持及指导，结束时对整个案例教学过程的归纳分析，根据学生们的心得体会对此次案例分析教学进行总结、改进和提升，最终反馈给同学们。这样，互动型审计案例教学模式才会伴随着师生之间的长期互动有机地紧密结合、默契地形成，最终才能得到完成。

参考文献

［1］张永杰. 关于审计案例教学法运用的探讨 ［J］. 会计之友，2009（12）：80-81.

［2］何芹. 审计案例教学现状及效果评价——基于学生与教师不同视角的分析 ［J］. 财会月刊，2009（9）：110-112.

［3］李兆东. 审计案例教学的误区与再造 ［J］. 中国大学教育，2014（8）：73-76.

启发式教学在审计学原理
教学中的应用

摘要：审计学原理作为一门理论性较强的课程，存在着教材文字性内容多且难懂、原理类课程教学的实务性较低、学生们的学习兴趣不高、教师的教学方式单一等特点。启发式教学注重引导学生进行思维模式的转变；追溯根源，全面解读审计准则；巧用生活素材，提高学生学习兴趣；模拟审计场景，增强学生参与感，从而使学生们能完成审计学专业课程的入门。

关键词：启发式教学；审计学原理；审计准则

谈到审计教学，通常会给教师及学生一种既难教又难学的感觉，而审计学原理作为审计方向的入门级课程更是对教师教学提出了更高更难的要求。审计学原理课程通常开设在众多会计核心课程完成之后，如会计学原理、中级财务会计、高级财务会计，而会计课程易教易学，学生们的学习兴趣也更加浓厚。在完成了会计相关课程并形成会计定性思维之后，突然转到学习审计课程时，学生们在完成这一思维定式转变阶段往往较为困难。因此，如何才能使学生们通过学习审计学原理成功迈入审计学习领域，需要进一步探讨。

一、审计学原理教学的难点

（一）教材文字性内容多且难懂

当学生们从会计领域课程转到审计领域课程时通常会感到不适应，原因在于会计课程是在账务处理过程中主要和数字打交道，通过数字和账户之间的勾稽关系去理解，其逻辑性相对较强；而审计学原理作为审计的入门课程，主要是以审计准则为导向进行理解，审计准则几乎是纯文字性的内容，很少涉及数字间的逻辑关系。这种差别使学生们在学习审计学原理课程时感到很吃力，读不通顺、理解不了教材的大段文字性描述，由于这些文字性内容是由国外审计准则翻译过来的，就更给学生们入门时的学习理解增加

---

① 曾琰（1982—），女，成都信息工程大学讲师。研究方向：审计学、公司治理、财务管理。

了难度。

由于教材本身的内容难懂，加之审计学领域的学习方法和逻辑思维与会计差别较大，作为刚接触审计的学生们在学习审计学原理课程时就产生了畏难情绪，或是原本满满的自信屡次受到打击，降低了学生们的学习兴趣和热情。

（二）原理类课程教学的实务性较低

所谓原理类课程都是学科领域中的入门级课程，入门往往是最难的，当入门后学习通常会容易很多。但原理类课程毕竟是以理论知识为主，而审计学原理课程中介绍的理论知识相对于后续的审计实务课程来说，既是必不可少的理论基石，又是相对实务性较低的课程。对于学生来说，审计学原理是通往审计领域的必经之路，没有捷径可走，只能扎扎实实、稳扎稳打地学好这些原理类的理论基础，为之后的审计学习铺好路。

相对于实务性较高的会计课程来说，审计学原理课程的教学在举例时会有些局限，因为还没有进入到审计领域实务阶段的学习阶段，有些案例的引入还为时较早，需要在介绍完基本理论知识点后才能通过实务性的案例进行巩固。原理类课程的学习是一个阶段性的过程，需要文火慢炖才能由量变引起质变，而量变的过程需要一定时间的累积才能上到一个新台阶，但量变的过程需要学习的耐心磨炼，这些都需要教师的悉心引导。如何培养学生们的学习耐心，并顺利带领学生们渡过初级学习阶段，给教师的教学增加了难度。

（三）学生们的学习兴趣不高

在刚开始学习审计学原理课程时，经常会听到学生们的阵阵抱怨声：教材看不懂、上课听不懂、练习不会做等。学生们原本觉得已经完成了会计类一系列课程后，再来学习审计学原理应该会很轻松。不少学生在没接触过审计领域的课程之前，会想当然认为审计是通俗意义的查账而已，在这样无心理准备的心态下进行审计学原理课程学习，信心自然会受到打击，影响后续学习的兴趣。或是听学过的同学说审计很难，先入为主地产生了畏难情绪；又或者学生们的会计惯性思维无法立即转换为审计思维方式，一开始学习时无法适应审计的逻辑思考方法等，都会打击学生们的学习热情。

学生们的年龄正处在年轻气盛的时期，经历的事情、受过的挫折相对较少，容易一遇到困难挫折就轻言放弃、一蹶不振，用逃避的方式去解决问题。教师不光是在课堂上对学生负责，在课外也应该做到真正地关心学生的学习心态，当发现学生在学习审计的过程中遇到困难、受到挫折时，应该及时地帮助、鼓励学生正面积极地解决问题。

（四）教师的教学方式单一

原理类课程的教学方式通常相对较单一，这也是课程本身的特点和局限性所决定的，对于审计学原理课程来说，本来就枯燥乏味的理论文字性内容就更加了无生趣。传统的课堂教学模式是老师讲、学生听，在审计学原理的课堂上，稍不注意就会变成老师在讲台上讲、学生在台下埋着头，这样单一的教学方式远不能达到教学目标。

教学方式的多样化是教学改革的必经之路，创新型的教学方式如微课、慕课、翻转课堂等都是可选择的手段。微课（Micro Learning Resource）是以较短的时间如 5~10 分钟，将某些碎片化的学习内容制作成某个教学主题或将某些重难点内容制作成学习视频给学生们观看，将传统授课时间进行有效的缩短；慕课（Massive Open Online Courses）有着广泛的网络慕课平台，教师们通过将视频上传到网络，共享学习资源，供学生们观看、交流、讨论和互动；翻转课堂（Inverted Classroom）是充分利用学生课堂外的学习时间，让学生们在课外主动完成一些知识点的学习，教师结合课外学习情况在课内进行答疑解惑。

二、启发式教学模式的应用

（一）引导学生进行思维模式的转变

在进行审计学原理课程的学习之前，学生们学习的都是会计领域的专业课，虽然审计和会计有着千丝万缕的联系，但不可否认的是，这两大领域的学习方法和思维模式是完全不同的，如果形象地把会计比作理科，那么审计可以被喻为文科。在会计领域的学习中，学生们主要学习如何进行账务处理，但审计并不是简单地"就账查账"，而是有其一套系列的理论体系。理论的学习免不了晦涩和枯燥，而审计学原理正是一门以介绍原理和理论为主的课程，在扎实解读审计准则的同时，为后续的审计实务等课程打下不可或缺的基础。

但思维模式的转变需要一个培养和建立的过程，教师在学生刚开始学习审计学原理课程时就应该慢慢让学生们明白，审计并不是对会计查账的重复学习，而是建立风险评估导向一系列逻辑思维的过程。在这个过程中，教师应当带动学生们在学习中把自己始终放在注册会计师的视角上来看待和分析问题，审计学原理所谓那些枯燥无味的原理和理论只不过就是注册会计师在审计过程中应该怎么想、应该怎么做的方式而已。

（二）追溯根源，全面解读审计准则

很多同学在初次接触审计教材时，普遍反映根本看不懂审计学原理的教材，感觉里面的句子都很难读通顺，更不要说理解和举一反三了。究其原因在于我国的审计学原理教材中对原理和理论的叙述都直接来自于对国外审计准则的翻译，英文的表达习惯毕竟和中文有很大区别，通过英文翻译成中文的审计准则难免会显得更加晦涩不通顺，加上同学们刚开始接触审计，就更觉得难上加难、不知所云。

教师在引导学生们跨入审计门槛的第一步就是要读懂审计准则，不仅因为它是未来学生们学习审计的基础，也是注册会计师在审计过程中贯彻的指南和原则，能够读懂审计准则，审计入门就实现了最关键的一步。但从英文翻译后的中文会显得冗长，断句都显得困难，教师应当让学生们在解读审计准则时学会缩句的本领，抓住主谓宾和关键词汇，缩句后的句子往往能够精简地表达中心涵义。同时要学会追溯关键词和句的英文准则原文，当看到中文准则句子很难理解和读通时，翻看英文准则原文有时能让人豁然开朗，毕竟两者的表达习惯和语法截然不同，中文翻译后很难精确地表达英文的原意，通过追溯英文原文就能更好地理解为什么中文准则被翻译成这样、关键词是什么意思等。

（三）巧用生活素材，提高学生学习兴趣

学生们在初步接触审计学原理教材中的某些关键词、概念及原理时，往往会觉得陌生且难以理解，如果此时单单从审计的专业角度去举例说明，因学生们还未入门且不了解审计过程，这种专业角度的举例通常效果欠佳。教师可以引用生活中熟知的常识性例子，形象地类比审计学原理中难懂的词句，帮助学生们理解之后，再通过审计中的专业举例加以巩固，起到的教学效果将会事半功倍。

不少学生反映审计学原理的教材如同语文的文言文一般，自学效果较差，那么教师

的课堂教学风格就显得尤其重要，如果在课堂上教师无法抓住学生们的注意力，学生们上课时一走神就会浪费教学的宝贵时光，在课堂上一无所获，自己课外就算有心去复习也不知从何下手。有的教师认为学生们上课不专心是学生自己学习态度不好的原因，殊不知这并不是学生单方面造成的，在审计学原理本身就难以理解的情况下，对教师的教学风格和语言表达提出了更高的要求，有时候并不是学生不愿意听，而是教材的枯燥晦涩和教师的平铺直叙让学生听不进、学不懂。

（四）模拟审计场景，增强学生参与感

在审计学原理的教学中，对于枯燥晦涩的文字性审计准则内容，教师往往在讲解后学生仍然难以理解。在与生活中常识进行类比理解之后，教师需要再次通过审计专业举例让学生回归审计思维模式，此时在举例阶段时，教师可巧设审计场景，如角色扮演、视频播放等方式，将抽象的审计工作以具体形象地方式在课堂上重现，既能帮助学生们充分理解某些关键词、重难点，正确解读审计准则，又能将理论与实践相结合，提高学生们的学习兴趣。

在模拟审计场景的过程中，要同时注重学生的参与程度，不能只图一时新鲜有趣，然后很快忘记；而是要在场景重现的情况下与学生充分互动，如提问、讨论、让学生点评等，使学生们能充分融入其中，在互动过程中确保学生们能理解和掌握重难点理论知识，并在课后与学生进行充分沟通，以实现教学目标。

三、审计学原理教学的改革路径

审计学原理教学存在着教材文字性内容多且难懂、原理类课程教学的实务性较低、学生们的学习兴趣不高、教师的教学方式单一等难点，在进行启发式教学改革的过程中，审计学原理教学对教师自身的素质无疑提出了高要求。一方面，学校要注重审计专业高素质教师的引进，另一方面也要注重对现有审计专业教师的进行学习培养。学校既要创造条件重视审计实验室等专业建设的硬件需求，又要鼓励支持审计专业教师定期与其他院校教师的沟通交流，相互学习进步，掌握前沿的审计教学方式和发展动态。同时，教师也应该注重对自身教学进行反思和总结，在闲暇时参加审计实践性活动，将审计科研项目的成果、学术交流中的心得体会与教学相结合，提升自我的教学能力和教学效果。

参考文献

[1] 张咏梅. 审计教学研究述评 [J]. 财会通讯，2011（9）：27-29.

[2] 刘国曦. 应用型本科审计教学创新研究 [J]. 高教学刊，2017（1）：102-103.

[3] 王玉翠. 审计教学改革研究 [J]. 中国管理信息化，2011（3）：62-63.

会计教学模式的比较研究

苏永刚[①]

摘要：本文对现存的理论教学、传统模拟教学、案例教学和沙盘教学模式进行了比较和分析，指出现存的四类会计教学模式是在会计教育发展和实践过程中形成的，会计教学模式之所以会出现一定的区别，一方面受技术手段的影响，另一方面则取决于不同的会计环境下不同教育目标的要求。

关键词：会计教学模式；传统会计教学；沙盘模拟教学

一、教学模式概述

教学模式是指反映特定教学理论的、为保持教学的相对稳定而采取的教学活动结构[②]。在实际教学环境中，由于教学目的、教学内容及学生情况的差异，形成了多种教学模式，教学过程中具体采用哪种教学模式要视具体情况而定。其中，信息加工的教学模式[③]是依据一定的教学目的，采取相应的教学方法，利用教学工具来实现教学内容（信息）的传递过程。该教学模式包括以下基本要素：教师的教，学生的学，信息传输的载体（语言、文字、视觉现象等）以及工具（各种音像系统和语声处理设备、光投影设备、电视系统和计算机系统等）。由此，我们可以建立一个把教学作为信息传递过程的模式，见图1。

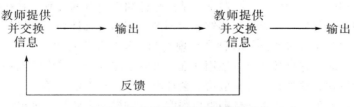

图1　作为信息传递的教学模式

---

① 苏永刚（1978—），男，成都信息工程大学讲师。研究方向：财务会计。

② 教育部人事司. 高等教育心理学［M］. 北京：高等教育出版社，1998：333.

③ 教育学把教学模式大致分为四类：行为矫正模式、信息加工模式、个人发展模式和社会作用模式。

参与信息传递的主要是作为信息供体的教师和接受信息的学生。作为供体的教师具有较强的信息优势，同时应以强烈的责任感，把交给学生的知识、能力采用适合学生特点的教学方法和信息传递方式输入通道；作为受体的学生除了他们在某一领域暂时处于低信息量外，还要通过外界激发其强烈的求知欲。在这里，反馈实际上是沟通师生间联系的一个逆向信息通道。应注意的是学生在这一模式中，并不是一个被动的信息接受者。根据以上对作为信息传递的教学模式的分析，我们可以看到，高校教学的主要特点是：第一，由师生共同控制信息的传递。第二，由于学生学习的独立性增强，教师所教授的成分逐渐减少，学生自学的成分逐渐随年级的升高而递增。第三，教学方法与研究方法的相互渗透。会计本科教学模式作为一个信息传递的过程亦应具有上述特点，需要采取相应的教学方法，利用教学工具来实现会计本科教学内容（信息）的传递，从而实现会计本科教育的目标。作为高等教育的一个分支，在长期的发展和完善中，会计本科教学结合会计工作发展的需要形成具有特色的、多种形式相结合的教学模式。

二、会计本科教学的模式

会计教育起源于会计室（或称账房），早期的会计学徒都是在会计室中，跟随具有账务处理经验的师傅在会计实践中学习相关会计知识的，这种一对一、口传心授的方式在交易简单、业务量小的情况下，满足了当时经济发展的需要。但随着商业和贸易的发展，会计室要处理大量的交易，不再适宜充当学习的场所和培训的来源。因此会计教育转向了学校，虽然在一段时间里，学校教育一直没有完全取代"职业培训"或学徒教育，但学校的课堂教育已成为培养会计人才的主要途径。伴随高等教育的发展，学校的会计本科教学活动先后出现了理论教学、模拟教学、案例教学和沙盘教学模式。

（一）理论教学

高等会计教育以理论教学为主，在相关教学过程中，教师的活动贯穿了整个理论教学的各个环节。教师传授业已形成的书本知识成为教育活动主要采取的一种方式，高等会计教育与其他高等教育一样，与会计及其相关的原理知识是学校教育的主要内容。会计原理知识是对会计实践根本的总结和提炼，能够在更宽泛的范畴内使学习者获得从事会计活动所需的基本知识。

会计理论教学一般采取讲授法。讲授法是通过教师的口头语言表述、讲解、讲演等形式系统地传授知识的方法，亦称为课堂讲授法。讲授法能完成一系列的教学任务，如教师向学生传递会计知识信息，控制学生掌握会计知识信息的过程，并在此基础上促进学生会计认识能力的发展。讲授法能够在较短的时间内，有计划、有目的地借助各种教学手段，传授给学生较多的有关各种会计现象和过程的知识信息，教学效率相对较高，而且成本低。同时，这种教学方法通用性强，可以增加或删减其中的某些内容以适应教材或学习者的变化，这种教学方法应用于会计教学，有利于培养学生掌握一些基本概念及各种技术操作规范，但讲授法的弱点也很明显。讲授法主要是一种单向的信息传输方式，在大多数的情况下，学生无法影响所传递的会计知识的性质、速率和供给量，过多使用会造成学生思维和学习的被动。而且讲授法作为一种以语言为媒介的教学方法，不能使学生直接体验会计知识，这与会计知识本身强调通过实际操作来体验和感受的要求是相违背的。因此，讲授法不利于培养学生分析问题、解决问题的能力，不利于创造性思维的培养。会计理论教学的这种方法越来越被人们所诟病。

会计理论教学的教学内容可以采取不同的教学形式和教学方法，而各种教学形式和教学方法是通过一定的教学手段或教学工具来实现的。会计课堂的讲授主要通过教材、黑板和粉笔等教学工具来实现。20世纪以来，现代电子、光学技术及计算机技术的飞速发展并迅速渗透到学校会计教学中，使会计教学手段日趋多样化，如多媒体教学现在已被广泛地应用于会计教学中，在一定程度上对会计理论教学起到了促进作用。但如何更好地在会计理论教学中使用现代教育技术的各种手段有待继续研究。

与会计理论教学相关的另一个问题是对理论教学的结果的评价，包括对教师教学的评价和对学生学业的评价。会计理论教学评价从本质上说是一种价值判断活动，是对会计教学活动现实的或潜在的价值做出判断的过程。在一定程度上对教师教学的评价依赖于学生学业的评价。学生学业评价是对学生个体学业进展和行为变化的评价，考试和测验是衡量会计理论教学的一种主要方式。目前，我国大学的会计本科教育仍然是应试教育，学生为考而学，教师为考而教。高等会计教育对学生的评价方法以期末闭卷考试成绩为主要手段，基本特点是"重理论、轻实务""重期末，轻平时""重记忆、轻理解"。这种方法是一种"学校主导型"的评价体系，主要特点是从学生在学校的各种表现出发，以考试成绩的高低为主要评价依据。这样的评价结果不能反映学生的真实能力，无法公正地衡量学生的全面素质，造成了"高分低能"现象。

（二）传统模拟教学①

会计学校教育相对于其他经济管理教育具有特殊性，这种区别之一表现在会计教育的传统模拟教学上。尽管大学教育倡导更加宽泛、更加理性的课程目标，但对于会计职业而言，通过实践掌握会计的技术程序是最有效率的，将会计理论教学转向对会计活动过程的模拟，可以被看作是我们开设会计模拟类课程的初始目的。脱离会计室的会计学校教育不可能重新回归完全的会计活动实践，但可以在一定程度上复制会计活动的某些程序。这种对会计活动的模拟或复制过程可以采用不同的手段或方式来实现，现阶段主要有手工方式下的会计模拟实验和计算机条件下的信息化模拟实验。虽然在实现方式上有所不同，但这两种实验教学的核心思想基本一致。

传统会计模拟教学是一项以特定的会计主体单位为模拟对象，以一定时期该单位所发生的经济业务为模拟内容，以提高学生的会计核算基本技能为首要目的的实践性教学活动，会计模拟教学的主要任务是培养学生的记账、算账、报账等动手能力②，提高学生会计核算的基本技能。与其他教学形式相比，传统会计模拟教学有其自身的特点：第一，会计模拟教学不同于会计理论教学的课堂演示，需要用纸质或电子的原始凭证、记账凭证及各种账簿，按会计记账、算账的程序和方法进行实际的操作，以增加会模拟的真实感。第二，传统会计模拟教学的实验对象③不是企业实际会计业务的复制，而是企

---

① 严格来讲，沙盘教学也是一种模拟教学的形式，为了与沙盘模拟课程区分，我们把会计手工模拟和电算化模拟教学称作"传统模拟教学"。

② 手工会计模拟实验在动手能力上强调每个会计环节的亲力亲为，而电算化会计模拟实验则要求充分掌握会计软件的操作过程。

③ 实验对象、实验因素、实验效应构成了实验设计的三个重要原则。其中实验对象是指实验所使用的业务数据。实验对象选择的合适与否直接关系到实验实施的难度以及别人对实验新颖性和创新性的评价。

业实际经济业务的集中精练和提高。这种教学形式一般在会计模拟试验室进行，会计模拟实验室不同于企业会计室，它是学生的学习场所，学生通过模拟实验掌握和提高实践技能。因此，会计模拟实验教学是将理论知识运用于会计实务，培养学生会计核算技能的教学活动。它与会计理论教学构成了传统会计教学的两个重要的方面。

但需要注意的是，在会计模拟教学中，教师的理论指导是其重要的组成部分。在会计模拟实验中，学生是模拟活动的主体，指导教师是模拟活动的主导。与课堂理论教学相比，教师的主导地位在此更加重要，为使模拟实验顺利进行，指导教师首先要对整个模拟实验工作进行周密安排，合理筹划。在模拟过程中，认真组织，耐心指导，并随时解决模拟过程中出现的问题。

基于上述的分析，会计模拟教学使学生加入会计核算程序中，在"实际"的会计实务的操作中弥补了会计理论教学中以讲授法为主的某些不足，教学手段（会计凭证、会计账簿和会计报表）的真实性是理论讲解无法呈现的。因此，从教学效果来看，会计模拟教学有利于调动学生学习的积极性和热情，也能为学生今后的实际工作奠定一定的基础。

（三）案例教学

传统理论教学采用讲授法，以制度和准则为导向，忽视学生相关能力的培养。随着会计教育环境的变化以及会计教育目标的改变，这种教学模式受到了诸多批评，因此，另一种教学模式被逐渐运用到会计教学中，该教学模式的核心是案例教学法。

案例教学法（Case Method）最早由美国哈佛大学工商管理研究生院首创，因此，也称为"哈佛教学法"。它是近几十年来美国工商管理教育中普遍采用的一种教学法。1930 年以后，以美国哈佛大学、芝加哥大学为代表的许多著名高等学府率先在管理会计的教学中运用案例教学法，并在其他会计教学方面予以发展，产生了很好的教学效果，为培养会计人才发挥了很大的作用。20 世纪 80 年代后期，案例教学传入我国，并被一些高校尝试应用于会计本科教育。

会计和财务案例教学既注重理论教学环节，又注重实践教学环节。其做法是根据会计课程内容收集资料，编成案例发给学生阅读。会计案例内容可大可小，可深可浅，主要根据教学要求而定。可以是单一问题的案例，内容只涉及某门课程中的一章或一节；也可以是综合问题的大案例，内容可涉及整门课程，甚至几门有关课程。学生根据案例中提出的问题，做好准备，然后组织课堂讨论。案例一般都没有标准的、统一的答案，答案是在讨论中逐渐形成的。在讨论中学生可以各抒己见，最后由教师归纳小结。在这一过程中，教师主要起组织和引导作用，它以实际公司的管理情况作为例子，背景材料、统计数字交代详尽，与课程内容结合紧密，在准备和讨论时，学生又以案例中的当事人身份出现，因而情景逼真，生动活泼，效果较好。如会计学科中的财务管理和财务分析这两门课，可以大量采用案例教学。在教学中可以选取我国上市公司披露的报表资料，鼓励学生课后通过各种途径查阅相关资料，充分运用自己所学过的相关知识，展开讨论，客观全面地分析公司的财务状况，并写出书面分析报告。

案例教学法与一般课堂教学法不同之处是完全改变了教师主讲、学生听课的传统教学方式。它的好处是能比较充分地调动学生的学习积极性和主动性，能锻炼学生独立思考、分析和解决问题的能力，能使学生把从书本上学到的理论运用于处理经济管理中的实际问题，验证、巩固和加深所学理论知识。同时，通过相互讨论、争辩，可以发现自己的不足，达到集思广益的效果。当然，案例教学法也有一定的局限性，有些教学内容（如基本理论和方法）不太适合通过案例教学法来获得。因此，案例教学法通常都是和课堂讲课相配合，来共同完成一定的教学要求。但也同时要求教师必须按期到各大企业、商行进行调研，摸清经济近况和趋势，以便不断更新、充实教学内容，保证学生学到最新的、并为社会所需求的知识。贺三宝（2006）认为我国会计和财务管理案例教学的主要障碍有：第一，受认识不足或误区的限制；第二，受专业课课时的限制；第三，受教师能力和精力的限制；第四，教学设施手段的限制；第五，受教学经费的限制。

（四）沙盘教学

企业运营沙盘仿真实验是瑞典皇家工学院的 Kla Mellan 于 1978 年开发的课程，其特点是采用体验式培训方式，遵循"体验—分享—提升—应用"的过程达到学习的目的。最初该课程主要是从非财务人员的财务管理角度来设计的，之后被不断改进与完善，针对 CEO、CFO、COO 等职位的沙盘演练课程被相继开发出来。目前"沙盘演练"的课程被世界 500 强的企业作为中高层管理者必上的培训课程之一，也是欧美的商学院进行 EMBA 培训的课程。这种课程最初是一种采用计算机辅助教学的课堂。Motorola、IBM 等公司经常采用这种新颖的培训方式。20 世纪 80 年代初期，在我国管理教学中开始采用该种培训方式。最初主要在高校的 MBA 教学中使用①，另外一些培训公司也进行类似的沙盘培训。21 世纪初用友软件公司率先将沙盘实验引入 ERP 教学中，同时将它向高等院校的本科教学推广，并将其命名为"ERP 沙盘仿真对抗实验"。金蝶公司紧跟其后也开发出了自己的沙盘课程。由此，ERP 沙盘仿真对抗实验被正式引入高校会计和财务管理专业的教学中。与计算机辅助教学不同，ERP 沙盘仿真实验主要是构建仿真企业环境，模拟真实企业的生产经营活动，并将实物沙盘和 ERP 管理手段全面运用相结合。

沙盘教学模式让学生直接利用 ERP 企业管理思想对模拟企业的全部经营活动进行全面管理和控制，将模拟企业生产经营活动的全部经济业务融为一体，实现动态管理、实时控制，实现财务、业务一体化，实现信息流、物流和资金流的协调统一。这种教学模式在沙盘上清晰直观地标示出模拟企业最初的初始状况，将参加课程的学生分成 4~6 组，每组 4~5 人，各代表一个虚拟公司，每个小组的成员将分别担任公司中的重要职务（首席执行官、财务总监、市场总监、生产总监等）。在这个过程中，每队要亲自经营一家拥有一定资产、销售良好、资金充裕的企业，连续从事 6~8 个会计年度的经营活动，面对来自其他企业（小组）的激烈竞争，必须根据市场需求预测竞争对手的动向，决定公司的产品、市场、销售、融资、生产方面的长、中、短期策略，使用年度会计报表结算经营结果，最后讨论设计改进与发展方案，并继续下一年的经营运作。用友公司的"ERP 沙盘模拟"包括相互联系的 6 个阶段：组织准备、基本情况描述、市场规则与企业运营规则、初始状态设定、企业经营竞争模拟、现场案例解析。

在"ERP 沙盘模拟"课程中，作为教学主体的教师，其角色随课程展开的不同阶段

---

① 北京大学光华管理学院从 20 世纪 80 年代起就紧跟国际工商管理硕士教学方式，开设了企业竞争模拟课程，初期主要手工运行，单机后台支持；20 世纪 90 年代开发出全计算机运行的软件，最近已推出第二代软件。2003 年全国 MBA 培养院校企业竞争模拟比赛中使用了此软件，此次比赛有 112 个队报名参赛。

在发生变化，并引导课程顺利进行。

沙盘课程教学的考核方式是灵活多样的。在教学过程中，教师可随时监督各小组的违规行为，并在各种监控表单中记录相关情况，以作为各企业综合评估的部分依据。在经营结束后，参考结束年度年末（第 6 年或第 8 年）各小组沙盘盘面的具体情况，由系统提供企业运行结果的综合评价总结。对企业的综合评价是以企业的硬设备和软资产两方面因素作为权重，以企业最终获得的权益为基数计算，从而得到各模拟公司的最后得分，并以此作为评定学生课程成绩的基本依据。

三、会计本科教学的模式比较分析

基于上述四种本科教学模型的介绍和分析，我们下面从教学目标、教学内容、教学手段和教学方式对各种教学模式进行列表分析（如表 1 所示）。

表 1　　　　　　　　　　　四种教学模式比较分析表

教学模式比较项目		理论教学	传统模拟教学	案例教学	沙盘教学
教学目标	教学基础	原理性知识的理解	原理性知识的应用	运用原理性的知识进行分析和判断	理解原理性知识在企业中的应用，在参与实施中，通过分析和判断，掌握相关知识的应用
	教学要求	对会计的介绍主要集中在记账、登账和财务报告的编制	对会计的介绍主要集中在记账、登账和财务报告的编制	将重点放在会计在社会和组织内的作用，强调会计信息用于决策	强调会计在整个组织中的系统性、有用性以及对决策的支持性
教学内容	教学重点	注重理论	强调技能	重视能力	理论、技能和能力并重
	课程联系	各门课程孤立讲授，课程间缺乏联系	模拟课程间存在一定层次联系	强调会计学科内相关课程间的联系	重视学科间相关课程的联系
	案例解答	强调给出正确答案	获得确定的操作结果	着重分析多种结果的可能性	在不确定的经营结果中寻找问题的原因，为决策提供依据
教学手段	授课方式	强调讲授规则	讲授和指导	强调学习过程	参与并重视学习过程，讲授、指导为辅
	技术手段	有限地使用计算机	在电算化的条件下使用计算机	在会计课程中使用各种信息化手段	在教学的不同阶段使用各项信息化手段
考核方式	交往能力	注意交流与交往的重要性	岗位操作中相互间的配合与交流	强调讨论过程中的交流与交往	在企业范畴内的交流和合作
	学生地位	被动接受知识	一定程度上的参与	主动接受知识	主动接受知识，并参与其中
	教师地位	知识讲授的主体	知识应用的主导	知识的引导	知识的引导与辅助

从上述分析和比较可以看出，理论教学和传统模拟教学是会计本科教育基本的两种教学模式，两者互为补充。会计理论教学使学生了解和掌握会计学或会计活动原理性的知识，而传统会计模拟教学则提供了将上述会计原理知识应用的一个途径。从这一点上讲，学校教育在一定程度上能够承担培养会计职业素质所要求的责任，这也使会计学科较其他经济管理类教学赢得了既重视理论教育，又有一定技术实践的称赞。在社会分工日趋细致的情况下，专业教育成为一种必须，而在我们强调专业教育的形势下，为经济发展提供会计专业人才便是可行的。但在经济发展多元化的背景下，对职业素质和能力要求的综合性、复合性成为本科会计教育中不可忽视的重要因素。会计理论教学和传统的会计模拟教学的教学目的、教学内容、教学手段和教学评价的改革便成为我们进行本科会计教育思考和研究的重点。案例教学的出现在一定程度上弥补了会计理论教学和传统模拟教学中"教师为主，学生为辅"的灌输性的教学理念，强调学生参与教学过程，其考核方式则贯穿于案例讨论之中。沙盘教学则有效地结合了上述三种教学模式的优势，将讲授、讨论和参与，与企业经营的"实况"结合起来，再加上 ERP 核心管理思想——对企业整个供应链进行有效管理——的渗透，是"以过程为中心"的教学模式的完整体现，能够在整个教学中培养学生的批判性思维以及信息化的处理能力，这将在一定程度上实现"培养通才基础上的专才"的教育目标。

以上对会计教学模式的分析或者对沙盘教学的肯定并不否定理论教学、传统模拟教学和案例教学各自及其相互作用在促进会计教育中的功能。从教学内容上看，上述四种教学模式都是理论教学；以教学过程分析，它们都可能在教学过程中贯穿模拟的形式；而案例的使用则可能呈现在任何一种教学模式中。这种分析的结果是各种会计教学模式在会计教育中不是彼此独立的。另外，从出现时间的先后顺序看，后产生的教学模式或稍后被运用于会计教学的教学方式是对前一种教学模式的继承和改善。例如，案例教学囿于"讲授法"中学生的被动地位，采取以学生为中心的"讨论法"，但它并未否定"讲授法"。而沙盘教学亦需要讲授、案例分析和模拟，只不过在沙盘教学中对讲授进行了弱化，案例分析的"现实性"有所加强，而模拟的范围被进行了扩展，而这些全部是建立在"沙盘"教具基础之上的。教学方式之所以会出现一定的区别，一方面受技术手段的影响，另一方面则取决于不同的会计环境下不同教育目标的要求。

参考文献

[1] 加里·约翰·普雷维茨，巴巴拉·达比斯·莫里诺. 美国会计史——会计的文化意义 [M]. 杜兴强，等，译. 北京：中国人民大学出版社，2006.

[2] 教育部人事司组. 高等教育学 [M]. 北京：高等教育出版社，1999.

[3] 李成良，顾美玲. 大学教学理论与方法 [M]. 贵阳：贵州教育出版社，1995.

[4] 教育部人事司组. 高等教育心理学. [M]. 北京：高等教育出版社，1998.

[5] 朱春燕. ERP 教育在中国——360°谈信息化人才的需求与培养 [M]. 北京：清华大学出版社，2006.

[6] 汤湘希，夏成才. 谈会计教学组织与教学方法的改革 [J]. 财会月刊，2002（8）：13-14.

［7］王淑萍.提高会计课堂教学效果的途径［J］.会计之友，2006（1）：45-46.

［8］贺三宝.基于实践能力培养的会计案例教学探析［J］.财会月刊，2006（1）：76-77.

［9］王姣.初探会计案例教学［J］.财会月刊，2004（4）：61.

［10］秦少卿，黄兰，覃创建.高校会计实践教学规范研究［J］.会计之友，2006（4）：74-75.

［11］任兆英.会计理论教学与模拟实训的衔接问题探析［J］.会计之友，2006（11）：72.

［12］施飞峙.高校会计专业学生实践和创新能力的新途径［J］.财会通讯，2010（8）：86-88.

［13］何晓岚，金晖.商战实践平台指导教程［M］.北京：清华大学出版社，2012.

［14］王新玲，郑文昭，马雪文.ERP沙盘模拟高级指导教程［M］.3版.北京：清华大学出版社，2014.

ERP 沙盘模拟教学模式研究

苏永刚[①]

摘要：本文对沙盘模拟教学模式进行了介绍，分析指出沙盘模拟教学模式完整地包括与会计教育目标相关的三个主题：教学方式、教学内容和优良的能力。沙盘模拟教学是对会计教育目标在教学过程中的具体实践，为整个会计教育适应经济环境和教育发展，培养应用性、复合型会计人才方面提供了可靠的保证，为会计本科教育实现"培养通才基础上的专才"提供了有效的途径。

关键词：会计教学目标；以过程为中心；沙盘模拟教学

会计是为经济管理和决策服务的。随着市场经济的不断发展和经济环境的变化，社会需要大量的应用型会计人才。学校会计教育作为会计职业人才培养的主要途径，需要适应经济环境变化对会计职业人才教育的要求，特别是本科会计教学必须具有明确的会计教育目标，这一目标不仅要满足人才市场对会计人才的需求状况，同时要对学校会计本科教育具有统驭和指导作用。会计教育目标的实现依赖于与此相关的会计教学模式的发展和完善，经过近十多年的发展，沙盘模拟教学模式已为大部分本科和高职院校所采用，成为继理论教学、传统模拟教学和案例教学之后非常重要教学模式之一。

2002 年，用友公司启动了校企合作培养信息时代企业实用人才的工程，与全国各级各类高校合作共建"ERP 实验中心"。截至目前，国内有近千所院校开设了 ERP 沙盘模拟教学课程，该课程或课程体系为本科教学提供了管理与信息化实训模拟课程，并已达到了体系完整、内容丰富、案例众多、实训效果明显、可以大范围推广复制的程度，深受院校领导、教师和学生的喜爱。

一、沙盘教学是"以过程为中心"的教学方式的体现

当代认知心理学主张教育应以过程、认知结构和学生为中心，而不是以结果、教材和教师为中心。其中"以过程为中心"涉及"重心转移"（Shift Of Emphasis），从关注教法转为关注学法，也就是由"要学生学什么"（What is to be Learnt）转为"让学生在实践中感悟怎么学"（How is to be Learnt）。具体到会计教育的本科教学，注重培养的应

---

① 苏永刚（1978—），男，成都信息工程大学讲师。研究方向：财务会计。

是学生的学习和过程的掌握及实际操作技能，增强他们对工作环境的综合适应能力。

现代企业或商务是一个经营管理的系统或过程，会计活动是这个系统或过程的重要组成部分，现有的会计本科教育在具体的教学环节未能较好地体现上述思路。Davenport（1993）指出过程"意味着着重强调在一个组织内部工作是如何做的，与以产品为中心强调什么（产品）相反"。Rummler 和 Brache（1995）主张"组织应通过多功能交叉的工作过程（如制造、市场营销和销代、融资）来进行生产，而功能的最优化一般来说并不能带来组织的最优化"。Walker 和 Ainsworth（2001）认为，过程可以从组织内部不同层次进行审视，并且以不同方式进行分类。在一个比较高的层次上，几乎所有组织都从事三个基本过程：第一，采购并为之付款；第二，转换活动（Conversion Activities）和提供服务；第三，赢得顾客并收取款项。目前，会计教育很难形成对企业生产或商务活动的整体认识。在教育内容上专业基础课程相互分离，必修专业课程在一定程度上也存在这种现象。学生很少能了解企业经营过程的全貌，更不用说在教学过程中获得具体的感性认识，这不仅是由于与企业经营管理相关的内容被分散在不同的课程，在不同的时间讲授，还因为教师倾向于将重点放在课程的细节上，并一厢情愿地设想学生自己能够将各学科适当地联系起来。实际上，由于缺乏一个将各部分组合起来的框架，学生很难理解各部分内容以及它们的相互联系。

沙盘教学针对一个模拟企业，把该模拟企业运营的关键环节：战略规划、资金筹集、市场营销、产品研发、生产组织、物资采购、设备投资与改造、财务核算与管理等作为课程的主要内容，把企业运营所处的内外部环境抽象为一系列的规则，使学生在模拟企业 6 年或 8 年相互竞争的企业经营中，在分析市场、制订战略、营销策划、组织生产、财务管理等一系列活动中，理解科学的管理规律，全面提升管理能力。在这个过程中，学生能"真实地"体会会计活动作为企业经营系统组成部分的重要性，理解会计信息对于做出明智决策和确保组织活动协调的必要性。

但需要说明的是在传统的会计教学活动[①]中，手工会计模拟或电算化模拟教学与案例教学在一定程度上贯彻了"以过程为中心"的教学理念，包括本科毕业实习，甚至是会计发展之初的学徒教育。这些教学方式在学生中受到欢迎，从另一个侧面印证了这种教学思想的成功。但上述教学过程针对的范围——财务部门——太过狭窄，学生能够对相关"过程"的体会仅停留在专业之内，在这个"过程"中并未形成会计活动对企业相关决策的支持的感性认识，针对会计人才应具备能力的调查[②]反映了这种有限的"过程"教育的不足。在经济环境发展变化日趋加快，企业与其他组织交往频繁，经济业务日益复杂，信息处理要求提高的情况下，扩大"过程"的外延，使会计本科专业学生充分了解、认识、体会在市场环境下企业经营活动各个环节以及运营活动的全貌成为一种必须，而沙盘教学则在一定程度上满足了这种要求。沙盘教学是在一个更大的范畴

---

①　相对沙盘教学，我们把理论教学、传统模拟教学以及案例教学称为传统的会计教学活动。

②　这些调查包括：①51job 网站随机抽取 50 家对学历要求为会计本科的招聘单位，就招聘单位对应聘者的技能和素质的要求进行的调查；②杨有红教授就会计人员应具备素质的重要程度对 30 位分布于不同行业从事会计工作的专家进行的问卷调查；③中华财会网对会计本科毕业生在社会实际工作中应具备能力的调查。相关数据和结论见李秀莲等的文章《面向人才市场培养应用型会计人才》。

内——企业，甚至是市场，所进行的"以过程为中心"的教学活动。

二、沙盘教学是对各种知识的相互渗透与综合

美国会计教育委员会（AECC）发布的关于"会计教育目标"的第一号立场公告（Position Statement No. 1，1990.9）中，第二个主题与课程内容相关，认为为了教育会计人员，使之具备终身学习的能力与动机，课程必须包含四项内容：通识教育、一般商学教育、一般会计教育和专业会计教育。而如何将上述各种知识进行融合与体现，需要一定的教学模式来实现。在"以过程为中心"的沙盘教学中，学生对企业经营竞争的模拟需要把各种单独课程的知识进行融合，找到各种知识之间的联系，并能够综合地应用，才有可能将模拟企业运转起来，才有可能将模拟企业发展壮大。为了说明这一点，我们有必要先来看看一般大学会计本科几个主要课程的设置和课程内容及其之间的关系。经济学、管理学、市场营销学、会计学、财务管理是会计本科应该设置的必修课程，这些课程从不同方面反映了经济发展所需的基本知识，就某一门课而言内容充实，但各门课程之间的联系比较薄弱，并且传统的评价标准和模式从另一个方面削弱了各种知识之间的必要联系。在其他教学模式中，传统的知识和评价模式的关系如图1所示。

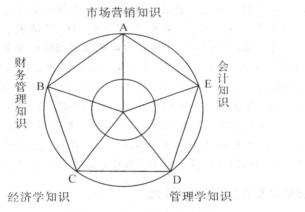

图1 传统的知识和考核评价模式关系

在图1中，半径与内圆的交点代表学生相关课程平均成绩，各种知识独立在外圆的点A、B、C、D、E，仅以简单的线性关系进行连接。同时，半径与外圆的交点（点A、B、C、D、E）也表示学生各科成绩的最高分，而各点连线后构成的五边形的面积代表了学生综合成绩的高低，如果该生每门课程取得了最高分，则认为学生掌握各种知识以及它们之间的联系。这种以最高分作为评价知识掌握程度的做法给人以获得各种知识及其联系的一种假象，其结果是高分低能。而沙盘教学则强调各种知识之间的联系，在模拟企业中将上述知识进行相互渗透和综合，并运用在沙盘企业的经营中，反过来又促进了相关知识间的联系和融合，其考核方式亦对知识的综合发挥产生重要的作用。对这种关系我们可以用图2进行说明：

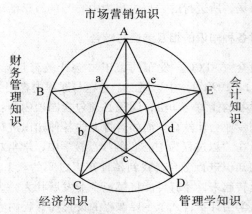

市场营销知识

财务管理知识

会计知识

经济知识　　　　　管理学知识

图2　沙盘教学中的知识和考核评价模式关系

在图2中，半径与内圆的交点仍代表学生相关课程平均成绩，半径与外圆的交点（点A、B、C、D、E）依然表示学生各科成绩的最高分。在沙盘教学的伊始，各种知识相互的联系比较松散，如经济学知识与财务管理知识在点B相互联系，但随着模拟企业经营的继续，会计知识、市场营销知识和管理学知识都可能与点B发生关系，由此各知识点已不是一种简单的线性关系，在点A、B、C、D、E构成了一张综合知识网，这些相互联系的知识在沙盘的模拟运行中被综合地用以解决模拟企业经营过程遇到的各种问题，反映在图中多边形ABCDE则代表了学生的综合能力，而综合能力的提高反过来又加强了上述知识的进一步联系和融合。显然，即使学生在各科取得了最高成绩，但其综合知识及其应用能力偏低，仍不能取得好评。从两图的比较我们也可以发现图1在一定程度上夸大了单科分数的作用，而图2将对学生的考评还原在多边形ABCDE所代表的综合能力的范围。因此我们认为沙盘教学强化了各种知识之间相互的联系，并能培养和考查学生综合各种知识以及将其运用于工作中解决实际问题的能力。

三、沙盘教学能够培养优良的才能

美国会计教育的不同阶段，在会计目标中都提到了培养学生能力的重要性。皮尔森（Pierson，1959）和戈登-豪维尔（1959）报告[①]（Gordon and Howell Report）建议会计本科设置应该将重心从财务会计和审计领域转向更加广泛的管理导向型目标，美国注册会计师协会（AICPA）对该报告给予了响应，并在1961年颁布了有关教育目标的声明。这份声明认为高等教育应该着眼于培养学生"学习成为"而不只是"成为"一名注册会计师。声明中还认识到社会、经济以及公司理论都很重要，会计职业教育必须以"广泛解决问题"为目标，而不只是培养"具体能力"。而在美国会计教育委员会（AECC）（1990）发布的关于"会计教育目标"的第一号立场公告（Position Statement No.1）中，对会计教育目标"优良的才能"主题的阐述继承了上述观点：会计教育的目标不是训练学生进事务所成为会计专业人员，而是使学生具有成为会计专业人员的竞争能力。亦即

---

　　① 这一报告是当时苏联人造地球卫星成功发射对美国产生影响的证据之一，该报告对当时美国工商教育提出十分严厉的批评，其中认为会计学科太过技术化与太过狭窄，这对职业界形成了许多新挑战。

应当教导学生如何学习（Learning to Learn），并终生从事学习（Life-Long Learning）；终身学习的基础包括：沟通技能（Communication Skill）、知识技能（Intellectual Skill）以及人际技能（Interpersonal Skill）。也就是说，学生不能只念书而已，还要有沟通技能、知识技能、组织技能、企业管理知识、会计专业知识等，而且对这个专业要有认同感。

在我国，相关学者及调查支持了会计本科生能力培养和会计岗位对能力需求的重要性。中华财会网的一份调查报告显示现阶段对会计本科毕业生在社会实际工作中应具备能力的调查排序依次是：实际操作能力90%、协调能力42%、创造能力14%、交际能力和善辩能力8%（见图3）。许萍对我国19所高校的会计专业本科培养目标进行了分析，认为高校会计教育目标过于注重学生专业能力的培养，忽视了经济全球化所需能力的培养，并对中国人才网上招聘一般会计、主办会计、财务经理的100条招聘信息的招聘职位的能力及其他要求情况进行统计分析，其结果如表1所示。

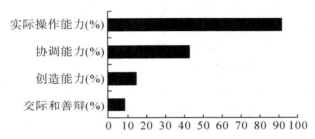

图3　会计本科生应具备的能力排序

表1　　　　　　　　　　100 条招聘信息对招聘岗位能力及其他情况的统计分析

职务 \ 能力要求	业务能力	计算机能力	沟通能力	团队精神	工作态度及责任心	职业道德	外语能力	文字表达能力	领导能力	愿意从事挑战性工作	接受新知识能力	非财务工作	学历	工作年限（或经验）
一般会计	15%	50%	11%	16%	41%	2%	13%	0	0	0	0	0	100%	100%
主办会计	17%	38%	15%	7%	22%	11%	11%	2%	7%	3%	1%	0	100%	100%
财务经理	25%	17%	21%	11%	17%	14%	4%	4%	15%	4%	2%	7%	100%	100
平均	19%	35%	16%	11%	27%	9%	9%	2%	7%	2%	1%	2%	100%	100%

来源：许萍. 会计本科教育改革有关问题探讨［J］. 中国农业会计，2004（10）.

沙盘教学在培养上述能力方面具有得天独厚的优势。ERP 沙盘模拟课程融角色扮演、案例分析和专家诊断于一体，其最大特点是"在参与中学习"。该课程不同于一般的以理论和案例为主的管理课程，而是通过一种体验式的互动学习让学生认识到企业资源的有限性，从而深刻理解 ERP 的管理思想，领悟科学的管理规律，提升管理能力。该课程涉及整体战略、产品研发、设备投资改造、生产能力规划与排程、物料需求计划、资金需求规划、市场与销售、财务经济指标分析、团队沟通与建设等多个方面，企业结构和管理的操作全部展示在模拟沙盘上，复杂、抽象的经营管理理论以最直观的方式让学生去体验，同时每个人都直接参与企业运作。学生的学习过程接近企业实战，在企业经营竞争的模拟中，会遇到企业经营中常出现的各种典型问题，学生必须一同发现机遇，分析问题，制定决策，组织实施。这个参与的过程极大地激发了学生的学习热情，也就是在这样成功与失败的体验中，学生学到了管理知识，掌握了管理技巧，感受到了管理真谛。同时，在教学中让学生换位思考，如主管销售的经理去做生产，主管生产的去做财务等，加强学生之间的相互沟通和理解，突显出团队的协作精神，培养他们作为企业管理者所必须具备的素质和能力。

四、总结

本科会计教育目标是把——受教育者培养成为一定社会所需要的人——这一高等教育目的具体化的过程。而"通才基础上的专才"教育包含课程内容范畴的要求，对综合能力的培养则取决于教学模式及其革新。

沙盘教学"以模拟企业生产经营的过程"为中心，在市场为导向的经营理念下，将企业战略制订、融资、物料采购、设备投资与改造、产品开发、生产组织、市场营销、财务核算与管理以及人力资源管理，通过学生在沙盘教具上的模拟运行，加强战略管理、营销管理、生产管理、财务管理和人力资源管理各种知识间的联系和融合，在参与中培养学生业务操作能力、协调能力和人际交往能力。在参与"过程"中，学习、拓展、运用知识，培养能力，沙盘教学模式包括会计教育目标的三个主题：教学方式、教学内容和优良的能力，并且是对会计教育目标在教学过程中的具体实践。这对整个会计教育适应经济环境和教育发展，培养应用性、复合型会计人才方面提供了可靠的保证。

参考文献

[1] 加里·约翰·普雷维茨，巴巴拉·达比斯·莫里诺. 美国会计史——会计的文化意义 [M]. 杜兴强，等，译. 北京：中国人民大学出版社，2006.

[2] 周玉清，刘伯莹，周强. ERP与企业管理——理论、方法、系统 [M]. 北京：清华大学出版社，2005.

[3] 朱春燕. ERP教育在中国——360°谈信息化人才的需求与培养 [M]. 北京：清华大学出版社，2006.

[4] 方拥军. 我国会计教育及其改革问题研究与展望——近十年研究述评 [J]. 现代会计与审计，2005（4）：276-288.

[5] 张幼斌，王来武. "以过程为中心"的教学方法改革——以美国会计教育为例 [J]. 重庆交通学院学报，2005（4）：111-113.

基于辩论模式的经管类课程案例教学实践研究

——以经济法课程为例

刘 军[①]

摘要： 传统案例教学存在信息单向传输、学生积极性不高、课堂气氛不够活跃及互动性不强等缺陷。针对这些缺陷，本文以经济法课程为例，分析了案例辩论式教学法的设计理念和组织方法，以期能有效解决上述问题，激发学生学习的主动性与积极性，增强学习激情，对于学生在学习中活跃思维、深化认识、发展独立性和批判性思维等具有重要意义。

关键词： 案例教学；辩论；大学课程；经济法

一、概述

（一）案例辩论式教学法

辩论式教学方法是指在案例教学中，教师组织学生通过对问题答案观点进行辩论的方式进行案例的学习，以达到提高学习积极性，激发主观能动性，活跃课堂气氛，提高学习效果的学习目标的互动教学模式。

（二）案例辩论式教学的设计理念

1. 互动式教学

辩论式教学在活动关系网上应形成师生之间、生生之间的多边互动格局，促进个体与个体、个体与群体、群体与群体之间的和谐、协调发展。把课堂教学过程建立在多边互动基础上，力求体现以下特点：第一，学习的主动性。学生不是被动、机械地接受知识，而是主动、积极地去获取知识。第二，认知的深刻性。学生通过观察、阅读、感悟了解客观事物之间的逻辑联系。第三，交流的多维性。教学信息的输出与反馈不仅在教师与学生之间进行，而且在学生与学生之间进行，形成多维交流、合作、碰撞的态势，建立多层次、立体式信息传递网络。

[①] 刘军（1981—），男，成都信息工程大学商学院讲师。研究方向：企业会计与审计。

2. 生成性教学

辩论式教学的课堂是充满活力的，学生思维和思维的碰撞会激发灵感，课堂不是预设，而是生成的、创新的、无法预想的。

3. 合作式学习

通过辩论式教学构建学生"学习团队"，引发师生教与学行为的根本转变，以促进学生学习能力的提高和合作能力的提高，从而大范围提高教学效益，促进学校教学和学生的可持续发展。

（三）案例辩论式教学的原则

1. 提供平等机会原则

在课堂教学这一特定的"时空场"中，师生共同营造民主、和谐、热烈的教学情景和氛围，让不同层次不同类型的学生都拥有同等的参与和发展的机会。围绕课堂教学总体目标、单元、章节目标和课时教学目标，广泛开展师生交流、生生交流等实践探讨活动，努力让全体学生在追求学业成功的过程中都有充分表现自身情感、意志、个性、能力的"舞台"，亲临参与的境界，历经求知的艰辛，承受意志的磨练，体验成功的欢愉。运用遵循提供机会原则，确保课堂辩论式教学文化价值和效应的有效达成。

2. 多边互动原则

课堂教学在活动关系网上应形成师生之间、生生之间的多边互动格局，促进个体与个体、个体与群体、群体与群体之间的和谐、协调发展。把课堂教学过程建立在多边互动基础上，以导促学，以情激学，以教辅学，以"学法"指导，思维激活，智能发展作为活动的突破口、着眼点。

3. 循序渐进原则

就学生个体而言，循序层递包括学生自主学习、合作学习、创造学习总量的层递，学习难度的层递，学习主动性的层递；就学生集体而言，包括横向参与、合作创新广度的开展，纵向参与、合作、创新深度的发掘，形成频繁活动、多层次、小坡度、强反馈、重提高的课堂教学操作策略。

（四）案例辩论式教学的特征

经过实践，我们认为辩论式教学在以下方面有所创新：能将听说和读写有机结合；能将课堂预设和生成有机结合；课堂辩论会激发出创造的火花，使课堂变得更生动；能将教师主导与学生自主有机结合；能将竞争和合作有机结合；构建中学生学习团队，比合作学习更走远了一步；能改变肤浅的课堂讨论，提高学生的逻辑思辨能力、表达能力以及民主意识。

1. 辩论式教学增强了课堂上的竞争与合作

"辩论式教学"把辩论赛引入课堂教学，采用外部强化手段，营造外部的竞争和合作气氛，因为竞赛可以激发学生内部学习需要和动机；强有力的任务驱动能增进学生交往合作智能。这是一般的传统课堂教学无法达到的。

2. 辩论式教学综合运用文科各学科的知识

传统的课堂教学是单一学科知识的传授，学生也是单一学科知识的获取。辩论式教学的课堂需要学生将文科知识加以整合，能综合运用。因此学生就不单单是知识的接受、记忆，而是智慧地生成。

3. 辩论式教学注重过程和方法、情感与价值观

一般传统的课堂教学注重认知学习，而辩论式教学更注重学生学习的过程与方法、情感与价值观的形成。为了说明己方观点的理由，学生要翻阅大量的图书和资料，经过同学老师的探讨、切磋形成清晰的思路，在课堂上团结队员协同作战，随机应变去争取胜利。这个过程中，学生会学到学习的方法，增进对知识的认知，获得师生间的情谊，同时辩论能直接引发学生对社会现象和社会事物本质的追问，对社会问题发生原因的深度思考，从而形成正确的价值观和人生观，成为社会建设的有用人才。

4. 辩论式教学调整了师生关系

辩论式教学中，教师摆正了位置，教师是参与者、合作者、引导者，师生真正平等。教师尊重学生的话语权，把课堂还给学生，学生是主角，评价课堂好坏、效率高低的重要标准是学生参与的广度与深度。让学生真正体验、感悟、创造。学生各有所长，各有所得。在辩论式教学的课堂上，"人人教我，我教人人"，注重学生的发展性评价和个性化评价。

5. 辩论式教学改革了一成不变的课堂座位布局

教学方式的改变带来了教学条件的相应改变。辩论式教学的课堂课桌椅的摆放不同于一般的课堂，它突出了小组合作，生生互学的特点。因为传统课堂教学是教师为中心，因此课桌椅的摆放整齐，学生全部面朝讲台，突出教师的中心地位。辩论式教学则不然，因为辩论，就有正反方，首先学生要有正反两大阵营；其次是小组合作，每方都有不同的合作小组，因此课桌椅摆放以体现、方便小组合作为主。主辩者站在讲台两侧，后援团各据一方，再以小组为单位围坐，既分又合，适合学生交流。

二、辩论式教学模式的组织方法

从学生的学习和教师的教学设计考虑，一般来说此种学习模式主要有以下 4 个阶段：定题、准备、辩论、总结（含奖励与惩罚）。

（一）论题确定与流程培训

根据上课内容，选择有针对性意义的案例 1 个，确定辩论问题 1~2 个，每个问题有正反两种观点，学生根据自己的意见，支持其中一种观点并准备资料。案例资料提前一周发放给学生，让每个人都按照自己支持的观点准备论据资料，都有机会参加辩论。

基本规则如下：

第一，论题与团队确定。每个论题有正反两个方面观点，由老师各选择（或者自荐）组长 1 名，组长选择组织自己的辩论团队（3 人，男女不限，持有相同观点）。

第二，发言顺序。正反方辩手以适当方式选择发言顺序，然后依次一正一反地陈述 3 次，由主席主持总结各方观点后，进入群众发言旁证。

第三，旁证。每个论题正反两种观点各需要 3~5 人的群众支持（群众发言旁证），群众发言为自由发言，群众发言完毕后进入正反方论据补充的自由辩论。

第四，奖励与惩罚规则。每个同学都有机会发言，凡是发言者以适当方式奖励，凡是不积极或者扰乱秩序者将遭受惩罚，一般可以加考试分、减考试分的方式进行奖惩。

每次辩论主持加分 3~5 分，辩手加 3~4 分，群众加 1~3 分，每学期加分总量不超过 30 分。根据辩论记录，每学期结束前没有参加过辩论、不积极发言的同学，期末考试成绩将扣 5~10 分。

（二）辩论资料准备

学生充分细致地进行课前准备是案例辩论课能够顺利进行的前提。论题确定以后，各学生就所持观点进行资料收集与整理，形成支持自己观点的论证材料，要做到以下几点：

第一，必须保证资料来源渠道的合法性与真实性，保证资料表述事实的客观性、准确性，这样才有论证能力。

第二，论证材料要做到条理性好，有独特性，有说服力。

第三，论证资料最好是打印好的或者清楚地手写的，也可以是各种有论证能力的媒体（如 MP3、录音等声视频文件），最好不做口头辩论（自由辩论时间除外）。

（三）课堂辩论

课堂辩论是案例辩论课的高潮阶段，也是最关键的一个环节，如果做得不好，那么前期工作就浪费了，而且也达不到学习的预期目标。老师首先要对辩论案例的背景做深入阐述，让学生对辩论的主题有清楚的认识，同时说明辩论应该达到的教学目标、纪律秩序等问题，课堂辩论阶段应该注意以下问题：

第一，辩论必须在老师的有效控制下进行，必须按预定的辩论规则进行，主持可由口才较好能力较强的学生担任，但是最后必须由老师做全面总结。

第二，教师必须维持辩论现场秩序，因为辩论是两个观点的冲突，容易引起情绪冲突，由老师在辩论前交代清楚有关问题，并维持现场"治安"。

（四）辩后总结阶段

教师首先要自己思考总结，写成讲稿。

第一，教师归纳学生解决了的问题及获得的成绩，包括习得的新知识、新观点、新方法，大家在论题范围的创造、新观点、新论据、新方法。

第二，教师指出辩论中存在不足、方法上局限、发言的表达能力上的不足以及内容要求与教学目的的差距。

第三，教师要从观点与方法的统一方面要求学生根据所收集材料、观点、方法、论证过程写一篇辩后心得体会。

三、案例辩论模式教学实践——以经济法课程为例

这种教学方式比较适合经济法这门课程，辩论式经济法案例教学通过辩论的形式来分析案例和辩明案例正确法律解决途径，实现学生思维能力、口头表达能力的培养与法律知识的传授、法律实践能力的培养有机结合。经济法案例教学的运用要求选取争议大、疑点多、具有较强的可辩性的案例。以下阐述案例辩论模式教学在经济法课程中的运用，其中主要阐述教师在教学中对该方法的运用。

（一）教师确定论题

讨论题目：酒店谢绝客人自带酒水或收取"开瓶费"是否合法？

正方观点：酒店谢绝客人自带酒水或收取"开瓶费"合法。

反方观点：酒店谢绝客人自带酒水或收取"开瓶费"不合法。

（二）教师向学生宣布辩论的教学目的和所涉的主要知识点

教学目的：通过实验教学，理解掌握不正当竞争的行为类型、消费者的权利、经营者的义务，掌握格式合同、店堂告示的效力；培养学生思辨能力以及运用法学知识分析解决消费纠纷的能力。

知识点：经营者自主经营权与滥用市场支配地位强制交易行为；消费者权利。

（三）教师给出辩论思路建议（不宜过细）

正方：可从经营自主权等角度进行分析。

反方：可从消费者权益保护、公平竞争等角度分析。

（四）教师给出引导案例

成都：4瓶剑南春收320元服务费——首例"开瓶费"官司（案例略）。

教师给出引导案例后可要求学生查阅3~5个相关案例。

（五）教师布置资料收集任务

教师在布置资料收集任务时可将任务分成必查资料和自查资料两部分。并根据学生查阅资料的数量和质量给出相关分数。比如该辩论主题可要求学生查阅以下必查资料：

1. 视频资料

（1）"今日说法"栏目中"开瓶费"该不该收？

（2）"东方卫视"某栏目中该不该收"开瓶费"？

2. 行业规范

行业规范为《中国旅游饭店行业规范》。

3. 相关法条

（1）《反垄断法》相关法条。

（2）《反不正当竞争法》相关法条。

（3）《消费者权益保护法》相关法条。

（六）实施辩论

此过程可按以下步骤进行：

（1）教师首先进行辩前发言，说明辩论程序和相关纪律（略）。

（2）辩论主持人发言（略）。

（3）辩论过程（略）。

（4）主持人总结正反方辩论要点，并请支持正方群众和支持反方群众发言（略）。

（5）正反方补充论据、自由辩论阶段（略）。

（6）老师评价总结（略）。

表1为相关记录样表。

表 1	经济法课程实验实践课记录表		
论题名称			
组长			
正方		反方	
正方记录员		反方记录员	
1. 正反方同学上台发言要点记录			
2. 同学提问、答问要点记录			

四、结论与讨论

案例辩论式教学法经过多年实践研究不断补充完善，可以说在大多数经管类专业课程中能够正常应用，而且效果非常好，如战略管理、营销、金融等综合性课程，但是在一些需要案例教学但专业性、实务性较强的课程中没有进行过尝试，希望对教学改革有兴趣的同行进一步研究实践，推进中国高等教育素质化进程。

参考文献

［1］张奇. 学习理论［M］. 武汉：湖北教育出版社，2011.

［2］张为民. 谈"讨论式教学模式"［J］. 课程·教材·教法，2011（9）：40-44.

［3］DP奥苏伯尔. 教育心理学［M］. 佘星南，宋钧，译. 北京：人民教育出版社，1994.

视频案例教学
在市场营销学中的运用探讨

刘　琳[①]　钱永贵　唐承林

摘要： 市场营销学具有理论性和实践性较强的特点，随着时代的飞速发展，先进的教学技术和教学理念促使我们不得不改变以课堂讲授方式为主导的教育模式。笔者在多年的教学中采用视频案例教学，在吸引学生注意的同时激发学习兴趣，学生在不知不觉中获取了大量的营销信息，树立了正确的营销思维，收到了良好的效果。因此，有必要在市场营销学教学中积极引入视频案例教学法，教师精心挑选视频案例资料，有计划地安排学生观摩并讨论教学案例。

关键词： 市场营销；案例教学；视频

一、市场营销学视频案例教学的含义

案例教学法起源于 1920 年，是一种开放式、互动式的新型教学方式。由美国哈佛大学商学院倡导，以此培养和发展学生主动参与课堂讨论并获得解决问题的实践能力。在案例教学中，教师所使用的案例既不是编出来讲道理的故事，也不是写出来阐明事实的事例，而是为了达成明确的教学目的，基于一定的事实而编写的故事。

市场营销学是部分经济管理类专业的专业基础课。通过该门课程的学习，学生可以全面掌握市场营销的基本理论、基本观念、基本方法，为其他专业课程的学习打下基础。但是，同学们往往在学习中感觉枯燥乏味，注意力不集中，学习效果较差。

市场营销学案例教学是指在市场营销课程的教学中恰到好处地选择若干与课程内容有关的视频案例，让学生观看并设身处地地解决案例中的"实际"问题，以培养学生分析和解决问题的能力。

二、视频案例教学的优点

（一）生动性

视频案例教学就是用包括视频、音频、图片、动画等多媒体形式去捕捉和描述教学

---

① 刘琳（1965—），女，成都信息工程大学副教授。研究方向：市场营销。

问题的典型事件，从而完成教学活动。视频案例教学能吸引学生注意，增强学习兴趣，提高学习效率。

传统的教学只告诉学生怎么去做，而且其内容在实践中可能不实用，且非常乏味无趣，在一定程度上损害了学员的积极性和学习效果。但在视频案例教学中，主要是学生自己去思考、去创造，使得枯燥乏味的课堂变得生动活泼。每位学员都要对自己和他人的方案发表见解。通过经验交流可取长补短、促进人际交流能力的提高，也起到一种激励的效果。一两次技不如人还情有可原，长期落后者必有奋发向上、超越他人的内动力，从而积极进取、刻苦学习。

（二）信息量巨大

视频案例教学与传统的案例教学区别在于同样时间内信息量巨大。同学们可以在有限的时间内获取大量的营销信息，从而高效地做出判断，随时预测视频主人翁下一步所采取的营销行动。预测解决问题的方案，这一步应视为能力上的升华。同时教师要对学生的答案加以引导，这也促使教师加深思考，根据不同学员的不同理解补充新的教学内容。

（三）直观易懂

视频案例教学能够将情景化的理论与实际联系起来。可以帮助学生更好地掌握定理、原理和方法，使学生从案例中掌握原理和方法。案例教学能使抽象的营销课知识具体化、生动化、形象化、直观化，深入浅出，学生易于理解，把看似复杂的问题简单化，有利于提高课堂教学效率。

（四）有助于培养创新能力和正确的价值观

在名人的传记视频案例中包含大量的励志情节，有助于激发学生努力拼搏的奋斗精神。学生可以从多个案例中选择自己感兴趣的案例去分析，能快速把知识转化为能力，有助于培养学生的自主创新能力。在案例教学中，教师要换位思考，贴近实际，调动学生的真情实感，同时还能使学生树立正确的价值观。

三、选择视频案例的原则

视频案例教学的首要环节是选择合适的营销案例，视频案例的选择是否恰当，会直接影响教学效果，笔者在教学中选择案例时遵从如下原则：

（一）客观性原则

视频案例资料必须来自于官方正常渠道发布的真实事件。案例必须详实可靠，内容合理。案例必须引用科学准确的数据，案例内容必须是符合营销实践的原貌。这些案例可以进行适当加工，但是案例要能揭示营销活动的客观规律。由于营销策略的时效性和不确定性，要求所选案例必须反映真实变化的市场环境，使学生以动态的眼光来分析企业营销的战略战术。

（二）针对性原则

营销原理是一个完整的系统，但营销课程每一章节都有各自的重点知识点，所选案例虽然涉及营销原理的多个方面，但要有侧重点。教师要针对特定的教学内容，紧扣教学的主题，设计教学目标。通过对案例进行分析，学生能掌握相应的营销知识和营销策略。

（三）典型性原则

所选案例要能概括某一行业或领域营销活动某一方面的基本特点，要具有广泛的代表性，要能揭示营销活动某一方面的普遍规律。教师通过对案例进行分析，能起到举一反三、触类旁通的作用，在有限的时间内提高案例教学的成效。

（四）适应性原则

所选案例要结合学生的知识水平和理解能力，太易太难都不利于调动学生的积极性。目前，各类营销案例很多来自于国外企业，虽然是经典案例，但由于营销环境不同，可能理解不透，所以，应适当地选择使用学生相对比较熟悉的反映国内市场环境和企业营销活动的案例。

（五）多样性原则

案例类型尽可能多种多样，涵盖各行业及其各阶段，也可以在空间上选择不同国家的名人案例，还可以是各种新媒体传播的各种案例。所选案例要能反映不同行业或领域营销活动的基本状况和发展趋势。高新技术行业的、传统制造业的、服务行业的案例要能反映不同层面的营销活动，既要有高层的战略决策，也要有基层的营销技巧。不同的案例要求同学们从不同的视角去分析和解决，从而得出不同的结论。教学中的国际案例可以帮助我们找到差距，看到不足，同时也要借鉴别人的经验。

（六）时效性原则

过去的案例与现实的营销环境不相切合，知识在不断更新，现行的管理及营销原理和方法已经跟不上时代的步伐，原来适用的管理及营销经验也许已经不适合市场需求和导向了。这就要求选择的案例紧跟时代发展步伐。

而新近发生的事实更贴近生活，使学生有真切的感受，容易激发学生探讨的兴趣，可以加深对案例所揭示的营销规律和营销趋势的理解。因此，应尽可能选用现实生活中的案例。

四、视频案例教学运用

（一）建立视频案例库

笔者教学中大量采用的是 CCTV2 的"商道"栏目。每个节目 25 分钟左右，信息量巨大。我把"商道"的每期节目进行了下载，建立了视频案例库。除了"商道"视频案例，还有"赢在中国""对话"等栏目也收录在视频案例库中。

"商道"节目是在中央电视台财经频道播出的一个电视栏目，主要形式是通过故事化的表现手法，关注商业传奇故事、探讨财富之道，即言商论道。同时该栏目也是中央电视台精品频道推出的一档全新的经济类人物节目，每期节目中主持人的解说与镜头描述相结合，再现嘉宾的传奇故事，通过嘉宾采访展示人物的真实思想和不凡经历，以被访者的独特经历和卓越思想折射出社会的最新动向和经济潮流，强化"故事"的多元推展形式，结合历史资料制作出一部部具有划时代意义的影像式商业史册人物志，做到了思想性和艺术性的完美统一。

（二）结合课堂进度适时挑选授课案例

教学中，笔者根据所授内容从案例库中精心挑选出相适应的视频案例进行教学。例如，在讲到竞争战略的时候，笔者主要选择的视频案例是"商道"中的"麦肯大战"，在播放了 24 分钟的视频案例后进行引导,分析肯德基和麦当劳的竞争策略,然后引出竞争战略的基本理论。这样的授课方式使得同学们在寓教于乐中收获很多。在讲到"市场营销观念的变化"部分时,我选择的是"千面娇娃"视频案例,引出企业需要结合消费者需求的变化适时调整营销策略。

（三）案例+互动

传统的教学只告诉学员怎么去做,而且其内容在实践中可能不实用,且非常乏味无趣,在一定程度上损害了学员的积极性和学习效果。笔者在进行视频案例教学时会时不时根据所授课内容采用启发式教学,引导同学们根据视频进度去思考、去创造,使得枯燥乏味变得生动活泼。案例教学能充分调动学生学习的积极性和主动性,吸引学生注意,增强学生学习市场营销学的浓厚兴趣,提高学习效率。在课堂中,笔者会在放一部分视频后,让学生去思考下一步企业家会采取什么样的营销战略或者营销策略。比如,我在讲授 SWOT 分析部分时,选择"帆船酒店"视频案例,引导学生思考迪拜有什么资源,哪些是优势,哪些是劣势,有哪些机会,有哪些威胁,让同学们一一作答,列出条目,根据同学们的回答进一步引出酋长会如何做? 你会怎么做? 在大家进行充分讨论并形成基本共识后,继续观看视频,分析酋长为什么是这样做的。这样的教学方式经常会让同学们恍然大悟,记忆深刻。

另外,案例教学的互动环节能够实现教学相长,师生之间平等地共同讨论、探究知识,这样做能增强学生理解知识的印象,也能增进师生的情感交流。

（四）引导学生变注重知识为注重能力

在课堂教学中,笔者注重学生能力的培养。现在的管理者都知道知识不等于能力,教育工作者需要引导学生将所学的知识转化为能力。视频案例教学可以让每位同学就自己和他人的方案发表见解。每次案例教学中,笔者都设计提问环节,每一学期每位同学不少于 3 次课堂回答,所提的问题难易适中,让同学有机会提出漂亮的解决方案,这一过程中,也会表现出同学们学习能力的差异性。于是笔者会有针对性地引导落后一点的同学。多次引导会让他们慢慢形成营销思维,建立自信心。在这一教学环节中,笔者也会让学习能力强的同学介绍经验,有两个好处:一是可取长补短、促进学生人际交流能力的提高,二也是起到一种激励的效果。一两次技不如人还情有可原,长期落后者必有奋发向上、超越他人的内动力,从而积极进取、刻苦学习。教师在引导过程中还要讲求方法:面对学生的精彩回答,不应立即给予肯定或是否定的评价,而以鼓励的言语和期待的眼神让学生畅所欲言,然后适时以更好的方式进行评价。对于胆小、学习落后但开始敢于发言或者有进步的学生,教师要给予及时性肯定,让他们享受到成功的快感,以此步入持续思考的良性轨道。

五、结论

通过多年的视频案例教学实践发现,学生能在短时间内集中注意力,在不知不觉中获取知识的同时也提高了自身能力,不失为一种好的教学方法。

参考文献

［1］肖志良. 关于会计电算化课程教学改革的思考 ［J］. 商，2014（4）：112.

［2］王秀芝. 案例教学中需要研究的几个问题 ［J］. 中国高等教育，2006（12）：35-37.

［3］张丽梅. 案例教学法的研究与教学实践 ［J］. 黑龙江教育：高教研究与评估，2006（3）：33-36.

［4］张林. 优化案例教学的途径及意义 ［J］. 中国成人教育，2008（16）：10-13.

翻转课堂的线上线下
协同营销教学模式研究

尚 玮[①] 舒 勤[②]

摘要： 依据学生对线上线下协同营销的教学需求，教学采用翻转课堂的教学模式，课前教师引导学生通过教学平台进行知识准备和案例学习，课中采取师生互动式的疑问解惑并实现任务导向下的学生互助与互评，促进学生完成实践项目并重构知识体系，达到学以致用的教学目的。

关键词： 互联网+；协同营销；翻转课堂；教学模式

一、引言

利用网络电商平台、社交媒体平台向用户提供基于地理位置和品类服务的线上线下协同营销已经成为主流的营销模式之一。市场营销专业本科学生希望通过进行线上线下协同营销的学习，达到指导软件开发、进行产品选择、构建运营模式的实践目标，但是营销学课程具有基础理论多、学习时间少、实践项目不足的限制，造成学生实践综合能力差，课堂知识与实际运用不能有效衔接，难以达到自主创新创业和用人企业的人才要求。翻转课堂的教学模式能将学生的知识学习时间提前至课堂前，有利于学生课前回顾已授营销专业知识并研究具体的实践案例，课中通过问题讨论和项目设计促进学生构建线上线下协调营销知识体系并解决营销实践中的具体问题。

二、翻转课堂的内涵与应用

翻转课堂起源于 2000 年美国迈阿密大学经济学院，是指将传统的知识讲授和知识内化时间予以颠倒，将知识讲授的时间提前到课前，将知识内化的时间放在课中完成。课前学生通过小视频、电子书、案例库自主完成知识学习，接受教师的知识传递，课中的宝贵时间将用于解决基于项目的主动探索，师生一道共同解决实践中的现实问题，促进知识内化的形成。

---

① 尚玮（1977—），男，成都信息工程大学讲师。研究方向：协同营销。
② 舒勤（1982—），女，成都师范附属小学华润分校高级教师。研究方向：语言学及应用语言学。

翻转课堂不但在中小学教育中广泛实施，也成为高等院校深化教学质量的改革热点，特别适合于实践性和操作性非常强的信息技术、大学英语、大学体育等课程。实施翻转课堂的基本步骤为：教师制作短视频或微课并上传教学网络平台，学生依据视频内容完成作答，课中通过师生互动的形式解决学生的知识疑问。因此针对综合能力要求较高的线上线下协同营销课程进行翻转课堂的教学改革是有利于提升学生实践能力形成营销系统思维的创新性尝试。

三、线上线下协同营销采用翻转课堂的可行性

（一）学生具备自主学习的知识基础

翻转课堂模式重视项目导向，这要求学生具有理解任务和完成任务的基础知识认知。线上线下协同营销是学生已经完成市场营销学、市场营销策划、消费者行为等专业课程学习后方能开设的专业课程，因此学生具有课前对教学案例或知识库进行探索、分析和评论的知识基础，能独立或通过团队协作发现案例中蕴含的知识体系和知识的运用规律。

（二）网络中已存在丰富的教学资源

首先获取线上线下协同营销的真实事件已经成为现实，美团外卖、微信小程序、KEEP 等平台电商的案例已经不胜枚举；其次丰富的案例能促进学生展开案例间的横向对比研究和独立案例的历程研究，探讨同一品类、同一时刻、同一地点、独立案例之间的差异缘由，从众多的案例中抽象总结出成功的规律和失败的原因。

（三）课堂上能实现高质量的师生互动

对线上线下协同营销案例的研讨和实践项目的论证是一项需要消耗大量时间的工作，翻转课堂的实施带来课堂互动时间的增加，教师和学生能充分和较为细致展开讨论、实验、问答等互动活动。翻转课堂的实施也能提升因人施教的质量，学生在学习中结合自身特点关注自己需要解决的问题，教师归类每一个学生提出的疑问并从中发现群体规范下的集体意识误区，从而发现不同学生对同一案例的认知差异，由此能为存在不同意识误区的学生提供针对性的解惑，强化了知识深度。

（四）符合案例教学及实验教学要求

案例教学和实验教学是营销学的主要教学方式。案例教学的难点在于案例选择的典型性、可观察性、可重复论证性以及学生对案例的理解能力。线上线下协同营销教学采用的课前学习案例来源于真实世界，可以被学生感知和观摩，案例来源的广泛性确保了学生从单独或一类案例中抽取的科学知识能用于观察和研究其他类似的案例，从而实现了对知识的巩固。实验教学的重点在于建立一个类似于真实的世界，将学生引入仿真的企业运营之中。翻转课堂中学生可以课前对案例进行观察，通过师生互动、小组互动的方式，就项目目标、客户需求、产品设计、图片设计、广告推广等具体问题进行深入的讨论，形成可以实施的具体方案和完整的营销思路，并且与现实中的真实案例进行对比。

四、线上线下协同营销实施翻转课堂的前提

（一）教师的专业技能

实施翻转课堂是对教师专业能力的挑战。首先，只有教师历经过线上线下协同营销的实践项目，才能正确引领学生对案例进行讨论和观摩，才能正确带领学生共同完成具体的项目；其次，课前资料的制作也是翻转课堂开展的阻碍，教师必须具有制作动态PPT、小视频的能力；最后，在课堂中引导学生展开交流，实施课堂活动，需要教师具有较好的课堂组织能力。

（二）教学的互动平台

首先，教学平台的便利性能直接影响翻转课堂的实践效果，要确保平台适用于不同的信息终端，方便学生和教师随时随地进行学习和交流。其次，平台应具备完整的交流功能，包括资料互传、疑难问答、过程监督、在线评价，促进教师可以动态地掌握学生的学习情况、调整教学手段。再次，平台能确保师生互动的隐私性，提升教师实施因人施教的条件，鼓励学生以更积极、更开放的态度向教师提问。最后，教师要重视互动约束，要求学生必须拥有一定的在线时间并在规定时间内完成提问和作答。

（三）课中的过程考评

好的过程自然能产生好的结果。观摩案例、合作学习、练习测试、自由讨论、成果评论均是可以设计的学习过程，如何为每一学习过程设置考评是一个重点。观摩案例中可以采用以选择题为主的评价方式。合作学习中可以设置探索性问题，评价学生收集的信息和加工信息的结果。练习测试中应该强调综合学习能力和综合素质的养成，无须关注个体化的知识点，重视知识的实践性。自由讨论中既要设置发言次数以考核活跃度，还要考核发言深度。考评可以由平时测验和作业来完成，提升学生对过程的关注。多角度、多方式的考评能促进学生在项目管理、营销构思、创新设想、项目总结方面的发展。

（四）课后的教学评价

对课前准备和学习效果的评价甚为重要。翻转课堂必然会给任课教师带来隐形的工作量，教师需付出更多时间准备教学资源、构建教学体系，因此有必要科学地评价和评估教师的教学准备。翻转课堂最适合于实践性的学科，对教学质量的评价应直指学生的实践效果。通过组建营销专家或企业家的评价团队，以学生的项目分析、需求洞察、产品选择等过程表现作为评价教师教学效果的标准。

五、线上线下协同营销翻转课堂的教学模式设计

（一）准备教学大纲

翻转课堂以学生为主，教师为辅，培养学生自发自动的学习能力，因此教师既要准备传统讲授的教学大纲，又要准备学生自主学习的教学大纲。教师使用的大纲主要列举学生必须掌握和熟悉的知识点以及对应的课堂实验项目，学生使用的自主学习教学大纲主要是将对应的知识和课外资料或案例对应在一起，并符合传统大纲的要求，学生在学习课外资料时能进一步掌握传统大纲所要求的知识点，也能促进课堂实验项目的顺利开展。

（二）发展教学案例

视频和动态 PPT 是翻转课堂的案例载体，教师必须选择符合线上线下融合营销知识点的案例，制作成课程教学内容并提出针对性的讲解。首先，要为每一个知识结构创造一个简短的实际场景，如在基于地理位置的品类分析中对不同商店销售排名进行截屏，直接切入主题，询问品类构成，不需要提示或铺垫。其次，只能出现教师的声音没有教师的身影，教师声音应当富有活力，配合 PPT 能较好地吸引学生注意力。再次，视频和 PPT 中要突出关键知识点而无需将所有话语陈列至屏幕下方。最后，结束处应该设计有趣的提问，促进学生思考。

（三）课前自主学习

学生自主学习线上线下协同营销的课外材料前要作答导学单。导学单是教师依据课程内容和学生已学习的营销专业基础知识而设置的问题，可以表现为选择题、填空题、简答题。实物陈列及实景的照片必须符合广告学的要求，产品宣传语的提炼取材于产品结构图，商品的定价要依靠定价策略，由此学生通过回答问题或复习教材激发对专业知识点的回忆，用针对性的知识体系浏览视频或动态 PPT。

学生在浏览视频或动态 PPT 后需要作答达标单。达标单是依据材料由教师提出的探索性问题。探索性问题的要旨是要求学生用导学单中复习的知识点解释或分析案例。例如，"用正负情绪模型分析药品和食品的图片展示区别"，回答应尽量精炼，控制学生作答的字数。需要研究案例典型性、共性特征的探索性问题可以采用选择题的形式。例如，"食品类产品的图片典型特征是色泽诱人"，避免学生做无端猜测，又可让学生感觉到一定的挑战性。

导学单可以采用梯度进阶模式，学生通过闯关的方式实现对已学知识的复习，在导学单进阶学习结束后可以要求学生用思维导图的形式绘制知识点地图。教师可以依据学生在导学单进阶学习中发生的错误，进行有目的性和针对性的知识讲解。

达标单可以采用重复提问的方式，推进学生进行自我提升。教师需在每一次学生作答后，依据学生的答案追加提问，使学生的作答是学生深刻思考的结果。追加提问的有效方式是采用逻辑推理问题。例如，"请用图的形式表达结论的推理过程并简要地阐述"或者是"如果食品类产品的图片典型特征是色泽诱人，那么色泽诱人的代表性特征是什么呢？"

（四）课中互动实训

翻转课堂成功的关键是通过课堂活动完成学生的知识内化。课堂活动的表现形式是师生互动、学生互动下的问题解答和项目设计。问题解答环节的任务重点是提升学生自主学习的完成质量。教师依据学生在导学单和达标单中存在的问题与学生进行交流，教师的角色从知识的传递者转变为解惑的导师。问题解答环节的形式是小组讨论下的问题探究。教师将依据归类后的问题将学生进行分组，并在小组内展开问题探究。在线上线下协同营销教学中有两种较好的组员结构，小组中存在已有正确答案的学生或者是小组成员的知识疑惑具有高度的相似性。对于学习疑惑高度类似的小组，问题探究的方式是由教师带领展开讨论。可以指定已掌握正确答案的学生担任小组长，展开学生间的互动。

项目设计阶段的重点任务是培养学生的实践能力并促进知识内化。教师可以依据市场调查、项目立项、需求分析等线上线下融合营销的阶段性项目，设置具体任务并要求学生予以完成。教师进一步演变为实践的导师，深入到每一个任务小组，给出指导意见并解答困惑。在线上线下协同营销教学中要求学生具备独立的实践能力，每一位学生对每一个阶段性项目都必须独立完成。教师将学生分成小组后，小组内对每一位成员提交的成果展开相互批评并汲取优点，由组长组织修正并提交最终成果。组内最终成果又在小组长间展开互评并形成班级成果，教师对班级成果和教学过程中观察到的学生的失误予以指导，所有学生依据教师对班级成果的指正，对自己独立完成的成果进行修正，并再次形成小组成果。

（五）课后展示方案

线上线下协同营销的翻转课堂成果展示有利于促进学生间的良性竞争和创造集体知识。小组将设计结果、营销方案讲解视频、竞品研究报告、产品展示图片等小组成果在教学平台上展示，学生们将自由探讨每个成果的优缺点。在线上线下协同营销教学中，教师还可以引入多组具有消费能力、有过消费历程的学生在网络教学平台上进行成果比选。学生们可以对这些真实的消费者进行采访、调研，理解评选落后的原因。通过消费者评选建立事件真实感，激发学生进一步改进的欲望。

六、结语

依据线上线下协同营销的教学特点，教师将翻转课堂应用于教学之中，能充分发挥案例教学和实验教学在营销学教学中的优势。在知识回顾、案例探析、营销设计的完整过程中教师引导学生进行了独立的思维活动和结构性的知识重组，学生通过体验研究性活动到实践性活动的过程，体会了自主获得知识的过程，为学生的终身学习奠定基础。带有知识实践的营销设计活动引领学生将智慧投身于符合科学规律和知识框架的实践活动中，投入得越深，暴露的困难和不足越为明显。这不仅培养了学生克服困难的决心，也能促进学生提出更加睿智的问题。这种实践精神和研究精神正是社会对应用型人才的渴望。

参考文献

［1］尚玮. 基于多种方法的企业管理研究 ［J］. 教育观察，2016（12）：106-108.

［2］尚玮. 基于互联网的我国商品零售业线上线下协同发展研究 ［J］. 商业经济研究，2017（13）：5-10.

［3］马秀麟，赵国庆. 邹彤大学信息技术公共课翻转课堂教学的实证研究 ［J］. 远程教育杂志，2013（1）：79-85.

［4］李自臣，陈梅. 翻转课堂教学模式的应用研究 ［J］. 价值工程，2015（12）：202-205.

［5］教巍巍. 翻转课堂教学模式在 C 程序设计课程教学中的应用研究 ［J］. 教法研究，2016（38）：174-175.

深度"项目式学习"
在市场营销学课程的实证研究

尚　玮[①]　舒　勤[②]

摘要：本文依据传统教学模式存在的教学问题，介绍了项目式教学的概念，阐述了深度项目式学习在市场营销课程教学实践的过程，提出闭环知识点、动态过程调整、小组竞赛项目能显著提升学生在知识结构、学习能力、学习态度的教学效果。

关键词：项目式学习；市场营销；深度参与

市场营销学课程是一门脱胎于实际而又指导实践的综合应用性学科，其理论基础包括管理学、心理学、经济学、地缘政治学、系统工程学，其运用范围包括市场调查、需求挖潜、机会判别、战略决策、产品设计、渠道设计、价格决策、广告策划、公关策划、产品销售、营销组织与激励等企业实践范畴，因此在本科阶段教学的重点是引导学生形成运用知识解决企业营销实践中具体问题的能力。

一、市场营销学在教学中面临的主要问题

（一）知识易懂但不会实用

市场营销的知识来源于对客观世界的抽象解释，富有逻辑性、可观察性、可测量性。在教学实践中教师通过进行逻辑的演绎和推导，辅助以案例的解答，能快速为学生建立知识的体系。但是学生未必能拥有教师般清晰而系统的营销思维体系，导致无法用知识去观察不同的营销实务，即便是学生们最容易理解的营销观，毕业后的学生难以判别自己所在的企业究竟适应于生产观、产品观、推销观、营销观，还是社会营销观，更不能在企业不同阶段的跳跃贡献自己力量。

（二）案例易但不会实用

案例教学是营销学的主要教学方式之一，其原因是市场营销学起源于企业的实践活动。学生们容易记住教师在讲授案例时的生动语言和富有逻辑的推理，这是因为教师们对案例的全过程有深刻的研究，对其结果有明确的反证。但记住了这些详实至极致的案

---

①　尚玮（1977—），男，成都信息工程大学讲师。研究方向：协同营销。

②　舒勤（1982—），女，成都师范附属小学华润分校高级教师。研究方向：语言学及应用语言学。

例，学生们也不能运用教师分析案例的逻辑对企业的营销实践活动进行策划。这是因为在课堂案例练习中，呈现的仅仅是片段的书面文章而且学生无需对决策结果承担责任，由此学生可以不承担责任地进行天马行空般的假设和构想，教师也无法通过实践来检验学生们的决策结果。

（三）考试易过但不会实用

本科阶段的考生成绩构成一般是期末考试成绩、平时成绩、考勤成绩的加权综合数。其中最为重要的期末考试又受到时间和形式的限制，内容只能偏向基础知识，学生们只需考试前突击复习，背熟教材内容和知识点就能取得较好的成绩，导致学生在校期间重视考点记忆，放弃营销实践，但是社会需要的是能将知识运用于实践的人才，能为企业带来效益的人才。

二、项目式学习的理论概述

（一）项目式学习的概念

项目式学习是以建构主义理论为指导，通过小组合作解决项目任务的学习方式。学习者将置身于真实的情景，面临未来专业领域的真实问题。这些问题没有固定的答案，也没有套路般的解决方法。学习者依据现有条件和既有知识主动完成对问题的探索、研究和实证，在过程中获得知识和专业技能。项目式学习特别强调学生的自我主导，注重学生技能和终身学习的素质培养，相比传统的学习方法更能激发学生的学习欲望和学习主动性。

（二）项目式教学的方法

与项目式学习配套的是项目式教学法。项目式教学法是指教师将学生必须掌握的知识点划分为相互联系但又独立的教学项目，以教学项目为核心，在知识传递和实务操作中完成每个独立项目的互动式教学活动。在项目完成的过程中学生使用工作日志和检查清单进行自检，并在小组会议中分享对过程的体会，促进全员学习效率的提升。教师的角色演变为教练，教师将和学生共同努力、相互协作完成项目，增加了师生互动，创造了更为融洽的学习氛围。

（三）项目式教学的步骤

项目式教学的实施过程由项目选题、项目执行、项目评价三个部分组成。首先是教师依据课程内容向学生提供若干选题，学生需通过资料收集形成项目的基础认识。项目执行大体分为分析、讨论、实施、总结四个阶段，每一阶段学习小组在教师的指导下自主完成。项目评价主要围绕解决方案而展开，评价方式有结果评价、专家评价、学生间互评。

三、项目式学习在市场营销学课程中的教学实证

（一）研究目标的设定

研究的目标是基于深度参与的项目式学习在市场营销学中的使用结果。

（二）研究变量的界定

研究涉及的变量包括闭环知识点和孤立知识点、动态过程调整和静态内容清单、小组竞赛项目和内部协同项目。闭环知识点和孤立知识点是指独立系统的知识体系和从系

统知识体系中分离的孤立知识。动态过程调整和静态内容清单是指教师推动下的过程管理和书面形式的操作内容。小组竞赛项目是指由唯一客观指标进行结果评价的项目，内部协同项目是指组内成员通过讨论和分工等形式完成的项目。闭环知识点、动态过程调整、小组竞赛项目属于深度变量，孤立知识点、静态内容清单、内部协同项目属于对比深度变量的浅度变量。

（三）研究项目的选择

研究选择的项目是产品销售。销售是市场营销专业本科学生主要的就业方向，其内容包括售前调查和销售达成。售前调查的内容有竞争产品调查、销售地点调查、用户需求调查，销售达成的内容有销售实现、销售促进和销售维护。

（四）研究用具的选择

研究用具的选择是通江古林银耳公司产品。首先该公司是新公司，产品也是新产品，能避免企业营销活动产生的外部干扰因素；其次是学生容易理解产品，降低学生认知能力与产品的知识不能匹配的可能；最后是公司没有对产品进行过全面市场研究和销售探索，避免公司的既定策略影响研究过程。

（五）研究控制与设计

2016 年 4 月 12 日，授课教师宣布将利用周末和暑假为学生们提供项目实训。参与周末实训的学生报销所有交通费并发放 30 元/天的补助，其项目内容是售前调查。参与暑假实训的学生负责产品销售，不仅报销交通费还发放 800 元/月的补贴，还可享受 6 个月的销售提成，但必须参与售前调查项目。全班 76 名学生中共有 53 名学生报名参与，其中负责售前调查的对照组为 32 名，负责销售达成的实验组为 21 名。选择 2014 级成都信息工程大学的市场营销专业本科生作为研究客体的原因是学生已经完成营销专业知识的学习，需要从知识掌握演进到知识运用。

第一项研究是对比闭环知识点和孤立知识点对实验组在知识掌握程度的影响，研究刺激物为产品销售的全过程和售前调查。第二项是研究动态过程调整和静态内容清单在售前调查项目阶段结束后对照组和实验组在知识重构上的差异，研究刺激物是教师督导下的工作日志和学生领取到的不同阶段工作清单。第三项是研究实验组在售前调查和销售达成两个不同项目阶段中在学习热情方面的差异，研究刺激物是撰写研究报告和销售结果竞赛。

（六）研究的主要历程

2016 年 4 月 20 日，所有学生收到经由教师收集的银耳行业网络资料，资料主要介绍银耳的起源、主要产区、银耳的功效、古林银耳的产区概况。所有学生将有 20 天的资料消化时间。

2016 年 5 月 10 日，对照组和实验组分别通过抽签的方式随机产生 7 个小组，对照组 4 组，实验组 3 组。每个小组的第一个任务是把教师发放的资料整理成银耳行业介绍 PPT，并以此为依据提出地区性售前调查的方案。教师对每个小组的介绍 PPT 和调查方案进行指导，并指定学生查阅关于田野调查方面的文献，并要求调查报告必须符合田野调查的要求。所有小组均在 5 日内完成初稿，在经过 2 次的修正后形成调查方案。所有方案均向全班公示，供其他小组成员借鉴，7 名小组长协同完成全班共同认可的行业介绍 PPT 和田野调查方案。

2016 年 5 月 20 正式启动调查，7 个小组分赴 5 个主要调查地点，成都中药材市场、成都春熙路上的连锁药店、成都海霸王市场、重庆中药材市场、重庆连锁药店，每个小组均留下 2 人负责对主要的网络平台上的竞争性产品展开调查。每一小组必须完成对上述 5 个地点的调查和网路平台调查。教师通过电话和视频与每一小组进行交流，6 月 7 日调查结束。

2016 年 6 月 9 日，每个小组向教师提交独立编制的调查报告 PPT，教师单独向每个小组提出一次修改意见。6 月 15 日所有小组的调查报告经全班公示后，由 7 名小组长共同修编调查报告，至此售前调查项目实施完毕。

2016 年 7 月 10 日，通过抽签将 21 名学生分成 4 个小组并自主选举出小组长。教师在通江古林银耳公司成都总部所在地向全体学生颁布项目实施规则，项目时间 5 周，每周销量最低的小组将向销售冠军小组致敬，销量冠军小组分享本周的主要体会和过程，每个小组每周可以向教师单独沟通一次。通过小组间的成功经验分享和小组单独与教师的交流，所有小组均发现了适合自己团队成员的销售方法和组织模式，甚至有小组通过阿里巴巴将产品材料投递到海外并成功销售。此外，直至项目结束没有一个冠军小组能两周连续夺冠。

2016 年 7 月至 9 月，学生共获得销售订单 145 万，直接销售 1.7 万元，平均成交单价为 1024 元/千克，比市场平均价格高 63%。2016 年 9 月 15 日，销售组修订了调查结论并制订了销售方案，向全体学生进行了汇报。2016 年 10 月通江古林银耳公司依据学生们制订的销售方案组建销售团队，至此项目实施完毕。

（七）实证形成的研究结论

知识闭环的项目比孤立知识点项目更利于学生对知识的掌握。实验组历经了完整的销售实践过程，实验组修改了售前调查报告中关于在中医药市场开店、依托平台销售产品的结论，将目光放在沿海及海外市场和狭窄的养生食品市场并发现连锁药房有发展养生食品专柜的趋势。实验组形成闭环式的推理逻辑，对地域文化、地域经济有非常深刻的认识，尤其对居民可支配收入的消费序位、6W2H、消费行为三处知识点有了进一步理解。

过程中动态调整比机械的内容清单更能促进学生的知识重构。对照组的项目式学习检测工具是内容清单，分阶段的内容清单包括小组架构、资料阅读心得、田野调查研究讨论、销售区域的预判、竞争品判别、价格判别以及工作日志。实验组的项目式学习检查工具只有小组工作日志，重点是记录小组成员的问题并通过集体讨论形成结论，使用方法是每日通过邮件传递给教师，由教师修正或否决学生们集体讨论的结论。在售前调查项目中，只有实验组提出到通江县考察银耳的传统销售通路，要求到重庆中药材市场调查 2 个银耳销售大户。这源于教师在学生们结论的基础上不断提出问题，迫使学生不断修正营销实践中的问题边界。

相互竞赛的项目比单纯的协助项目更激发学生间的相互学习。售前调查中，虽然是每个小组都经历了资料阅读、资料整理、内部讨论、独立调查、撰写报告等小组内学生相互协助、相互分工的过程，但是报告的质量仍不能达到企业的实践要求。只有进入以销售作为唯一标准的小组竞赛后，迅速形成了落后小组向领先小组学习、模仿、创新的氛围，领先小组也向落后小组了解可能的市场动向。通过五轮销售竞赛学生们达成了对客户的共识、对销售方法的共识和销售策略的共识。

四、不足与展望

本次研究只选定了产品销售作为研究项目，没有将实证范围扩大至营销学这些更广泛的学科知识，尤其是那些无法用唯一衡量标准进行评价的知识点，如营销战略、SOWT分析、广告策划等。这些知识点也是项目式学习在市场营销学课程中可以研究的范畴。教师的特质对项目式学习的影响值得探讨，不同特征的教师应适合不同的项目式学习教学方式，这个方向的研究应该关注实践经验少的教师在项目式学习中的建树。

外部刺激作为研究的范畴也能成为未来的研究方向。例如，来自社会的激励比校内的激励更能激发学生自我进步的欲望。结论来自于实验组在产品销售阶段的一件突发事件，通江古林银耳公司奖励第三周冠军小组使用总经理办公室作为团队基地的权利。这一突发事件更加激发了其他小组成员成为冠军的愿望，工作开始时间从9点提前至7点，每个小组均在当日返校后展开了深夜研讨，并从预约教师交流时间转变为随时找教师沟通，每个小组内部也呈现出主动竞争当组长的势头。

参考文献

［1］尚玮. 基于多种方法的企业管理研究［J］. 教育观察，2016（12）：106-108.

［2］黄毅. 项目式学习在社会学课程教学中运用的探索［J］. 教育教学，2016（3）：112-114.

［3］霍玉秀. 基于"项目式学习"模式的英语教学法实证研究［J］. 语文学刊，2013（10）：90-91.

［4］李吉泉，潘柏松，胡珏，等. 基于项目式学习的工程创新设计课程教学模式研究［J］. 浙江工业大学学报，2015（6）：210-212.

［5］何靖. 基于"项目式学习"的商业银行经营管理课程教学方法探讨［J］. 中国管理信息化，2016，18（3）：230-232.